SEKS EN DE KERK

Van Rimmer Mulder verscheen eerder

Mijn Friesland

Rimmer Mulder

SEKS EN DE KERK

Hoe Nederland zijn kuisheid verloor

Uitgeverij Atlas Contact
Amsterdam/Antwerpen

© 2013 Rimmer Mulder
Omslagontwerp Suzan Beijer
Typografie binnenwerk Wim ten Brinke
Drukkerij Bariet, Steenwijk
ISBN 978 90 450 1686 3
D/2013/0108/592
NUR 320
www.atlascontact.nl

INHOUD

1

EEN BOEK MET VEEL SEKS

Eind 2011 werd de 81-jarige priester Jan Peijnenburg uit Eindhoven even een bekende Nederlander. Hij woonde, tegen de regels van de rooms-katholieke kerk in, al 46 jaar samen met zijn vriendin Threes van Dijck. De kerk wist er van en had hem en zijn partner al die tijd met rust gelaten, maar in 2011 vond de leiding van het bisdom 's-Hertogenbosch dat er een eind moest komen aan deze flagrante schending van de celibaatsplicht. Priester Peijnenburg moest de gezamenlijke huishouding opbreken, want anders werd hij geschorst. De bejaarde prelaat peinsde er niet over Threes, inmiddels ook in de tachtig, na al die jaren de deur te wijzen, negeerde de opdracht van hulpbisschop Rob Mutsaerts en protesteerde openlijk tegen deze inbreuk op zijn privéleven. Hij dreigde zelfs naar de burgerlijke rechter te stappen en verzekerde zich daarmee van ruime aandacht van regionale en nationale media.

Het voorval is kenmerkend voor de plaats die de kerken in hedendaags Nederland krijgen toebedeeld. Ze zijn een curiositeit uit het verleden waarmee de media zich regelmatig vermaken. Meestal zijn het zedelijkheidskwesties waarmee christelijk Nederland het grote nieuws haalt, zoals de afwijzing van homoseksualiteit en het verbod op het gebruik van voorbehoedmiddelen. Het verlichte deel van de natie barst dan vaak los in superieure verbazing en heilige verontwaardiging over zoveel achterlijkheid. Als de paus weer eens tegen het homohuwelijk blijkt te zijn, golft de afkeer dagenlang door de kranten en op de sociale media. Hoe kan een mens in onze eeuw zoiets nog geloven! De sympathie ging in de kwestie-Peijnenburg direct uit naar de belaagde priester en zijn vriendin, de rooms-katholieke kerk stond weer te kijk als een verkalkt instituut met wereldvreemde opvattingen.

Bij dit soort incidenten besef ik weer dat ik van zo ongeveer de laatste generatie ben die opgroeide in de tijd dat Nederland nog een christelijk land was. Tot in de jaren zestig was de samenleving nog gemodelleerd naar Bijbelse waarden en normen. Het gezag van de kerken was overal voelbaar, de meerderheid van de bevolking was godvrezend en kende nog zoiets als zondebesef. Het celibaat, de 'belofte van kuisheid' van priesters, is specifiek katholiek maar heeft zijn wortels in de algemene benauwende christelijke visie op seksualiteit die heel lang bepalend was voor de zeden in Nederland. Die op de Bijbel gefundeerde moraal lag als een zware deken over de samenleving, totdat ze zo'n vijftig jaar geleden ineens werd afgegooid. Het eigen geweten verving het stel ijzeren kerkelijke regels als kompas. Over het tempo en de radicaliteit van die omwenteling kunnen we ons nog steeds verwonderen.

Wat kwam er over Nederland waardoor de kerken in praktisch één generatie hun greep op de seksuele moraal verloren? Als journalist, maar ook als kind van de gereformeerde zuil, raakte ik steeds meer geboeid door die vraag. Zodra er tijd voor was, heb ik me daarom de opdracht gegeven nog eens terug te gaan naar dat Nederland van voor en tijdens de seksuele revolutie. Wat was ook al weer dat geloof waaraan de meerderheid van de Nederlanders zich zo trouw onderwierp en waarom stopte ze daar zo abrupt mee?

Bij publicitaire opwinding zoals in het geval van priester Peijnenburg valt op hoe groot de kloof is tussen het verlichte Nederland en die malle gelovigen. Het besef dat Nederland heel lang werd bestuurd door zulke gelovigen en helemaal is gevormd en gekneed naar het Woord van God zinkt langzaam weg, de kennis van wat de Bijbel over seksualiteit voorschrijft verwatert snel. Bij de politieke woelingen begin deze eeuw ontstond de behoefte de Nederlandse identiteit weer eens flink op te poetsen. Pim Fortuyn keerde zich in zijn spectaculaire verkiezingscampagne in 2002 onverbloemd tegen de opkomst van de islam in Nederland en raakte daarmee een gevoelige snaar bij kiezers en politici. Het drong door dat de islam de snelst groeiende godsdienst in Nederland was en grote groepen Nederlanders zagen dat kennelijk als een bedreiging. De Nederlandse identiteit was ineens onderwerp van een breed politiek en maatschappelijk debat. Wie waren wij Nederlanders ook al weer, waar kwamen we vandaan en wat was er over van ons historisch besef? En als het over de Nederlandse identiteit gaat worden steevast de joods-christelijke tradities genoemd als fundament voor onze normen en waarden.

De toevoeging joods is op zichzelf al een teken van gebrek aan historisch besef. Zij verwijst alleen maar naar de oorsprong van het Nederlands christendom. Als kleine religieuze en etnische minderheid kregen de Joden nooit de ruimte een zwaar stempel op de Nederlandse samenleving te drukken. Ze werden bij hun beroeps- en partnerkeuze juist gehinderd door allerlei beperkende bepalingen in stedelijke verordeningen. Het is 'joods-christelijk' omdat de God van Nederland dezelfde is als de God van het volk van Israël, de God van Abraham, Isaak en Jacob uit het Oude Testament, de stamvaders van het Joodse volk. Op de school voor 'christelijk-nationaal onderwijs' waar de gereformeerden in Drachten (mijn geboorteplaats) hun kinderen naartoe stuurden, was het drievoudig snoer van God, Nederland en Oranje de basis voor het historisch besef. Bijbelse geschiedenis was even belangrijk als de vaderlandse. We leerden daarom veel over de lotgevallen van de Israëlieten. Jozua, Simson (of Samson) en David uit het Oude Testament, spraken net zo tot de verbeelding als Willem van Oranje en prins Maurits. Helden waren het, mannen naar Gods hart. De één versloeg de heidense Filistijnen, de ander verdreef de Spaanse tiran.

Zulk vormend onderwijs, dat generaties Nederlanders met elkaar verbond, is al vele jaren uit de gratie. Saai was het beslist niet want de eerste Bijbelboeken bieden genoeg stof voor boeiende verhalen. Zelf heb ik mooie herinneringen aan juffrouw Smit die ons in de eerste klas van de lagere school muisstil kreeg met de vertellingen over de huiveringwekkende wereld van het Oude Testament. Bij het verhaal over het einde van de krachtmens Simson strekte ze haar handen uit naar de spijlen van het bord om te demonstreren hoe hij, nog eenmaal door God voorzien van bovenmenselijke krachten, twee pilaren van een heidense tempel omvertrok en zo zichzelf en tientallen feestende Filistijnen de dood injoeg. Zelfmoordaanslagen hebben een lange traditie in het Midden-Oosten.

Juffrouw Smit liet onderbelicht dat Simson zichzelf voortdurend in de nesten werkte doordat hij te veel achter de meiden aan zat. Dat kwam op het terrein van de seksualiteit en dat was geen leerstof voor zesjarigen. Pas veel later ontdekten we hoe vaak het in de Bijbel over seks gaat. Dat kregen we van school en huis uit niet mee. Thuis werd voor de dagelijkse Bijbellezing het rooster van de scheurkalender 'Kruimkens van 's Heeren Tafel' gevolgd met elk jaar een ander fraai getekend tafereel, altijd met Jezus als stralend middelpunt, afgebeeld als een knappe jongeman in een licht gewaad, met halflang donker haar en een keurig verzorgde baard. De teksten waren vast geselecteerd op geschiktheid voor kinderoren. Pas als nieuwsgierige pubers lazen we bepaalde passages in de Bijbel waarvan werd gezegd dat ze pikant waren. Maar seks was iets van een totaal andere wereld zodat de teksten vooral vreemd en duister bleven. Nou ja, het Hooglied was helder genoeg met zinnen als 'Je borsten zijn als kalfjes' en 'Als een palm is je gestalte, je borsten zijn als druiventrossen'. Maar daarvan zei de dominee bij catechisatie nu juist dat het niets met seks te maken had: allemaal beeldspraak dat Hooglied, één grote metafoor voor de overweldigende liefdesband tussen God en de mensheid.

Wie afstand doet van de Bijbel als het normerend Woord van God, kan het Oude Testament lezen als een heel oud journalistiek product. Na het wonderbaarlijke en originele scheppingsverhaal gaat het al snel over de zaken die we zo goed kennen uit de media van alle tijden: bedrog, oplichting, mishandeling, geweld, moord en doodslag, oorlogen en ook seks, heel veel seks. Allerlei uitwassen en excessen komen voorbij, van hoererij en incest tot groepsverkrachting en moord uit eerwraak. Als we de vergelijking met de moderne massamedia doortrekken dan is het Nieuwe Testament de zaterdagse bijlage met duidende en beschouwende verhalen, analyses en als uitsmijter de Openbaringen, een kort literair verhaal in het genre sciencefiction.

Vóór de komst van het christendom werden er in de lage landen aan de Noordzee heel andere en veel meer goden geëerd. De opperwezens van de Germanen vormden een levendig gezelschap, dat de fantasie kan prikkelen. Mensen gebruikten goden vooral om een verklaring te vinden voor de wereld om hen heen. Ze zagen van alles wat hun verstand en begrip ver te boven ging en dus wel het werk van bovenmenselijke wezens moest zijn. De lage-landsgoden waren in de verbeelding van gelovigen van die tijd net mensen, met heel menselijke eigenschappen maar wonderbaarlijke krachten. Ze vierden daarboven feesten, maakten ruzies, vochten vetes uit en deden ook aan seks. Ze waren ongeveer net zo georganiseerd als de Germanen zelf, met een duidelijke hiërarchie van opper- en mindere goden, vrouwen en kinderen. Niets moet voor de eerste bewoners van dit land zo raadselachtig zijn geweest als het ontstaan van nieuw leven bij mens en dier.

Als de mysterieuze goddelijke krachten zich ergens deden gelden, dan daar wel. Vruchtbaarheidsrituelen en -symbolen speelden een hoofdrol in de eerste religies. Het verband met seks werd direct begrepen, de goden voor deze tak van dienst werden vaak afgebeeld met opvallend grote geslachtsdelen.

Die hele gezellige santenkraam is hier aan de kant geschoven voor de ene God van een nomadenvolk in wat nu het Midden-Oosten is. Met deze nieuwe godsdienst kwam er een heel ander verhaal over het ontstaan van het leven en de voortplanting, met strenge regels en geboden die weinig feestelijk waren. De zestigplussers zijn nog wel vertrouwd met deze voorschriften die het leven tot achter de slaapkamerdeur bepaalden, zeker als ze een christelijke opvoeding hebben genoten. En dat was tot de jaren zestig de meerderheid. Dat veranderde daarna drastisch. De overdracht van de christelijke normen en waarden stokte; wat honderden jaren als een absolute waarheid van generatie op generatie was overgedragen, was de moeite van het doorvertellen kennelijk niet meer waard.

De senioren van nu hebben het allemaal zelf meegemaakt, maar voor de meeste tegenwoordige Nederlanders is de seksuele revolutie alleen maar geschiedenis. Ze weten niet hoe het voelde toen Nederland nog een kuise, kerkelijke natie was. Om het spectaculaire van de veranderingen in de jaren zestig te begrijpen moeten we wel iets weten van de christelijke seksuele moraal die daarvoor zo dominant was geweest en waar katholieke en protestantse christenen zich gehoorzaam aan onderwierpen. Wat werd hun met de Bijbel in de hand geleerd over de omgang tussen de twee geslachten, nodig om de soort in stand te houden? De vraag leidt me langs de wetten en de profeten uit het Oude Testament, de evangelisten en de brieven van de apostel Paulus in het Nieuwe Testament, de teksten van oude en nieuwe kerkvaders, allemaal goed in het uitleggen van de Schrift zodat de leken wisten waar ze zich aan moesten houden. Veel was me nog vertrouwd maar al snel maakte het gevoel van o ja plaats voor verwondering. Wat staan er een wonderlijke, zelfs gruwelijke teksten in de Bijbel en wat hebben de kerken toch allemaal aangericht! Dan gaat het over thema's die nog altijd actueel zijn: de achterstelling van de vrouw, het strikt monogame huwelijk, het verbod op geboortebeperking en de krachtige afwijzing van homoseksualiteit. De strenge christelijke leer had soms de vreselijkste gevolgen voor bijvoorbeeld vrouwen en homoseksuelen.

De dominees en pastoors mochten lang denken dat deze algemene normen op Bijbelse grondslag altijd wel zouden blijven gelden, maar in de vorige eeuw kwamen er langzamerhand scheurtjes in het stelsel van ijzeren regels. De kerken moesten zich steeds meer wapenen tegen de nieuwe inzichten en opvattingen over de menselijke natuur, de seksuele behoefte inbegrepen. Dat hielden ze wonderbaarlijk lang vol, totdat na de Tweede Wereldoorlog alles in beweging kwam in heel de christelijke wereld en in het bijzonder in Nederland. Het ging eerst nog langzaam en onder hevig verzet van de kerken, maar in de jaren zestig braken de dijken door. Worstelend met de nieuwe tijdgeest werden de kerken zelf het toneel van hevige conflicten. Aanpassen of zich blijven verzetten tegen zedenverval, dat was de kwestie. Bij de grote rooms-katholieke kerk, onderdeel van een strak georganiseerde wereldkerk, verliep de strijd anders dan bij de vanouds sterk versnipperde protestanten. De uitkomst was voor beide gelijk: ze waren hun greep op de seksuele moraal voorgoed kwijt. In één generatie was Nederland van een verkerkelijkte natie in een vrije, libertijnse samenleving veranderd.

Mijn zoektocht werd een expeditie langs oude en nieuwe geschriften, langs mensen die erbij waren, Nederlandse en buitenlandse websites waar eigentijdse exegeten de eeuwenoude opvattingen uitdragen en archieven waar ik me nog even helemaal in de sfeer van voor de seksuele revolutie kon onderdompelen. Waar begon het te kraken en waardoor kwam de revolutie op snelheid? Dit is voor een deel ook het verslag van groeiende verwondering over de hardheid van de leer waaraan de kerken de gelovigen onderwierpen, een leer die hen van hun seksuele identiteit vervreemdde. Verwondering ook over de hardnekkigheid waarmee deze seksuele moraal werd verdedigd. Zo ontketenden de overheid, de kerken en hun verwante organisaties na de Duitse bezetting nog een waar zedelijkheidsoffensief om de Nederlandse kuisheid te redden.

De expeditie bracht me vanzelf bij de christelijke minderheid, waar de oude seksuele moraal nog springlevend is. Ik was nieuwsgierig hoe deze gelovigen zich handhaven in een samenleving die steeds minder weet van het christendom en zijn tradities en er het liefst helemaal vanaf wil, zo lijkt het wel. Ze vormen een soort reservaat waar de oude identiteit van Nederland nog te vinden is. De moderne wereld met haar overvloed aan communicatiemiddelen dringt er natuurlijk wel binnen en dat geeft grote spanningen. Het doet wonderlijk aan te zien hoe de orthodoxie worstelt met de kwesties die de grote kerken en in feite heel Nederland in de tweede helft van de vorige eeuw heftig bezighielden. Weer is de vraag: aanpassen of onversneden vasthouden aan het geloof der vaderen? Met stelligheid worden opvattingen over seks en relaties uitgedragen die teruggaan tot de duisterste hoofdstukken in de geschiedenis van het christendom. Dat blijkt het sterkst bij de discussies over homoseksualiteit, de kwestie waarmee de orthodoxe protestantse kerken het hevigst worstelen. De meeste verwondering wekt de rooms-katholieke kerk. Het was voor mij tenminste wonderlijk te ervaren hoe de katholieke zedenleer van zo'n vijftien eeuwen oud nooit wezenlijk is veranderd en nog altijd als de enig juiste moraal voor alle mensen wordt uitgedragen.

2

DE EEUWIGE SCHULD
VAN EVA

Anne Zernike deed op 5 november 1911 haar intrede als predikant van de Doopsgezinde Gemeente van Bovenknijpe. Ze was daarmee de eerste vrouwelijke dominee van Nederland. Haar aantreden is honderd jaar later bescheiden herdacht met een tentoonstelling, een toneelvoorstelling en enkele lezingen. De Knipe, zoals het dorpje oostelijk van Heerenveen tegenwoordig heet, had een bedevaartsoord voor de feministische beweging moeten zijn. Met de benoeming van Anne Zernike stelden de doopsgezinde 'knypsters' een daad van bijna roekeloze vooruitstrevendheid in christelijk Nederland van begin vorige eeuw. Een vrouw op de preekstoel, dat kon echt niet voor het overgrote deel van het kerkvolk.

Na de seksuele revolutie kwam er een golf van feminisme over Nederland. Rond 1970 meldden vrouwen zich luidruchtig en met blote buik aan het front om een moderne abortuswet te eisen: 'Baas in eigen buik!' Hun grieven gingen verder dan geboorteregeling en raakten de hele inrichting van de samenleving. De rolverdeling tussen de geslachten was fundamenteel fout. Aan de hoogopgeleide activisten met een goede baan die politici welbespraakt de maat namen, zag je het niet meteen af maar ze waren allemaal slachtoffer van eeuwenlang volgehouden onderdrukking. Alle mannen waren onderdrukkers. Dat we dat zelf niet direct zo voelden, kwam doordat het ons nooit eerder was verteld en ons zicht in die honderden jaren ernstig was beperkt. Bovendien stonden de heersende mannen onder de verdenking helemaal geen zin in grote veranderingen te hebben omdat ze het stiekem wel mooi vonden de baas te zijn. Kerken waren bij uitstek seksistische bolwerken volgens het feministisch jargon. Mannen maakten er de dienst uit en vrouwen hadden er slechts een dienende functie. Voor de feministen waren de kerken daarom een onvermijdelijk doelwit en hun emancipatiestrijd was een directe aanval op de hoeksteen van de christelijke seksuele moraal: de erfzonde.

De vrouw was in het christendom altijd de mindere van de man en dat is de schuld van Eva. Zij was de hoofdschuldige aan de zondeval waardoor er voor haar en Adam een abrupt en ruw einde kwam aan hun heerlijk zoete leven in het paradijs. Het echtpaar werd veroordeeld tot een bestaan vol zorg en strijd in een boze wereld. Dat lot trof al hun nakomelingen, de vrouwen het ergst. Nog voor de zondeval stond de vrouw trouwens al op achterstand. God schiep eerst de man uit aarde, pas daarna de vrouw uit een rib van de man. Dit was niet zonder reden. Eerst was er de mens Adam, de kroon op Gods schepping en heerser over alle andere schepsels. God bedacht daarna dat het niet goed zou zijn als die man alleen bleef en besloot voor hem 'een helper te maken die bij hem past'. Dat werd Eva, gemaakt rondom een rib die God uit het lichaam van de slapende Adam haalde. Zo staat het begin van de vrouw in Genesis 2 beschreven: voortgekomen uit de man en bedoeld om hem te helpen. In de Statenvertaling, die zoveel heeft bijgedragen aan de Nederlandse taal en cultuur, heet ze zelfs 'manninne, omdat zij uit den man genomen is'.

Als ondergeschikte gezelschapsdame was ze kennelijk ook minder weerbaar dan haar man. De duivel kiest haar en niet Adam tenminste uit voor zijn snode plan een einde te maken aan het paradijselijk bestaan en Gods schepping te bederven. Het echtpaar mocht zich vrij bewegen in het paradijs en zich te goed doen aan alle heerlijkheden die het daar aantrof, behalve aan de vruchten van die ene bijzondere boom. Als ze wel van die vruchten aten dan zouden ze ontdekken dat naast het goede het kwade bestaat en niet langer van dat laatste worden afgeschermd. Het leek een kleine opgave voor de zorgeloze mens maar in de gedaante van een slang wist de duivel Eva over te halen toch eens van die verboden vruchten te proeven. Het was het begin van alle ellende voor de mensheid, in het bijzonder de vrouwelijke helft.

Zodra God de overtreding van zijn gebod ontdekte en het echtpaar daarop aansprak, schoof Adam de verantwoordelijkheid door naar Eva: 'De vrouw die U hebt gemaakt om mij terzijde te staan heeft mij de vruchten van de boom gegeven en toen heb ik ervan gegeten.' In de oude vertaling staat nog duidelijker hoe Adam zich eruit probeert te draaien: 'De vrouw die gij mij hebt gegeven...' Het baatte hem niet, hij was naar Gods oordeel net zo goed schuldig maar toch wat minder dan 'die vrouw'. Hij kreeg een mildere straf. Hij zou voortaan tot zijn laatste snik hard moeten werken voor zijn dagelijks brood. 'Zweten zul je voor je brood.' Uit stof was hij gemaakt en als stof zou hij eindigen. Pas bij zijn dood zou er een eind komen aan zijn zwoegen. Een soort taakstraf voor het leven. Voor Eva luidde het vonnis: 'Je zwangerschap maak ik tot een zware last, zwoegen zul je als je baart. Je zult je man begeren en hij zal over je heersen.' (Genesis 3) Een soort lijfstraf met terbeschikkingstelling aan de man. Zo begon de geschiedenis voor de vrouw volgens de christelijke religie. Ondergeschikt aan haar man, voorbestemd om kinderen te dragen en te baren zonder daar enig plezier aan te zullen beleven. Hiermee was de toon gezet voor de rest van de Bijbel.

De strenge wetten in het Oude Testament zijn voor de moderne lezer vaak moeilijk te doorgronden en niet altijd consequent, maar de achterstelling van de vrouw loopt er als een rode draad doorheen. Haar lot is bijna altijd slechter dan dat van de man. Gruwelijk is bijvoorbeeld het lot van het meisje dat in de eerste huwelijksnacht geen maagd meer blijkt te zijn. Zij moet terug naar haar ouders, die haar uithuwelijkten. Daar, voor de deur van haar ouderlijk huis, moet zij door de inwoners van de stad 'worden gestenigd tot de dood er op volgt'. Als haar ouders kunnen bewijzen dat hun dochter wel maagd was, wacht de man die haar vals beschuldigde een aanzienlijk mildere straf. Hij hoeft slechts een boete te betalen. (Deuteronomium 22)

De mannen hadden in de tijd van de aartsvaders van de Israëlieten meestal verschillende vrouwen over wie zij konden beschikken alsof het vee was. Vaders huwelijkten hun dochters naar believen uit en bepaalden hun lot zoals het hun uitkwam. Neem het wonderlijke verhaal van de laatste nacht van Lot en zijn gezin in Sodom. Hij verleent gastvrijheid aan twee vreemdelingen die door God zijn gezonden om de vernietiging van de zondige stad te regelen, gelijk met het al even verdorven naburige Gomorra. Maar dat weet Lot dan nog niet, en zijn stadgenoten evenmin. De mannen van Sodom verzamelen zich 's nachts voor zijn deur en eisen dat hij de vreemdelingen uitlevert. Ze willen seks met hen: 'Breng hen naar buiten, we willen ze nemen.' Als goede gastheer weigert Lot op die eis in te gaan. Als de opgewonden meute voor zijn deur blijft aandringen komt hij met een alternatief. Hij biedt de hitsige mannen zijn twee dochters aan 'die nog nooit met een man hebben geslapen. Die zal ik bij jullie brengen en doe met hen wat jullie willen.' De mannen van Sodom hebben toch liever de twee vreemdelingen, die dan besluiten zelf maar in te grijpen. Als engelen hebben ze zo hun eigen manier om hun belagers van het lijf te houden. Ze maken ze blind. (Genesis 19)

Nog verwonderlijker is de sterk verwante casus die in Rechters 19 (Richteren in de oudere vertalingen) is beschreven. Plaats delict is ditmaal de stad Gibea, waar een oudere man gastvrijheid verleent aan een Leviet die zijn weggelopen bijvrouw heeft teruggehaald en met haar op weg is naar huis.

Ook hier zijn het de mannen van de stad die de vreemdeling opeisen: 'Laat die gast van u naar buiten komen, we willen hem nemen.' Weer tracht de gastheer zijn bezoeker te redden door zijn maagdelijke dochter aan te bieden, samen met de bijvrouw van de Leviet die ook in zijn huis zou overnachten. De reactie van de Gibeanen is dezelfde als die van de Sodomieten: Ze willen de man en niet de vrouwen. Daarop offert de Leviet zijn bijvrouw. Hij duwt haar naar buiten en de mannen verkrachten en misbruiken haar de hele nacht. De man vindt haar 's ochtends dood voor het huis toen hij, zo staat er, zijn reis wilde vervolgen. Dat getuigt niet van grote bezorgdheid over haar lot. Had hij haar niet voor de deur aangetroffen, dan was hij kennelijk zo weggereden.

Het verhaal kreeg in de Statenvertaling nog het opschrift 'Gruweldaad in Gibea'. In de nieuwste vertaling (die van 2004) wordt het verteld onder de kop 'Het gastrecht geschonden in Gibea'. Zo is tenminste duidelijk wat we hier als het echte vergrijp moeten zien. Het voorval kreeg een vervolg met veel strijd en bloedvergieten, maar dat is hier niet relevant. Het gaat om de houding van de mannen. Die zaten genoeglijk te eten, zo staat er, en zagen er kennelijk geen been in vrouwen uit te leveren aan een stel verhitte kerels om van dat gedoe voor de deur af te zijn.

In de achterstelling van de vrouw is de Bijbel consequent tot in het Nieuwe Testament. De plastische beschrijvingen ontbreken maar in zijn stichtelijke brieven aan de eerste christelijke gemeenten verwijst de apostel Paulus de vrouwen keer op keer naar de tweede rang. In zijn eerste brief aan de gelovige Korintiërs schetst hij de hiërarchie: 'Christus is het hoofd van de man, de man het hoofd van de vrouw en God het hoofd van Christus.' (Korintiërs 11) In dezelfde passage legt hij uit waarom de vrouw haar hoofd moet bedekken en de man niet. 'Een man mag zijn hoofd niet bedekken omdat hij Gods beeld en luister is. De vrouw is echter de luister van de man. De man is immers niet uit de vrouw voortgekomen, maar de vrouw uit de man; en de man is niet omwille van de vrouw geschapen, maar de vrouw omwille van de man.' Daarom dragen vrouwen en meisjes in sommige reformatorische kerken ook tegenwoordig nog een hoed als ze naar de kerk gaan. De apostel Petrus zegt het kort en krachtig: 'Vrouwen erken het gezag van uw man.' In de Statenvertaling klink het nog krachtiger: 'Gij vrouwen zijt uw eigen man onderdanig.' (1 Petrus 3)

Op dit Bijbelse fundament zijn geestelijke leiders onbeschroomd doorgegaan de vrouwen achter te stellen, te onderdrukken en te vernederen. Zowel in de volgorde bij de schepping als in Eva's schuld aan de zondeval vonden mannelijke Schriftgeleerden en voorgangers argumenten genoeg om de christenvrouwen naar de achterste rijen te verwijzen.

Als een van de eerste theologen in de prille christelijke traditie wreef Tertullianus (circa 160 tot circa 230) het er stevig in: 'Beseft u niet dat u allen een Eva bent? U bent de poort van de duivel; u bent de verbreker van het zegel van de verboden boom; u bent de eerste verzaker van de Goddelijke wet; u bent het die de man verleidde, terwijl de duivel niet dapper genoeg was om hem aan te vallen. U vernielde de man, Gods evenbeeld.'

Veel bekender is Aurelius Augustinus, bisschop van de Romeinse kolonie Hippo in Noord-Afrika die zo'n tweehonderd jaar later leefde. Tal van scholen, instellingen en verenigingen dragen nog zijn naam en in Friesland is er zelfs een dorp naar hem genoemd: Augustinusga. Allemaal uit respect en eerbetoon voor deze kerkvader die nog altijd veel gezag geniet, zeker in conservatieve katholieke en protestantse kringen. Van wat hij schreef over de vrouw moeten zelfs bij de gematigde feminist de haren recht overeind gaan staan. Volgens de overlevering werd hij pas na zijn dertigste christen en had hij daarvoor relaties met verschillende vrouwen. Het is gissen naar wat hij met hen deed en beleefde maar na zijn wijding als bisschop was hij een verklaard voorstander van het celibaat. Over seksualiteit en alles wat daarmee te maken heeft, schreef hij alleen nog in de zwartste termen. In zijn *Bekentenissen*, een soort autobiografie, beschrijft hij hoe hevig de seksuele begeerten ook hem hebben beroerd (Hoofdstuk 10). In *De civitate Dei* legt hij uit dat de passie waardoor man en vrouw zich tot elkaar voelen aangetrokken niets anders is dan vleselijke lust, een last die God de mens na de zondeval heeft opgelegd. Een last waar zij hun hele volwassen leven mee moesten worstelen als straf voor die ene fatale misstap in het paradijs.

Volledige seksuele onthouding was het hoogste ideaal. Dan stond de mens het dichtst bij God. Daartegenover was de 'van wellust vervulde geslachtsdaad' het laagste waar mensen zich aan konden overgeven. Als man en vrouw, door lust bevangen, helemaal in elkaar opgaan, raken ze juist van God los. Het geslachtelijk verkeer is slecht in zichzelf, eerder dierlijk dan goddelijk. In de visie van Augustinus werd de erfzonde bij de wellustige geslachtelijke gemeenschap al doorgegeven aan de nakomelingen, die daardoor weer behept waren met dezelfde wellust. En schuldig aan die oerzonde was de vrouw. 'Of het nu een echtgenote is of een moeder, het is nog steeds Eva de verleidster waarop we bedacht moeten zijn in elke vrouw,' waarschuwde Augustinus, de grondlegger van een zedenleer die nog altijd leidend is voor talloze christenen.

Bisschop Augustinus begreep ook niet goed waarom God de vrouwelijke sekse had geschapen. Als het om gezelschap en een goed gesprek ging, zou het toch veel beter zijn geregeld met een tweede man als vriend, niet met een man en een vrouw. Vrouwen hadden in zijn opvatting maar één functie: kinderen dragen en baren en daarmee de erfzonde doorgeven.

Deze opvattingen uit de eerste eeuwen van het christendom hebben diepe sporen getrokken in de Europese cultuur, die langzamerhand een christelijke cultuur werd. De kerkscheuringen van de zestiende eeuw zetten Europa op zijn kop. De 'Heilige Kerk van Rome' verloor een groot deel van haar geestelijke en wereldlijke macht, het noorden werd protestants en de jonge Republiek der Verenigde Nederlanden onderwierp zich aan zo ongeveer de strengste variant van de reformatie: de leer van Johannes Calvijn. Voor de vrouwen maakte het weinig verschil. Ze bleven tweederangs schepsels, ondergeschikt aan de man. Hier dachten de grote kerkhervormers niet anders over dan de roomse clerus die ze buiten de deur hadden gezet.

Calvijn hield vast aan de man-vrouwverhouding zoals die in Genesis was bepaald: 'Laten we dus besluiten dat het in de orde van de natuur ligt dat de vrouw de man tot hulp is.' En die natuur was van God gegeven en dus was elke afwijking zondig. Wel wees hij de opvatting dat de vrouw alleen maar was geschapen om kinderen te krijgen als een dwaling af. Zij was de man niet alleen gegeven voor het kanaliseren van de seksuele begeerten maar ook als een steun bij zijn andere bezigheden. Toch een hele verbetering vergeleken met de strenge leer van Augustinus, maar nog heel ver af van het ideaal van de Dolle Mina's die eind jaren zestig de vrouwenemancipatie tot een speerpunt van de seksuele revolutie maakten.

De eerste grote hervormer Maarten Luther schreef ronduit minachtend over het 'zwakke geslacht'. Deze Duitse monnik bracht de kerkhervorming op gang door zijn felle aanklacht tegen Rome samen te vatten in ruim negentig stellingen die hij in 1517 aan de deur van de slotkapel in Wittenberg spijkerde. Hierin hekelde hij allerlei misstanden in de rooms-katholieke kerk, maar de achterstelling van de vrouw vond Luther wel best. Zij was immers onmiskenbaar de mindere van de man. 'Het ontbreekt de vrouw aan lichaamskracht en verstand. [...] Zij zijn meester over het huishouden maar daarbuiten zijn ze nergens geschikt voor.' Luther vond dat vrouwen veel en onsamenhangend spraken en zag daarin het bewijs dat ze voor de huishouding waren geschapen. Politiek, bestuur, rechtspraak en oorlog waren zaken voor mannen. Met vrouwen erbij werd het alleen maar lastiger, in het paradijs was het al misgegaan. 'Toen God Adam als heer over alle schepsels aanstelde, ging alles goed, maar toen de vrouw kwam en mee wilde doen, leidde dat tot woeste wanorde.'

Een kleine vier eeuwen later waren dit soort argumenten nog steeds in zwang om vrouwen van de preekstoel te weren. De benoeming van dominee Anne Zernike in 1911 was ook voor de vrijzinnige protestanten allerminst vanzelfsprekend. Was een vrouw wel geschikt om voor te gaan in een gemeente? Daarbij speelden godsdienstige argumenten in deze kleine kring overigens geen hoofdrol, zo ontdekte de theologe Froukje Postma bij het onderzoek voor haar proefschrift over de eerste vrouwelijke predikant van Nederland. Nee, de bezwaren lagen op karakterologisch vlak. Net als Luther vonden de verlichte heren uit de twintigste eeuw dat vrouwen het ambt geestelijk niet aankonden. Ze waren te emotioneel, onevenwichtig en konden niet helder denken. Ook hun stemgeluid hadden ze tegen. Vrouwen zouden gaan krijsen als ze in een tijd zonder microfoon en luidsprekers hun stem in de kerk moesten verheffen.

Veel gruwelijker was wat de geestelijkheid onder vrouwen teweegbracht in de zestiende, zeventiende en achttiende eeuw. Natuurlijk is er een direct verband tussen al dat mannelijk gepraat over de zwakte en de schuld van Eva en de wrede vervolgingen die in ongeveer driehonderd jaar zoveel vrouwen in heel Europa het leven kostten. De schattingen lopen uiteen van minstens vijfhonderdduizend tot meer dan een miljoen slachtoffers. En dat op een bevolking die een fractie was van wat zij nu is.

Bij de waanideeën over een geheim leger waarmee de duivel de christelijke samenleving infiltreerde en ontregelde, kwam de zwaarste verdenking natuurlijk op de vrouw te liggen. Zij was immers in het paradijs eenvoudig bezweken voor de duivelse verleidingskunsten. Bij zijn eeuwige strijd tegen Gods rijk zocht Satan daarom juist de vrouwen op om hen voor zijn kamp te winnen.

Heksen waren het, vrouwen die in het geheim pacteerden met de duivel tegen God, zijn schepping en zijn kerk. Ze hadden bovenmenselijke krachten en bijzondere eigenschappen. Ze konden door een smalle schoorsteen een huis verlaten en op een bezem door de lucht vliegen. Ze kwamen bijeen op geheime plaatsen waar ze seks hadden met de duivel en zijn helpers. Het was de heilige plicht van de christelijke gemeenschap ze op te sporen en uit te roeien.

De heksenjachten zijn door de kerk ontketend en georganiseerd. Twee dominicaner monniken, Heinrich Kraemer (Institoris) en Jakob Sprenger, zorgden voor de theologische onderbouwing in hun boek *Heksenhamer*. Het verscheen in 1487 en werd in heel Europa verspreid. Geen bijgelovig relaas dus uit de duistere middeleeuwen maar een geleerd betoog van mannen die de Schrift en de werken van kerkvaders grondig hadden bestudeerd. Ze legden uit waarom en hoe de vrouwen die de mensheid bedreigden, moesten worden opgespoord. Het was de theologische rechtvaardiging voor een wrede praktijk waarbij geen enkele vrouw veilig was. Ze kon van het ene op het andere moment van hekserij worden beschuldigd, wat praktisch gelijkstond aan een doodvonnis.

Na de aanklacht volgde een proces waarbij de vrouw kansloos was. De heksenjager onderwierp de verdachte aan een proef waarvan hij de uitkomst zelf kon bepalen. Berucht was de waterproef waarbij de vrouw aan handen en voeten gebonden in het water werd gegooid. Bleef ze drijven dan was ze van de duivel bezeten. Met het touw in zijn handen kon de man er voor zorgen dat ze niet verdronk. Bij de weegproef bleek de vrouw gewichtloos te zijn doordat er eenvoudig met de schaal kon worden gerommeld. Dan was ze heks en kon ze naar de brandstapel. Meestal werd de vrouw na de proef onderworpen aan onvoorstelbaar wrede martelingen om haar tot een bekentenis te dwingen. In de zeldzame gevallen dat het slachtoffer ondanks de helse pijnen bleef ontkennen, was dat juist weer een bewijs van haar bondgenootschap met de duivel. Een normaal mens kon zoveel beproevingen immers nooit doorstaan.

Talloze verslagen bestaan er van zulke heksenprocessen, waarbij soms tientallen vrouwen de dood werden ingejaagd, meestal door verbranding. Dan weer hier dan weer daar was er zo'n door geestelijken aangewakkerde uitbarsting van vrouwenhaat. Mislukte oogsten en epidemieën waren vaak aanleiding.

De oorsprong van de heksenjacht ligt in de rooms-katholieke kerk. De methodes van opsporing en bestraffing waren overgenomen van de kerkelijke rechtspraak met haar wrede inquisitie. De kerkhervormers zetten veel roomse praktijken overboord maar niet de jacht op de geheime helpsters van de duivel. In de protestantse landen ging de moord op onschuldige vrouwen gewoon door. Luther vond de brandstapel de geëigende straf voor tovenaressen. In Genève werden in 1545 op aansporing van Johannes Calvijn meer dan dertig mensen (meest vrouwen) gedood wegens hekserij. Na afschuwelijke martelingen hadden ze bekend schuldig te zijn aan de verspreiding van de pest in de stad.

In de zeventiende en achttiende eeuw werden de rechtspraak en de uitvoering van straffen onder invloed van de verlichting geleidelijk humaner. Het verstand won het steeds vaker van het bijgeloof. De macht van de kerk en de geestelijkheid nam af, het geloof in heksen, vrouwen met duivelse krachten, werd minder sterk. Zo kwam er langzamerhand een einde aan de wrede vrouwenvervolgingen. Het laatste geboekstaafde heksenproces met dodelijke afloop was in 1782 in

Zwitserland. In Nederland eindigde deze waanzin veel eerder, begin zeventiende eeuw. De laatste bekende heksenverbranding was in 1613 in Roermond, waarbij overigens wel meteen enkele tientallen vrouwen werden verbrand. De ideologie die de kiem voor deze uitbarstingen van vrouwenhaat had gelegd, houdt echter stand tot in onze eeuw.

In Nederland is de positie van de vrouw formeel goed geregeld. Voor de wet zijn de seksen gelijk, maar zover zijn nog lang niet alle kerken. De rooms-katholieke, op papier nog altijd de grootste, predikt zelfs heel duidelijk het tegenovergestelde. Alleen mannen kunnen als priester worden gewijd, vrouwen niet. De belangrijkste functies blijven voor hen onbereikbaar. Geen vrouwelijke pastoors, bisschoppen en kardinalen.

In de grootste twee protestantse kerken is de strijd in de jaren zestig en zeventig wel beslecht. De Protestantse Kerk in Nederland (PKN), waarin hervormden, gereformeerden en lutheranen fuseerden, kent geen verschil meer tussen man en vrouw en telt duizenden vrouwelijke predikanten, ouderlingen en diakenen. De vrijgemaakt-gereformeerden, met ruim 120 000 leden na de PKN de de grootste protestantse kerk, worstelen nog steeds met 'de vrouw in het ambt'. De synode, de hoogste kerkelijke vergadering die uiteraard alleen uit mannen bestaat, komt er maar niet uit. De een vindt het de hoogste tijd voor de vrouw in het ambt, voor de ander is het al niet te verteren dat er over gepraat wordt, verzuchtte het *Nederlands Dagblad*, huisorgaan van de vrijgemaakten, nadat in de zomer van 2011 de heren van een studiecommissie hadden vastgesteld dat ze na zes jaar ploeteren over de materie te verdeeld waren voor een eensluidende uitspraak. Het bleef zoals het was voor de vrouw. Dat wringt in die kringen omdat er wel vrouwen in besturen van vrijgemaakte organisaties zitten. De verwante ChristenUnie heeft vrouwelijke Tweede Kamerleden en had zelfs een vrouwelijke minister (Tineke Huizinga) in het laatste kabinet-Balkenende. Het is weer Paulus die de gelovigen nu voor hoofdbrekens plaatst. 'Vrouwen moeten gedurende uw samenkomsten zwijgen. Ze mogen niet spreken maar moeten ondergeschikt zijn, zoals ook in de wet staat,' schrijft hij in zijn eerste brief aan de Korintiërs, hoofdstuk 14. 'Als ze iets willen leren moeten ze het thuis aan hun man vragen.' Duidelijk genoeg. Je mag dan burgemeester of minister zijn, in de kerk moet je je mond houden.

Nog iets rechtser, bij de Hersteld Hervormde Kerk (gesticht door orthodoxe hervormden die niet wilden opgaan in de PKN), zijn ze consequent. Ze duldt geen Eva's in de kerkenraden en de verwante Staatkundig Gereformeerde Partij (SGP) sluit vrouwen uit van functies in het openbaar bestuur. Dat is het domein van de man waar de vrouw niet thuishoort.

Heel lang is de SGP met rust gelaten, maar begin deze eeuw kwam er toch verzet tegen de mannenbroeders, die onmiskenbaar zondigen tegen de wet die gelijke behandeling van man en vrouw voorschrijft. Op bevel van de rechter moest de partij haar regels aanpassen en werd de kandidatenlijst in elk geval formeel opengesteld voor vrouwen. Het werd ongemakkelijk over discriminatie op grond van de Bijbel te zwijgen terwijl er steeds meer ophef ontstond over de achterstelling van de vrouw in moslimkringen. De opkomst van de islam in Nederland zette de man-vrouwverhouding weer op scherp. Daarom ook maar eens gekeken naar wat de moslims leerden en leren over de man-vrouwverhouding. Wat blijkt? De islamitische teksten waar strenge moslims zich op beroepen doen in vrouwonvriendelijkheid niet onder voor die van de christenen waar we tot de seksuele revolutie in Nederland toch niet erg moeilijk over deden. 'Ik trof geen schadelijker rampspoed voor mannen dan de vrouw,' waarschuwde de profeet Mohammed. Dat is van dezelfde strekking als een bekend woord van Prediker (9:26), de wijze beschouwer van het

Oude Testament: 'Ik vond iets bitterder dan de dood, de vrouw.' Net als de christelijke kerkvaders stellen islamitische Schriftgeleerden de vrouw voor als de verleidster, een duivels gevaar voor de man. Of ze nu moeder zijn of dochter, het blijven Eva's voor wie de man altijd op zijn hoede moet blijven. Een moslimman die van zo'n duivelse verleidster opgewonden raakt, krijgt het advies snel naar huis te gaan om met zijn eigen vrouw aan zijn gerief te komen. Voor zulke diensten moet zij zich altijd beschikbaar houden; zin of geen zin, het is haar echtelijke plicht. Zo liggen de verhoudingen.

3

EEN UITWEG VOOR DE
VLESELIJKE BEGEERTEN

Als man en vrouw elkaar het jawoord gaven was dat voor het leven. Iedereen kent de frase 'tot de dood u scheidt' uit talloze films en tv-series want de huwelijksromantiek doet het altijd goed. 'Wat God heeft verbonden zal de mens niet scheiden,' luidt het christelijk gebod en dat was heel lang de basis voor de algemene visie op het verbond tussen een man en een vrouw. Volhouden tot de dood was de norm voor kerkelijken en onkerkelijken. Hier nu dacht de generatie die in de jaren zestig van de vorige eeuw aanstormde, heel anders over. De seksuele revolutie zette de huwelijksmoraal op zijn kop. Eeuwige trouw en loyaliteit 'in voor- en tegenspoed' raakten compleet uit de mode. Dat waren 'burgerlijke' begrippen, wat ongeveer hetzelfde betekende als hopeloos ouderwets.

De politiek volgde de nieuwe trend en paste de wet aan. Scheiden kon tot de omwenteling alleen op grond van enkele in de wet opgesomde gronden, zoals verwaarlozing, overspel en mishandeling. De echtscheidingswet van 1971 kende maar één voorwaarde voor ontbinding van de trouwakte. Er moest sprake zijn van 'duurzame ontwrichting' van het huwelijk. In de praktijk kwam het erop neer dat het huwelijk werd ontbonden als een van de partners om wat voor reden ook niet meer verder wilde. Er volgde een golf van echtscheidingen. Op verjaardagen en andere partijen werden de huwelijksproblemen een vast en dankbaar gespreksonderwerp. Tijdens de borrels en feestjes in de nieuwbouwwijken met veel babyboomers werden de laatste nieuwtjes over de huwelijkse schermutselingen in de kring van vrienden, kennissen en collega's uitgewisseld. Als de frontberichten onder het gebruik van veel bier en wijn waren geëvalueerd was vaak al weer de kiem gelegd voor een volgende scheiding. Scheiden was progressief en het werd bijna een beetje sullig om altijd bij elkaar te blijven. Vaak bleef een van de twee toch wat sneu achter, maar dat mocht je de deloyale, brekende partner nauwelijks verwijten. De teleurgestelde achterblijver was immers vooral slachtoffer van die achterlijke oude moraal waardoor hij of zij met te hoge verwachtingen aan het huwelijk was begonnen.

Om hun afkeer van het verkalkte burgerlijke instituut te demonstreren besloten vooruitstrevende stellen juist niet te trouwen maar de wederzijdse rechten en plichten in een 'samenlevingscontract' te regelen. Een collega en zijn vriendin in Amsterdam gingen daarom heel progressief naar een notaris met een waslijst van zaken die allemaal in de overeenkomst moesten worden opgenomen. De notaris wist een praktische oplossing: 'Ga gewoon trouwen want in de huwelijksakte staat precies wat u wilt.'

Zo had God het beslist niet bedoeld en de kerken hadden de grootste moeite met deze nieuwe opvattingen over paarvorming en -ontbinding. Eeuwenlang was het monogame huwelijk waaraan alleen door de dood een einde kwam heilig voor de christelijke kerken en die heiligheid was gestoeld op stevig Bijbelse gronden. Voor de oorsprong van dit sacrament moeten we weer terug naar het scheppingsverhaal in de eerste hoofdstukken van Genesis. God schiep Adam, de man, en gaf hem daarna Eva, de vrouw. Nadat Adam in vreugde is uitgebarsten over de vrouw die God hem als gezelschap en ondersteuning heeft geschonken, springt de tekst ineens ver vooruit in de tijd. Kinderen waren er nog niet in deze fase maar Genesis 2 schetst alvast hoe de paarvorming bij de mensen moet gaan. 'Zo komt het dat een man zich losmaakt van zijn vader en moeder en zich hecht aan zijn vrouw, met wie hij één van lichaam wordt.' Het is een herkenbaar patroon in alle culturen: de jongen verlaten het ouderlijk nest om een eigen gezin te stichten.

In het vervolg van het Oude Testament is niet overal even duidelijk of de man zich altijd moet beperken tot één partner. Op verschillende plaatsen wordt de dood als de enige passende straf voor overspel aanbevolen, een sterke aanwijzing voor het gebod monogaam te leven. Maar in de tribale wereld van de aartsvaders en de eerste koningen van Israël hadden de hooggeplaatste mannen als regel juist kinderen bij verschillende vrouwen. Abraham en Sara kregen pas op hoge leeftijd hun zoon Isaak, maar daarvoor had de aartsvader al een kind (Ismaël) verwekt bij Hagar, de Egyptische slavin van zijn vrouw. In de hoogtijdagen van de nieuwe huwelijksmoraal in de jaren zeventig werd er ook druk gespeculeerd over de gevolgen voor de kinderen van al die scheidingen en tweede huwelijken waaruit ook weer nakomelingen werden geboren. Ze kwamen dan terecht in gecompliceerde gezinstoestanden met kinderen uit soms drie verschillende combinaties, allemaal een soort broertjes en zusjes. Was dit nou verwarrend en schadelijk voor de kinderziel of juist een verrijking, goed voor de ontwikkeling tot sociaal vaardige mensen?

De Bijbel geeft hierover geen uitsluitsel terwijl ze er in de oudtestamentische tijden ook wat van konden. Het huwelijksleven van Jakob, de kleinzoon van Abraham, bijvoorbeeld, zou door een tekstschrijver van een soap bedacht kunnen zijn. Het staat in Genesis 29 en vervolg. Hij trouwde met de zusters Lea en Rachel. Van Rachel hield hij het meest en die trok hij voor, wat voor God aanleiding was om haar de kinderzegen te onthouden. Lea daarentegen baarde verschillende zonen. Rachel bleef kinderloos en dat was voor haar niet te verteren. Daarom gaf ze Jakob de slavin Bilha om in haar plaats voor nakomelingen te zorgen. Bij Bilha kreeg Jakob twee zonen. Toen ook Lea geen kinderen meer kon krijgen, zorgde zij eveneens voor een slavin als draagmoeder, Zilpa, bij wie Jakob weer twee zonen verwekte. Het mocht allemaal.

De tien geboden, zoals in Exodus 5 opgetekend, zijn volstrekt duidelijk over de goddelijke norm: de mens zal monogaam leven. 'Pleeg geen overspel', luidt het zevende gebod; 'gij zult niet echtbreken', in de oude protestantse vertaling. De katholieken tellen anders. Voor hen is de opdracht 'kuis te leven' nummer zes, maar de uitleg die de rooms-katholieke kerk daaraan gaf en geeft, is dezelfde. Het monogame huwelijk is heilig. Het verbod op overspel gold dus ook al voor koning David. Hij had niet genoeg aan één vrouw. Zijn affaire met Batseba is een van de bekendste overspelverhalen uit de geschiedenis. Zijn rijke en praalzieke zoon Salomo had zelfs een harem van zevenhonderd hoofd- en driehonderd bijvrouwen. Hij verzamelde minnaressen uit alle volkeren die aan zijn koninkrijk waren onderworpen. Overigens waarschuwde dezelfde koning Salomo zijn niet met name genoemde zoon voor de 'gladde woorden' van overspelige vrouwen. 'Zet nooit je zinnen op haar schoonheid en laat haar ogen je niet strikken. Een hoer kost je niet meer dan een brood, maar een vrouw van een ander jaagt op je kostbare leven.' (Spreuken 6) Niet naar bed met de vrouw van een ander, maar wel naar de hoeren. Dat botst toch met de strenge regels die de christelijke kerk later aan alle stervelingen zou opleggen. Verwarrend dat Oude Testament. 'De Bijbel heeft een groeimodel. Het Oude Testament geeft wel impliciet normen maar die zijn nog niet volkomen,' legde de vrijgemaakt gereformeerde hoogleraar Ad de Bruijne me uit. We moeten ook niet alles willen verklaren, hield de kerkvader Augustinus ons al voor in zijn *Bekentenissen*. God is een te groot mysterie voor de mens.

'Wie een emmer water uit de zee schept, weet net zoveel van de zee als de mens weet van God.' In een moderne versie van psalm 145 heet het dat de mens aan duizend levens niet genoeg heeft om God te begrijpen.

Er zijn genoeg teksten waaruit blijkt dat het God ernst is met het monogame huwelijk, in zowel het Oude als Nieuwe Testament. In Leviticus klinkt het nog als een goede raad: 'Verontreinig jezelf niet door seksuele omgang te hebben met de vrouw van een ander.' Verderop blijkt dat het meer is dan een richtlijn voor gewenst gedrag: 'Wie overspel pleegt met een getrouwde vrouw, een vrouw die een ander toebehoort, moet ter dood worden gebracht. Beide echtbrekers moeten worden gedood.' In het Nieuwe Testament wordt de bewegingsvrijheid van man en vrouw verder beperkt en het begrip overspel opgerekt. 'Iedereen die naar een vrouw kijkt en haar begeert heeft in zijn hart al overspel gepleegd.' (Matteüs 5) Wie zijn vrouw verstoot pleegt overspel en de man die met zo'n verstoten vrouw trouwt eveneens. Jezus zelf maakt in Matteüs een eind aan alle twijfel en legt een stel twistzieke Schriftgeleerden nog eens uit wat er in Genesis wordt bedoeld: 'God heeft de mens mannelijk en vrouwelijk geschapen. Daarom zal een man zijn vader en moeder verlaten en zich hechten aan zijn vrouw en die twee zullen één worden, ze zijn dan niet langer twee maar één. Wat God heeft verbonden, mag een mens niet scheiden.'

Paulus ziet in het huwelijk vooral het instrument om de vleselijke begeerten waarmee de mens sinds de zondeval in het paradijs worstelt, te beheersen. Het is een tegemoetkoming aan de mensen die nu eenmaal moeilijk zonder seks kunnen. 'Ik zou liever zien dat alle mensen waren als ik,' schrijft de vrijgezelle apostel in zijn eerste brief aan de Korintiërs. Maar dat is niet iedereen gegeven. 'Iedereen heeft van God zijn eigen gave gekregen.' Weduwen en weduwnaars zouden volgens hem beter alleen kunnen blijven. 'Maar wanneer ze dat niet kunnen opbrengen, moeten ze trouwen, want het is beter te trouwen dan te branden van begeerte.' Jonge weduwen kunnen beter hertrouwen en kinderen krijgen, zodat ze niet het risico lopen dat 'de hartstocht hen van Jezus vervreemdt.' 'Houd het huwelijk in ere, in alle omstandigheden, en houd het echtelijk bed zuiver, want overspeligen en echtbrekers zal God veroordelen.'

Paulus behandelt in zijn adviezen aan de eerste christenen seksualiteit steeds als iets problematisch, als een last voor de gelovigen. Dat zou het tweeduizend jaar blijven in de christelijke kerken. Seks was een gevaarlijk terrein waar voortdurend de zonden dreigden en je van jongs af aan gemakkelijk in de fout kon gaan. De mens heeft de goddelijke opdracht de hele wereld te bevolken, 'Wees vruchtbaar en talrijk', maar het instrumentarium dat God man en vrouw voor de voortplanting meegaf bij de schepping, heeft weinig goddelijks. De mens, die naar het evenbeeld van God was geschapen, heeft bij de reproductie van de eigen soort meer verwantschap, met de zoogdieren. Met dit verschil dat bij de dieren de paringsdrift functioneel sterk beperkt is in de tijd, terwijl de mensen er alle seizoenen en het grootste deel van hun leven last van kunnen hebben.

Al in het Oude Testament komen alle seksuele perversiteiten en aberraties wel voorbij: hoererij, incest, seks met dieren, nymfomanie, overspel. Het kwam kennelijk allemaal voor, anders waren er geen strenge regels voor uitgevaardigd. Met de resultaten van het moderne hersenonderzoek en de kennis van de werking van testosteron hoeven we ons daarover ook niet te verbazen. De profeten die de dolende Israëlieten keer op keer terecht moesten wijzen, hadden in hun beeldspraak een opvallende voorkeur voor overspel en hoererij. Het afvallige volk wordt in het OT vaak vergeleken met de gevallen vrouw. Ezechiël beschrijft zeer plastisch de lotgevallen van de twee zusters Ohola en Oholiba. De eerste staat voor

Samaria, de tweede voor Jeruzalem, die zich beide van God hadden afgekeerd. De zusters worden voorgesteld als schaamteloze vrouwen die zich ongeremd aan seksuele uitspattingen te buiten gaan. Als meisjes al lieten ze zich door mannen betasten en 'in hun tepels knijpen'. Op latere leeftijd verlangde Oholiba terug naar vroegere minnaars 'die zo zwaar geschapen zijn als ezels en hun zaad lozen als hengsten'. Ook bij Jeremia is het afvallige volk van Israël een onverzadigbare vrouw. 'Heb je gezien hoe ontrouw Israël mij geworden is? Ze pleegde overspel op elke hoge berg en onder elke bladerrijke boom.' Altijd weer die vrouw, de Eva, die zich niet kan beheersen en de man meesleept in haar verderfelijk gedrag.

Hoe past deze begeerte, die mensen zo in beslag kan nemen, nu in Gods natuurlijke ordening? De sleutel voor het antwoord ligt weer in het paradijs, bij de oerzonde. De eerste mensen, Adam en Eva, waren ongehoorzaam aan God en hebben daardoor de schepping bedorven. De kerkvader Augustinus maakte er in *De civitate Dei* een sluitende redenering van. Hij dacht dat Adam en Eva zonder de fatale zondeval ook wel seks zouden hebben gehad, want dat was immers nodig voor de voortplanting. Maar dat was dan seks zonder die felle begeerte, zonder onbeheersbare hartstocht geweest. Zij waren harmonieuze wezens die de volledige controle hadden over hun eigen lichaam, inclusief de geslachtsorganen. Door de zondeval hadden ze die innerlijke harmonie verloren. In het paradijs hadden ze aan de vredige omgang met God genoeg gehad, nu waren ze overgeleverd aan de begeerte om in elkaar op te gaan en bevrediging in elkaar te zoeken. In de geslachtsdaad zag Augustinus het toppunt van zondigheid. Maar zondig of niet, de bijslaap was nodig om de soort in stand te houden. Het monogame huwelijk was de uitweg. Alleen binnen dit unieke verbond tussen één man en één vrouw dat God had ingesteld, paste de gemeenschap die nodig was om kinderen te verwekken.

Zo nestelde God zich in de slaapkamers van de gelovige christenen. En daar zou hij heel lang blijven. Om het leerstuk van seks en erfzonde werd een uitgebreid stelsel van regels en geboden heen gebouwd. Seksualiteit werd het frontgebied bij uitstek in de strijd tussen goed en kwaad, tussen God en de Satan. Man en vrouw mochten het alleen doen als ze getrouwd waren en kinderen wilden. Alle andere seksuele handelingen waren zondig. Alle handelingen om bevruchting te voorkomen waren verboden, de afgebroken geslachtsdaad inbegrepen. Het huwelijk was het compromis tussen het zwakke vlees en de geest. Een tegemoetkoming, zoals Paulus het noemde. De mens moest God dankbaar zijn dat hij voor deze in zichzelf zondige activiteit en begeerte het huwelijk had ingesteld.

Zo peperde de rooms-katholieke kerk het er in heel Europa in. Seks was van een lagere orde en de driften moesten onderdrukt worden. Seksualiteit werd belast met zondebesef, taboes, schaamte en schuldgevoelens. De kerk vaardigde zelfs regels uit voor het geslachtsverkeer binnen het huwelijk. Op zondag mocht het niet vanwege de zondagsheiliging. De maandag was gewijd aan de overledenen en dan kon het dus evenmin. Jezus was op een donderdag gevangengenomen en de vrijdag daarop aan het kruis gestorven. Daarom gaf het op die dagen ook geen pas zich aan de vleselijke lusten over te geven.

De grote kerkscheuringen in de zestiende eeuw waarbij de rooms-katholieke kerk veel terrein verloor, brachten bepaald geen grotere seksuele vrijheid. Het echtelijk bed bleef de enige plek waar man en vrouw zich aan elkaar mochten overgeven en dan wel met mate. Hier dachten de grote kerkhervormers niet anders over dan de roomse priesters. Johannes Calvijn, die hier in Nederland de rol van de alwetende paus zo'n beetje overnam, waarschuwde in zijn commentaren bij de Bijbel: 'Zeker heeft God niet gewild dat mannen en vrouwen zich ongebreideld en zonder schaamte zouden overgeven aan de lichamelijke genietingen. Hij is begonnen met het instellen van het huwelijk dat rein en heilig is, daarna is de voortplanting ingesteld.' En: 'Zelfs de voortplanting is op zich geen dienst die God welbehaagt, als zij niet het gevolg is van geloof en naastenliefde.'

Maarten Luther trouwde toen hij 41 jaar was. Voor die tijd had hij zich als monnik moeten onthouden van alle seksuele activiteiten. Net als Paulus zag hij het huwelijk als de instelling waarin de brandende begeerten konden worden gekanaliseerd. 'Een medicijn tegen zonde en losbandigheid.' De woordkeuze verraadt het idee dat de seksuele behoefte nog het meest van een ziekte had. Tweemaal per week was volgens hem een mooie frequentie voor man en vrouw: 'Schadet weder mir noch dir, Machts Jahr hundertundvier.' Daarbij moest het wel gaan om meer dan de bevrediging van de lichamelijke behoeften. 'De opwinding vóór de bijslaap is spoedig tot rust gebracht, ook bij een hoer, maar kinderen zijn de lieflijkste vruchten van de echt. Zij binden en behouden de liefdesband.'

De toon van Luther is misschien wat frivoler dan die van de rooms-katholieke geestelijken in zijn tijd, aan de krampachtige omgang met seksualiteit veranderde er niets. Het monogame huwelijk bleef heilig, seksualiteit bleef met een zwaar zondebesef beladen tot ver in de twintigste eeuw, zeker in het calvinistische Nederland. Het christendom zadelde de mensen op met een verwrongen beeld van zichzelf. Door seks zo te verlagen raakten de mensen 'vervreemd van een wezenlijk onderdeel van hun eigen identiteit', zo schrijft de theologe Karen Armstrong in haar bestseller *A History of God*. In navolging van Augustinus leerden de christelijke kerken de mannen en de vrouwen zichzelf te zien als 'chronisch geschonden' door de erfzonde. Het christendom leerde de mens 'elke op-

welling van het verstand, het hart en het lichaam te beschouwen als een symptoom van fatale wellust', concludeert Armstrong, die zelf jaren in een klooster verbleef.

4

LEVENSLANG ZONDER SEKS

Bij mijn reis terug naar de sfeer van de jaren zestig besefte ik weer lange tijd behept te zijn geweest met een beperkt beeld van het katholieke geloof. Dat komt door de gereformeerde opvoeding in het noorden. Voor gereformeerde Friezen hadden de roomsen een raar geloof dat niet veel kon voorstellen. Roomse jongens (zelden hadden we het over katholieken) mochten op zondag voetballen, hadden veel voornamen en konden zelfs Maria heten. Er waren er niet veel en je zag ze weinig want ze zaten niet op de christelijke school of bij christelijke verenigingen, wat bijdroeg aan het idee dat het geen goede christenen waren. Als ze hadden gezondigd hoefden ze alleen maar even te biechten en konden ze daarna weer vrolijk verder leven.

Noord-Nederland was begin vorige eeuw missiegebied voor de oprukkende roomse kerk en daaraan had het overwegend protestantse Drachten, waar ik opgroeide, twee kloosters te danken, een voor mannen en een voor vrouwen, beide gesticht in de jaren dertig. De nonnen zag je er praktisch nooit. Ze waren van een heel strenge orde en mochten zelden de deur uit. Voor leveranciers en mannen die een klusje in het klooster moesten doen, werden ze buiten zicht gehouden. Het verhaal ging dat er met verkiezingen een busje pendelde tussen het klooster en het stembureau zodat de nonnen toch op de Katholieke Volkspartij (KVP) konden stemmen. De franciscaner broeders bewogen zich vrij in het dorp en vielen direct op met hun donkerbruine habijten tot op de enkels. Weer zoiets vreemds: mannen in lange kleden die niet getrouwd waren. Vrijgezelle mannen werden in die tijd nog met wantrouwen bekeken. Daar moest iets mee zijn, ze hadden de boot op de huwelijksmarkt gemist. De Friese aanduiding voor de oudere vrijgezel, âld feint, heeft de negatieve klank van zonderling en morsig. Een klooster vol âld feinten, daar konden we ons van alles bij voorstellen.

Inmiddels heb ik veel bijgeleerd door talloze gesprekken met oudere en jongere (ex-)katholieken, vrienden, collega's en passanten. Zo weet ik dat het toch een hele opgave was als een goed katholiek te leven. De moederkerk kent veel verplichtingen en strenge geboden waaraan de meesten zich tot in de jaren zestig ook wel wilden onderwerpen. Het toezicht was streng en voor hun priesters hadden de katholieken veel ontzag. Alleen die biecht bleek inderdaad een mooie vinding om het zondig bestaan te verlichten. Een vrouw die het geloof in de moederkerk allang verloren is: 'Als de pastoor dan zijn prevelementje had gedaan was ik helemaal blij. Dan ging ik huppelend naar huis en dacht: als ik nu onder de tram of een auto kom ga ik direct naar de hemel.'

Lang heb ik gedacht dat pastoors die bij echtparen langsgingen om te vragen of er al weer een kindje onderweg was, een verzinsel was van antipaapse protestanten en ongelovigen maar ze bestonden echt. De katholieke zedenleer was niet minder hard en rigide dan de opvattingen van de orthodoxe protestanten over seksualiteit. Het verrassende is nog dat daaraan nauwelijks iets is veranderd sinds de seksuele revolutie. Alleen is het aantal gehoorzamen dramatisch gedaald.

De katholieke en protestants-christelijke seksuele moraal hebben dezelfde bronnen en kennen dezelfde taboes. Alleen de celibaatsplicht is exclusief rooms. Katholieke geestelijken moeten in kuisheid leven en afzien van een seksuele relatie met een vrouw of een man. Dat laatste is al helemaal uit den boze volgens de kerkelijke leer. Een leven lang zonder seks, dat is wat de kerk van hen verlangt. Zo was het eeuwenlang en zo moet het vooral blijven, vindt het Vaticaan. Bij de recente onthullingen over seksueel misbruik in de katholieke kerk kwam ook het verplichte celibaat weer ter discussie te staan. Had het misbruik door priesters misschien iets te maken met de onderdrukking van de natuurlijke seksuele driften? De paus wilde er niet over horen. In het voorjaar van 2011 maakte het Vaticaan bekend dat paus Benedictus XVI de Australische bisschop William Morris had ontslagen. Het bericht over de prelaat aan de andere kant van de wereld haalde ook Nederlandse kranten. De kerk van Rome was volop in het nieuws door de onthullingen over priesters die kinderen hadden misbruikt. Het vergrijp van de bisschop was van een andere orde. Hij had geopperd dat het misschien tijd werd gehuwde mannen en vrouwen toe te laten als priester om iets tegen het nijpend tekort aan gewijde geestelijken te doen.

Leven in kuisheid is geen christelijke uitvinding. Het idee dat er twee levenssferen bestaan, een verheven geestelijke tegenover een aardsere, fysieke, komt voor in tal van culturen en religies. Seksualiteit hoort daarin meestal bij het aardse, het platte. Bevrediging van de vleselijke behoeften past niet bij de uiterst sobere levenswijze waarin de mens zelfs eten en drinken tot het hoogstnodige beperkt. In de Griekse en Romeinse culturen, die veel invloed hadden op de eerste christelijke gemeenten, waren er tal van filosofen die met veel gezag soberheid en gematigdheid als hoogste deugd predikten. 'Beschouw het lichaam meer als noodzakelijk dan belangrijk; het smeert ons loze, korte genietingen aan waarvoor we later moeten boeten,' schreef de Romeinse wijsgeer Seneca die ongeveer in dezelfde tijd leefde als de apostel Paulus. Gemakkelijk toegeven aan genot, zo waarschuwde hij, maakt de mens zwak en slaafs.

In de Bijbel komt het celibaat pas nadrukkelijk aan de orde in het Nieuwe Testament. Het Oude Testament bevat wel aanwijzingen dat seks ver afstaat van het hogere, geestelijke leven dat de mens dichter bij God kan brengen. Man en vrouw moeten zich beiden reinigen na de geslachtsgemeenschap. Priesters moeten kort na de daad (dat mocht toen nog) heilige plaatsen en ruimten mijden omdat ze niet rein zijn. Onrein staat altijd voor dat wat God niet bevalt.

Of Jezus zelf helemaal celibatair leefde is al eeuwenlang onderwerp van (vaak stiekeme) speculatie. De evangelisten die zijn aards bestaan boekstaafden, schrijven er niets over. Hij, Gods Zoon, kwam op aarde als 'volkomen mens' en daar horen seksuele gevoelens toch bij. De theoloog Nico ter Linden, die veel schreef om de Bijbel voor leken begrijpelijk te maken, houdt het er op dat Jezus het te druk had voor relaties met vrouwen. Hij was een man met een missie die in zijn korte leven door heel Palestina trok. De verklaring is niet helemaal bevredigend want Jezus begon pas rond zijn dertigste met zijn omzwervingen. Wat hij als puber en twintiger deed is duister. Of zijn discipelen, twaalf jongemannen, iets hadden met vrouwen hoeven we evenmin te weten. Er wordt wel eens geopperd dat de meester zelf iets had met een van hen, Johannes. In het evangelie van Johannes (een naam-, geen tijdgenoot) wordt hij 'de leerling van wie Jezus veel hield' genoemd. Bij de laatste gezamenlijke maaltijd, de avond voor de dag van Jezus' dood aan het kruis, zochten die twee kennelijk nadrukkelijk elkaars gezelschap. De Statenvertaling is weer het duidelijkst: 'Een van zijn discipelen was aanzittende in den schoot van Jezus.' In de vertaling van het Nederlands Bijbelgenootschap uit 1951 is er ook nog lichamelijk contact: 'Eén van de discipelen, die Jezus liefhad, lag aan de boezem van Jezus.' In de Nieuwe Bijbelvertaling, die in 2004 verscheen, is dat geworden: 'Eén van hen, de leerling van wie Jezus veel hield, lag naast hem aan tafel.' Juist in de Bijbelvertaling, die het meest gebruikt wordt in de kerken waar ze geen probleem hebben met homoseksualiteit, is elke suggestie van lichamelijke genegenheid tussen meester en leerling vermeden.

Alleen van Jezus' volgeling Petrus, die van zijn meester een bijzondere opdracht kreeg ('Gij zijt de rots waarop ik mijn kerk bouw') en daarom wel de eerste paus wordt genoemd, weten we zeker dat hij getrouwd was. Had hij ook nog intieme omgang met zijn echtgenote nadat hij met zijn kerkelijk opbouwwerk was begonnen of ging hij celibatair leven? Het is een vraagstuk waar de jonge christelijke kerk later nog eens regels voor uitvaardigde. Een gehuwde man kon tot priester worden gewijd, maar moest zich daarna wel onthouden van seks. Het beste was zijn vrouw weg te sturen, bijvoorbeeld naar een klooster.

Een leven zonder seks om dichter bij God te komen werd in de tijd van Jezus' verblijf op aarde kennelijk al wel beproefd. Hijzelf getuigt daarvan in een van zijn vele disputen met de betweterige Schriftgeleerden. Het is een nogal raadselachtige tekst, zoals Jezus zelf ook lijkt te beseffen: 'Niet iedereen kan deze kwestie begrijpen, alleen degenen aan wie het gegeven is: er zijn mannen die niet trouwen omdat ze onvruchtbaar geboren werden, andere omdat ze door mensen onvruchtbaar gemaakt zijn, en er zijn mannen die niet trouwen omdat ze zichzelf onvruchtbaar gemaakt hebben met het oog op het koninkrijk van de hemel.' (Matteüs 19) De term onvruchtbaar, die de jongste vertaling gebruikt, is nogal versluierend. De eigentijdse lezer zou kunnen denken dat het hier om sterilisatie gaat maar onvruchtbaar maken ging in die tijd nog anders. De Statenvertaling windt er geen doekjes om: '... en er zijn gesnedenen die zichzelf gesneden hebben om het Koninkrijk der Hemelen.' Jezus heeft het hier dus over mannen die zichzelf castreerden omdat ze verlangden naar het hemelse koninkrijk en niet wilden worden gehinderd door vleselijke lusten. Probater middel tegen seksuele oprispingen dan castratie is er niet, zoals ze ook in de twintigste eeuw nog wel beseften in de rooms-katholieke gezondheidszorg.

De grote promotor van het celibaat is weer de apostel Paulus, de grondlegger van de christelijke ascese. Hij predikte een leven van onthouding als het hoogste ideaal. 'Laat wat aards is in u afsterven: ontucht, zedeloosheid, hartstocht, lage begeerten en hebzucht.' In zijn brieven aan de christenen in Rome spreekt hij van 'een leven bevrijd van zonde en de dood'. Dat is een leven dat niet langer wordt beheerst 'door onze eigen natuur maar door de Geest'. Weer bevat de Statenvertaling een duidelijker verwijzing naar seks: een leven waarin we niet 'naar het vlees wandelen maar naar den Geest'. De ongehuwde staat was volgens Paulus het beste. Hij noemt het huwelijk 'een zware last die ik u graag zou besparen'. 'Een ongetrouwde man draagt zorg voor de zaak van de Heer en wil de Heer behagen. Een getrouwde man draagt zorg voor aardse zaken en wil zijn vrouw behagen, dus zijn aandacht is verdeeld.' Dat is de kern van de celibaatsgedachte in de rooms-katholieke kerk. 'Het godgewijd celibaat is een uitmuntende wijze om zich gemakkelijker en met onverdeeld hart aan God te geven,' meldt de Catechismus van de Katholieke Kerk uit 1992.

De boodschap van Paulus echode na in bijvoorbeeld de woorden van Hiëronymus van Sidon (leefde van ca. 347 tot 419 of 420, stichter van kloosters in Betlehem): 'Denkt u dat men haar die zich dag en nacht overgeeft aan gebed en boete gelijk kan stellen met haar die bij de komst van haar man haar gelaat opmaakt, zich teder voordoet en bedrieglijke liefkozingen uitdeelt?' Duidelijk, de ongehuwde vrouw was een beter mens. De heilige Patricius, die in de vijfde eeuw de heidense Ieren bekeerde en daarvoor nog altijd wordt vereerd met de nationale feestdag St.Patrick's Day, ontwierp een puntensysteem. De hoogste score (honderd punten) gaf hij aan bisschoppen, monniken en (maagdelijke) nonnen. Gewone, ge-huwde gelovigen kwamen niet verder dan dertig en jonge on-gehuwde moeders scoorden nul punten. De Ieren hebben de lage waardering voor deze zondaressen tot ver in de twintig-ste eeuw volgehouden. Ongehuwde moeders werden letterlijk buiten de samenleving geplaatst en verbannen naar inrich-tingen met een ijzeren regime en strenge nonnen, de zoge-naamde Magdalene Laundries, wasserijen waar de meisjes en jonge vrouwen de hele dag hard moesten werken. De kerk en katholieke instituten zoals ziekenhuizen en zorginstellingen konden er goedkoop hun was laten doen want de gevallen vrouwen kregen natuurlijk niet betaald voor hun dwangar-beid. Een verblijf in zo'n kerkelijke wasserij kon een leven lang duren. Op het terrein van een Magdalene Laundry in Du-blin werden in 1990 enkele tientallen anonieme graven ge-vonden. De laatste van deze tuchthuizen, genoemd naar Ma-ria Magdalena, een zondige maar bekeerde vrouw uit het gevolg van Jezus, is in de jaren negentig, ruim na de seksuele revolutie, gesloten. Pas in onze eeuw kwam er een officieel on-derzoek naar deze vorm van dwangarbeid en in 2013 bood de Ierse regering de slachtoffers excuses aan.

De christelijke ascese zoals Paulus die propageerde, bracht niet alleen de celibaatsverplichting maar ook een bloeiend kloosterleven. Sinds het christendom Europa veroverde, heb-ben miljoenen mannen en vrouwen het platte, aardse leven vaarwel gezegd en gekozen voor een bestaan dat was gewijd aan God de Heer. Ze legden de geloften van kuisheid, armoe-de en gehoorzaamheid af. Ze waren de goedkope werkers voor de kerk, inzetbaar voor alle voorkomende werkzaam-heden, van landontginning tot ziekenverzorging. Toen de rooms-katholieke kerk in de negentiende eeuw aan haar op-mars in het protestantse Nederland begon, werden de religi-euze broeders en zusters massaal ingezet in het onderwijs en de gezondheidszorg. Loyale bouwers aan de roomse zuil die de machtigste in dit land zou worden. In de tweede helft van de twintigste eeuw kwam daar een abrupt einde aan. Ineens waren er nauwelijks meer jonge katholieken met een roeping en verdwenen de habijten en nonnenkapjes uit de ziekenhuizen, de scholen en de zorginstellingen. De kloosters gingen dicht. In de glorietijd van rooms Nederland waren er vele tienduizenden religieuzen van alle leeftijden, in 2010 waren er nog enkele duizenden, de meesten hoogbejaard. Er waren ook geen grote katholieke gezinnen meer om de 'soldaten voor Gods leger op aarde' uit te rekruteren. Ook de twee Drachtster kloosters haalden het einde van de twintigste eeuw niet.

Het leven in kuisheid was voor niemand ooit eenvoudig op te brengen. Het celibaat is in de eerste eeuwen van het christendom geleidelijk ingevoerd. In de vierde eeuw kreeg de hogere geestelijkheid de plicht zich van seksueel verkeer te onthouden. Op het eerste Lateraanse concilie in 1123 werd het celibaat verplicht voor alle priesters. Het is daarna nog verscheidene keren bevestigd. Kennelijk bleef er onder de priesters lange tijd verzet tegen het gebod zich van elke seksuele activiteit te onthouden. De praktijk was ook anders dan de kerkelijke leer. De vele volksverhalen over stoute geestelijken voor wie geen vrouw in de parochie veilig was en nonnenkloosters die als een soort bordelen dienstdeden, zijn niet allemaal verzonnen. Pastoors die met een vrouw leefden alsof ze met haar getrouwd waren, kwamen in Rome zelf en zeker in de verder afgelegen streken voor. Voor de parochianen was het idee dat zulke herders een geregeld seksueel leven hadden wel zo geruststellend: bleven ze tenminste van hún vrouwen en dochters af. De kerk was natuurlijk niet helemaal blind voor de onrust onder de habijten van haar stafleden. Over het Concilie van Bazel (1431) wordt verteld dat de autoriteiten honderden prostituees naar de stad haalden. Met zoveel mannen die in kuisheid moesten leven was er werk aan de winkel voor 'de lichte brigade'. Om de seksuele lusten te beteugelen werd priesters en monniken wel aangeraden periodiek bloed te laten aftappen. Met een aderlating eens in de drie maanden zou het 'wilde bloed' kunnen worden getemd.

De grote kerkhervormers van de zestiende eeuw namen veel van de katholieke zedenleer mee naar hun nieuwe protestantse kerken, maar dus niet het verplichte celibaat. Luther en Calvijn verhieven juist de huwelijkse staat tot de hoogste norm. Het huwelijk was al voor de zondeval door God ingesteld. Daarom werd van de voorgangers in de reformatorische kerken verwacht dat ze trouwden en een gezin stichtten. De vrouw was de man gegeven voor bijstand en ondersteuning, zo leerde Calvijn, en zijn volgelingen in de Nederlandse republiek waren het daar mee eens. Een goede, dienstbare vrouw was een zegen voor dominee en zijn gemeente.

Met de afschaffing van het celibaat hebben de protestantse kerken hun kader heel wat worstelingen en waarschijnlijk ook veel ellende bespaard. Hun voorgangers hadden een wat natuurlijker omgang met seksualiteit dan de rooms-katholieke pastoors met hun gedwongen celibaat. Ze stonden in het volle leven en konden over huwelijk en de relaties tussen de seksen uit eigen ervaring meepraten. Protestantse jongens die dominee wilden worden hoefden hun puberjaren niet door te brengen in internaten waar ze leerden dat je om God te dienen een leven zonder seks moest leiden en dat je daarom alle seksuele gevoelens moest onderdrukken. De gereformeerden en hervormden hadden nooit kostscholen waar jongens werden getraind in kuisheid, gehoorzaamheid en loyaliteit aan de kerk. 'Je wordt opgevoed met de gedachte dat de hoogste vervulling is dat je geen erotische hartstochten hebt,' zei Huub Oosterhuis, de bekendste uitgetreden priester van Nederland in een interview met NRC *Handelsblad* over de sfeer in de seminaries waar het katholieke kader werd op-geleid.

De ontkerkelijkte Nederlander kan zich er nu alleen maar over verbazen dat het systeem zo lang kon blijven werken. Pas in de jaren zestig kwam er de klad in. Het aantal jongens met een roeping daalde drastisch en steeds meer geroepenen verlieten de seminaries ver voordat ze tot priester konden worden gewijd. Voor die tijd was het voor katholieke gezinnen volstrekt normaal een jongen af te staan aan de kerk om pastoor, broeder of missionaris te worden. Ouders waren trots op hun priesterzonen. Daarvoor moesten de jongens dan wel al op hun twaalfde het huis uit. De journalist Tony van der Meulen vertelt in zijn familiegeschiedenis *Het Patent* hoe hij het grote nieuws hoorde. Toen hij op een middag in 1958 thuiskwam van school zaten de pastoor en zijn moeder hem op te wachten. Hij moest er maar even voor gaan zitten want meneer pastoor had een belangrijke boodschap. 'Ik be-greep dat je alleen naar het seminarie mocht als God je riep om priester te worden. Pastoor Mets had sterke aanwijzingen dat God mij op het oog had en dat gold toevalligerwijs ook voor mijn vriendjes Ignace en Rients.' Een paar maanden la-ter verruilde hij het vertrouwde ouderlijk huis in Joure voor het internaat in Apeldoorn, waar hij met nog zo'n vierhon-derd andere uitverkoren jongens zich al biddend en stude-rend voorbereidde op het priesterschap. Hij hield het er bijna drie jaar uit. Onze iets jongere gemeenschappelijke vriend en collega Jan Geert Majoor wist al vroeg van zijn roeping. Als oudste zoon van een kinderrijk katholiek gezin was hij voor-bestemd priester te worden. Zodra duidelijk was dat hij ge-noeg hersens had voor de zware opleiding hoefde hij over de schoolkeuze niet meer na te denken. Hij mocht naar het se-minarie in Heemstede, maakte er de middelbare school af en ontdekte er dat het priesterschap toch niet zijn roeping was.

Zulke uitverkoren kinderen kwamen terecht in kostscholen met strenge regels en permanent toezicht en met weinig affectie. 'Jonge kinderen die vaak nog nooit een nacht van huis waren geweest, kwamen terecht in een omgeving van emotionele steriliteit. Eigenlijk mocht je niet eens meer kind zijn,' aldus Mathieu Geurts, seminarist van 1949 tot 1958. 'Goddank heb ik nooit in een dictatuur hoeven wonen maar sinds "Apeldoorn" heb ik wel een begin van een vermoeden hoe zoiets voelt,' schrijft Tony van der Meulen in *Het Patent* over zijn herinneringen aan het seminarie. Grote troost voor de seminaristen was dat ze heel bijzonder waren: door God geroepen om zijn kerk te dienen. Daar hoorde wel bij dat ze nooit een normaal seksleven zouden mogen hebben. Lichamelijk genot zat ze alleen maar in de weg bij hun geestelijke ontwikkeling en moesten ze daarom absoluut vermijden. Van een natte droom kregen ze al een schuldgevoel.

Er waren ook katholieken met oog voor de gevaarlijke kanten aan het verblijf in de kostscholen en seminaries. Vanuit de geestelijke gezondheidszorg werd wel gewaarschuwd voor de risico's van zo'n eenzijdig, bijna onnatuurlijke vorming. De psycholoog J.M. van Susante waarschuwde in 1953 op een studiedag voor priesters al dat seminaristen een grotere kans liepen op psychische problemen. Aan deze jongens waren 'de normale aberraties van puberteit en adolescentie nauwelijks toegestaan' en ze liepen daardoor 'een grote kans om door verdringing tot duidelijke remmingen en ontwikkelingsstoornissen te geraken'. De bekende katholieke psychiater Kees Trimbos noemde tien jaar later het seminarie in rond Nederlands 'een broedplaats van infantiele en ongezonde ontwikkelingen'. Hij had in zijn praktijk vele seminaristen en priesters voorbij zien komen.

In de jaren zestig werd het celibaat een heet onderwerp in de Nederlandse katholieke kerk. Er kwam breed verzet onder de priesters tegen het dwingend karakter. Er was veel stiekem gedoe onder geestelijken. Honderden priesters hadden een relatie met een vrouw en bleken toch goede herders te kunnen zijn. Doordat het celibaat zo'n zware plicht was, konden ze toch lelijk in de knoei raken, net als hun collega's die krampachtig probeerden celibatair te blijven. Oosterhuis getuigde daarvan in een interview met NRC *Handelsblad* (13-2-2010): 'Er waren in de jaren vijftig, toen ik werd opgeleid, honderden priesters die in het verborgene een relatie hadden. Maar ik herinner me ook heel goed het fanatisme waarmee mannen probeerden de celibaatsbelofte trouw te blijven. Dat werden dan vaak moeilijke, gefrustreerde, kille mensen.'

Het leek in de jaren zestig in Nederland een kwestie van tijd dat na zestien eeuwen de eerste gehuwde mannen tot priester zouden worden gewijd, zoals we in een later hoofdstuk (12) nog zullen zien. Het kwam er niet van. Rome had geen boodschap aan de Nederlandse roerigheid en hield onwrikbaar vast aan het verplichte celibaat. Volgens de mediagenieke priester Antoine Bodar, die zelf net als kerkvader Augustinus het seksueel genot beproefde voordat hij celibatair ging leven, is het wel op te brengen als je maar de goede instelling hebt. 'Als je geloof vervaagt, als je geroepen bent voor het priesterschap maar je bidt niet steeds en je gaat Onze Lieve Heer zien als een prettige welzijnswerker, als je niet gelooft in de hoogheid van je ambt, dan wordt het celibaat inderdaad een ramp.' Het bleef ook na de seksuele revolutie zoals het eeuwen was geweest: een heldere norm en een weerbarstige, schijnheilige praktijk. In de jaren tachtig groeide er in Nederland een netwerk, Philothea, van vrouwen met een geheime of openlijke relatie met een priester. Hieruit ontstond de Magdala Stichting, die contact heeft met zeker honderd priestervrouwen.

5

DE GROUWELIJKE SONDE
DER SODOMIE

Het was in de dagen dat Rita Verdonk en haar partij, de VVD, snel furore maakte als minister voor Vreemdelingenzaken. Het televisieprogramma *Den Haag Vandaag* bestond nog en sloot vrijdags de politieke week af met een speciale uitzending met tafelgasten vanuit de residentie. Die avond had de redactie naast Verdonk twee oud-ministers uitgenodigd, Annemarie Jorritsma van de VVD en Tineke Netelenbos van de PvdA.

Gespreksleider Ferry Mingelen begon met het voorlezen van een tekst waarin homoseksuelen streng werden veroordeeld als zware zondaars die onverwijld ter dood moesten worden gebracht. Of de dames aan tafel wisten waar deze passage te vinden was. De exacte vindplaats konden ze natuurlijk niet geven, maar alle drie wisten ze heel zeker dat zulke homovijandige teksten uit de islamitische hoek kwamen, misschien wel uit de Koran zelf. Verdonk was het stelligst en wist vrijwel zeker dat de bron een moskee in Amsterdam was die kort daarvoor in het nieuws was geweest als een kweekvijver voor homohaat.

De dames hadden het mis. Mingelen had geciteerd uit hoofdstuk 18 van het Bijbelboek Leviticus, waar te lezen is dat seks van een man met een man net zo erg is als seks met dieren en met de dood moet worden bestraft: 'Wie met een man het bed deelt als met een vrouw, begaat een gruweldaad. Beiden moeten ter dood gebracht worden.'

De vergissing van de politica's was wel te begrijpen. Nadat

Pim Fortuyn in 2002 de islam een achterlijke godsdienst had genoemd, werd er steeds vrijmoediger gesproken en geschreven over de kwalijke kanten van deze in Nederland snelgroeiende religie. De islam was ons land eind twintigste eeuw binnengeslopen, samen met de gastarbeiders uit Turkije en Marokko en hun families. We maakten daar eerst geen probleem van, maar rond 2000 kantelde de stemming. Er kwamen steeds meer moskeeën en wat daar gepredikt leek te worden, stond heel ver af van de Nederlandse cultuur met haar nadruk op de persoonlijke vrijheid. Nadat het taboe was doorbroken kwam de ene na de andere onthulling over hoe erg het er in islamitische gebedshuizen aan toe kon gaan. Zo'n vreselijke tekst over homo's moest wel uit moslimkringen komen.

De drie dames aan tafel bij Mingelen zagen als zoveel Nederlanders over het hoofd dat de 'joods-christelijke traditie', die zoveel betekende voor de Nederlandse identiteit, net zo streng en wreed was voor homoseksuelen als de islamitische. Wat de fundamentalistische imams de moslims daarover leren, verschilt nauwelijks van wat de christenen daarover eeuwenlang van hun voorgangers te horen kregen. De christelijke en islamitische traditie lijken op elkaar als twee druppels water. In beide culturen zijn de homo's als zondaars van de zwaarste categorie geminacht, vernederd en gruwelijk vervolgd, ook in Nederland.

De Bijbel kent voor meer vergrijpen tegen de zedenwetten de doodstraf maar alleen voor geslachtsverkeer tussen mannen is die tot in de achttiende eeuw ook werkelijk toegepast. In het preutse Nederland van voor de seksuele revolutie hoefden homoseksuelen allang niet meer voor hun leven te vrezen maar ze hadden wel te maken met een ronduit vijandig klimaat. De afkeer van mannen die het met elkaar deden, was vrij algemeen, ook buiten de kerken. 'Homo's waren vieze mannen. Dat hoorde je op straat, op het schoolplein en ook thuis. Wat die met elkaar deden was verachtelijk. Zo werd er over gesproken,' weet een leeftijdgenoot nog die in Groningen opgroeide in een rood nest waar ze niets moesten hebben van de kerk. In het christelijk milieu was homoseksualiteit erger dan andere seksuele zonden. Overspel en ongehuwd aan seks doen was ook erg zondig, maar ook wel weer menselijk. Over de man die iets met een andere vrouw had, werd gezegd dat hij 'naast de pot had geplast' of een 'scheve schaats had gereden'. Het jonge stel dat moest trouwen 'had niet goed opgepast'. Over homo's hoorden we nooit spreken in zulke termen waarin toch iets van begrip en vergeving doorklonk. Je hoorde wel verhalen over mannen die met jongens knoeiden en dat klonk toch veel minder aardig. Daar moest je voor oppassen, wat het ook wel weer spannend maakte. Over die jongens werd overigens nooit gesproken als slachtoffers, wat ons nu vreemd voorkomt.

Vrouwen konden samenwonen, mannen niet. Ik kan me uit mijn schooljaren geen enkel mannenpaar herinneren dat onder één dak woonde. Daarvoor moest je waarschijnlijk in de grote stad zijn. Voor vrouwen was dat vrij normaal. Juffrouw Smit, die de kinderen van de eerste klas lagere school jaar in jaar uit zo boeiend over de Bijbel vertelde, was niet getrouwd en deelde het leven met een vriendin. Misschien dat grote mensen er wel eens over speculeerden wat er tussen zulke vrouwelijke koppels precies was, maar dat ontging ons kinderen volledig. Pas veel later leerden we dat er zoiets als lesbische liefde was en kwam de vraag op of juffrouw Smit en haar vriendin misschien... Ze is nooit uit de kast gekomen.

Het strenge oordeel over homoseksualiteit trof dus vooral de mannen. Wat zij met elkaar deden heette sodomie en met die naam is de band met heel erge zondaars direct al gelegd. Sodom en Gomorra waren de steden die met hun bandeloos en liederlijk gedrag Gods toorn over zich afriepen en in een vuurzee volledig van de aardbodem werden weggevaagd. Alleen de gelovige Lot en zijn gezin mochten uit Sodom vluchten voordat de hel losbarstte en ontsnapten zo aan de vuurdood. Van Sodom weten we dat er mannen woonden die seks met mannen wilden. Ze eisten immers van Lot de mannelijke vreemdelingen die hij in huis had aan hen uit te leveren: 'Breng ze naar buiten, we willen ze nemen.' Toen hij niet direct op hun eis inging, bedreigden de hitsige mannen Lot zelf ook met verkrachting. 'Wacht maar, jij zult er ook van lusten, en nog meer dan zij.' De islam kent een bijna identiek verhaal met dezelfde boodschap: mannen die op mannen vallen, dat is pas erg. Lot heet hierin Loet en is een profeet die veel te stellen had met een uiterst zondig slag mensen. Hij beschuldigde het volk van een 'gruweldaad die geen van de mensen voor u beging. U richt uw begeerte op mannen in plaats van op vrouwen.' (Soena 7.80 e.v. en 11.80 e.v.) Net als Lot biedt deze profeet maagdelijke vrouwen aan om de geilaards aan hun gerief te helpen: 'O, mijn volk, dit zijn mijn dochters, zij zijn rein voor jullie.' Ook deze mannen hebben geen interesse: 'Zij zeiden: u weet dat wij geen behoefte hebben aan uw dochters, u weet wat wij wensen.' De afloop is even catastrofaal: er daalt een regen van vulkanische stenen neer op de stad toen Loet en zijn familie in veiligheid waren.

In de klassieke oudheid moet seks tussen leden van hetzelfde geslacht vrij normaal en geaccepteerd zijn geweest. Lesbiennes hebben hun naam te danken aan het Griekse eiland Lesbos. In Athene was het gezelschap van een lustknaap een teken van welstand. Van homoseksuele mannen wordt wel gezegd dat ze 'de Griekse beginselen zijn toegedaan' en lezers van seksadvertenties zullen wel weten wat wordt bedoeld met 'op z'n Grieks'. De apostel Paulus was ermee vertrouwd, zo blijkt uit zijn brief aan de eerste christelijke Romeinen: 'God heeft hen uitgeleverd aan onterende verlangens. De vrouwen hebben de natuurlijke omgang verruild voor de tegennatuurlijke en ook de mannen hebben de natuurlijke omgang met vrouwen losgelaten en zijn in hartstocht voor elkaar ontbrand.' Deze passage is nog altijd een sleuteltekst voor christenen die homoseksualiteit afwijzen. Het is seks zoals God het nadrukkelijk niet heeft bedoeld: tegennatuurlijk, ongeremde overgave aan de vleselijke lusten zonder enige kans op zwangerschap. Met deze trefwoorden is ook de kern van de islamitische traditionele leer samen te vatten. Alleen seksueel verkeer tussen man en vrouw paste in Gods natuurlijke scheppingsorde, en dan hoorden de twee ook nog getrouwd te zijn. Alle seks daarbuiten was verwerpelijk. Sodomie stond in beide culturen, de christelijke en de islamitische, vooral voor anaal geslachtsverkeer. 'Sodomie is de schokkendste seksuele aberratie voor mannen. Het getuigt van een ernstige afwijking in het karakter van de man, van de zuivere staat waarin Allah hem schiep,' zo staat het in een recente Engelstalige handleiding voor orthodoxe moslims die in de moderne westerse wereld volgens de islamitische tradities willen leven. Het is een verzameling soena's en uitspraken van geestelijke leiders (*Closer than a Garment*) om moslims weerbaarder te maken tegen de verleidingen van de verdorven westelijke cultuur.

Zowel de Bijbel als de Koran stelt sodomie op één lijn met seks met dieren. Op beide vergrijpen staat de doodstraf: Wie u aantreft die de zonde van Loets volk begaat, doodt hem en doodt aan wie de zonde wordt begaan. Wie u aantreft die gemeenschap heeft met een dier, doodt hem en doodt het dier,' schrijft de Koran voor. De teksten in het Oude Testament hebben dezelfde strekking en in het Nieuwe Testament bevestigt Paulus de norm in verschillende van zijn brieven. Van Jezus zelf zijn geen specifieke uitlatingen over homoseksualiteit genoteerd. De vier evangelisten schrijven er niet over, maar in Matteüs waarschuwt Jezus wel dat de wetten uit het Oude Testament na zijn komst op aarde onverkort blijven gelden. Dat is dus inclusief de huiveringwekkende tekst uit Leviticus waarmee Ferry Mingelen de drie vrouwelijke politici op het verkeerde been zette.

In onheilspellende teksten deden het christendom en de islam niet voor elkaar onder, maar antihomogeluiden klinken nu dreigender uit islamitische hoek. In de beeldvorming zijn de moslims verbonden aan een religie die de strenge regels in verscheidene landen nog in praktijk brengt. In zeker zeven islamitische landen staat nog de doodstraf op homoseksuele contacten. Met zoveel officiële discriminatie op gezag van hun godsdienst hebben de moslims de schijn tegen en denken ook politici eerder aan de Koran dan aan de Bijbel. De paus van Rome, leider van de grootste christelijke kerk in de wereld, is ook tegen homoseksualiteit maar er worden op zijn gezag geen homo's meer opgehangen of verbrand.

De tijd dat ook in christelijk Europa homoseksuelen hun leven nooit zeker waren ligt ruim tweehonderd jaar achter ons. In de loop van de eerste eeuwen neemt de macht van de christelijke kerk toe en wordt het klimaat voor homoseksuelen steeds vijandiger. Vanaf het Concilie van Nabloes (1120) was de dood op de brandstapel de voorgeschreven straf voor homoseksueel geslachtsverkeer. De handhaving verschilde van tijd tot tijd en van land tot land. In een samenleving met grote verschillen in rangen en standen, corrupte wetsdienaars en schijnheilige geestelijken waren er voor betrapte zondaars altijd kansen aan de vuurdood te ontsnappen, vooral als ze geld en aanzien hadden. Maar voor iedereen was er altijd de dreiging van de vernederende aanhouding, de wrede verhoren en de gruwelijke dood als ontdekt was dat ze het deden met leden van het eigen geslacht.

Ook in de protestantse Nederlandse republiek van de zeventiende en achttiende eeuw stond op sodomie de doodstraf. Homoseksuelen konden elkaar alleen heimelijk ontmoeten met altijd het risico te worden betrapt en vervolgd. De vervolging lijkt betrekkelijk willekeurig, afgaande op de frequentie van processen. De slachtoffers waren bijna altijd mannen, de fixatie was op anaal verkeer. Seks tussen mannen is altijd expliciter veroordeeld dan seks tussen vrouwen. In de islam worden vrouwen die het met elkaar doen ook minder streng bejegend dan mannen. De sleutelpassage in Romeinen 1 is de enige verwijzing naar lesbische seks in de Bijbel.

De laatste uitbarsting van legaal geweld tegen homoseksuele mannen beleefde Nederland in 1730 en 1731. Het begon in Utrecht, waar de koster van de Domkerk twee homoseksuele mannen op heterdaad betrapte. Deze kerk en haar directe omgeving waren overigens een bekende ontmoetingsplaats voor homo's. De aanduiding 'Utrechtenaar' die nog wel eens voor een homo wordt gebruikt, komt hiervandaan. In 1730 was de tijd kennelijk weer rijp voor een krachtige bestrijding van dit kwaad. Er ontstond een ware jacht op 'sodomieten'. Overal in het land werden jongens en mannen opgepakt en voor de rechter gebracht. Er volgden een kleine driehonderd veroordelingen, zeker tachtig keer werd de doodstraf opgelegd en uitgevoerd. De anderen werden meestal bij verstek veroordeeld tot levenslange verbanning. Ze waren allemaal schuldig aan de 'gruwelijkheden waarvoor God ooit Sodom en Gomorra heeft verwoest', zoals de homohaat die dagen vanaf de preekstoel werd aangewakkerd. Kerkelijke leiders drongen aan op vervolging omdat anders Gods toorn ook Nederland zou kunnen treffen. De ter dood veroordeelden werden niet meer levend verbrand maar opgehangen of gewurgd. In Utrecht alleen al werden zestien mannen geëxecuteerd.

Huiveringwekkend dieptepunt van deze homovervolgingen was het drama dat zich in 1731 in het Groninger Westerkwartier voltrok. De hoogste baas van justitie en politie in dat gebied was op dat moment Rudolf de Mepsche, de Heer van Faan. Aangemoedigd door een plaatselijke predikant liet hij enkele tientallen jongens en mannen arresteren op verdenking van sodomie. De meesten konden de afschuwelijke martelingen niet doorstaan en bekenden schuld. Op 24 september 1731 stierven in Zuidhorn 22 veroordeelden een wrede dood aan de wurgpaal. Twee schuldigen ontkwamen aan dat lot. Voor de dag van de executie waren ze al aan de folteringen bezweken. Het jongste slachtoffer van de moordpartij in naam van het recht en de goede zeden was vijftien jaar. De lijken werden verbrand omdat deze zondaars geen normaal graf verdienden.

Het voorval heeft de canon van de Groninger geschiedenis uit 2007 niet gehaald. Historici hebben later uitgelegd dat er achter de strafexpeditie van Rudolf de Mepsche meer zat dan alleen homohaat. Hij zou de gelegenheid hebben aangegrepen om in een ordinaire machtsstrijd af te rekenen met zijn tegenstanders, maar dat doet er niet toe. Vaststaat dat hij alle steun kreeg van kerkelijke kant. In dezelfde contreien was in die tijd dominee Van Bijler, predikant in Niekerk, actief. Deze herder moedigde de burgerlijke heersers aan in hun meedogenloze optreden tegen homo's in zijn brochure *De Helsche Boosheid of de Grouwelijke Sonde der Sodomie*.

Begin achttiende eeuw, na de Franse tijd, was sodomie uit het Nederlands strafrecht verdwenen. Een kleine honderd jaar later, in 1911, zagen de katholieke en protestantse partijen gezamenlijk kans weer iets van de christelijke norm tegen homoseksualiteit terug te krijgen in de wet. Seks van volwassen met jongeren onder de 21 van hetzelfde geslacht werd weer strafbaar, nu met maximaal vier jaar gevangenis. Ongeveer vijfduizend mannen zijn op grond van dit artikel (248-bis W. v. Str.) veroordeeld. Ook in de jaren vijftig en zestig zijn er nog enkele honderden 'pedofielen' vervolgd. De bekendste was Edward Brongersma. Hij was lid van de Eerste Kamer voor de PvdA toen hij in 1950 een jaar gevangenisstraf kreeg omdat hij seksuele omgang met een jongen van zestien jaar had gehad. In 1960 keerde hij terug in de senaat. Een van de eersten die hij daar tegenkwam was de gereformeerde Hendrik Algra, een geharnast strijder voor de christelijke seksuele moraal en rabiaat antihomo. Hij heette Brongersma welkom met een stevige handdruk. Strenge principes stonden goede omgangsvormen niet in de weg. De mannen stonden lijnrecht tegenover elkaar want Brongersma zette zich als politicus juist in voor een mildere zedelijkheidswetgeving. Pas in 1971 is het 'homo-artikel' geschrapt en geldt voor homo- en heteroseksueel geslachtsverkeer met minderjarigen dezelfde minimumleeftijd van zestien jaar. Dat is om kinderen te beschermen tegen opdringerige volwassen en heeft met christelijke of islamitische normen niets meer te maken. Met pedofolie wordt nu seks met kleine kinderen bedoeld.

De wetswijziging paste bij de sfeer van na de seksuele revolutie van de jaren zestig waarin allerlei taboes waarmee de kerken de seksualiteit hadden belast werden opgeruimd. Maar het zou ook daarna nog jaren duren voordat homoseksuelen helemaal zichzelf konden zijn in het ontkerkelijkte Nederland. Deze kleine minderheid had veel meer te overwinnen dan een oude kerkelijke norm.

6

DE EERSTE SCHEUREN

'Dewijl ons lichaam en ziel tempelen des Heiligen Geestes zijn, zo wil Hij, dat wij ze beide zuiver en heilig bewaren; daarom verbiedt Hij alle onkuise daden, gebaren, woorden, gedachten, lusten en wat den mens daartoe trekken kan.'

Zo staat het in de Heidelberger Catechismus (Zondag 41, vraag 109), ook rond 1960 nog verplichte leerstof voor gereformeerde en hervormde jongeren. Hoe we het voor elkaar kregen, is me nu een raadsel, maar we leerden die archaïsche teksten met al die vreemde naamvallen uit het hoofd zodat we ze konden opdreunen bij de catechisatie. Of iedereen altijd precies wist wat hij of zij oplepelde, betwijfel ik, maar de strekking werd door dominee wel helder, zij het in wat bedekte termen uitgelegd. Het was een soort totaalverbod op seksualiteit. Seks was iets waar je pas aan kon denken als je was getrouwd en voor die tijd hoefde je het er ook niet over te hebben. Van (ex-)katholieken die ik ernaar heb gevraagd, begreep ik dat het in hun geloofsgemeenschap nauwelijks anders was. Dominees en pastoors hamerden er dezelfde boodschap in, vanaf de kansel of in het biechthokje: Mensen moesten 'kuis en ingetogen' leven omdat ze anders Gods toorn over zich afriepen.

Nederland ziet zichzelf graag als een historisch toonbeeld van vrijheid en verdraagzaamheid in Europa, maar in de republiek die uit de opstand tegen de Spaanse koning ontstond, was de geestelijke vrijheid zeer beperkt. Van een scheiding tussen kerk en staat was geen sprake. Geloof was een staatszaak en het waren de Staten-Generaal, het hoogste bestuurlijke orgaan, die de opdracht gaven de Bijbel in het Nederlands te vertalen en de regels voor het juiste geloof te formuleren. De catechismus, waarin alle geloofszaken in 129 vragen en antwoorden worden uitgelegd, had praktisch de status van een wet. Het katholicisme was het geloof van de verslagen partij en ging in de ban. De katholieke eredienst, 'de Paapse Mis', werd verboden als 'een vervloekte afgoderij'. De kerk van Rome met haar pracht en praal maakte in de Republiek plaats voor een uiterst sobere variant van de reformatie, de leer van Johannes Calvijn, de somberman die vanuit Genève de mensen leerde dat ze zich niets moesten verbeelden omdat ze niets voorstelden voor Gods heilig aangezicht. Gods genade was alles waar ze op mochten hopen na een welbesteed en vooral deugdzaam leven.

Alsof het nog niet sober genoeg was, deed een stroming onder de naam 'Nadere reformatie' er een schepje bovenop. Van de gelovigen werd een aan God gewijd leven verwacht waarin alle wereldse genietingen werden vermeden. Geen luxe als vertoon van rijkdom, geen theater, geen vertier op kermissen en in kroegen, geen kaart- en dobbelspelen en zeker geen seksueel verkeer buiten de echtelijke sponde. De zondag moest als de Dag des HEEREN strikt worden geheiligd, wat erop neerkwam dat buiten de kerkgang feitelijk niks mocht. Zo werd Nederland 'dat calvinistisch landje', de afkeurende typering die verlichte burgers tegenwoordig nog graag gebruiken.

De nadere reformatie was al weer een reactie op de praktijk, die natuurlijk anders was dan de dominees het volk leerden. De mens bleef 'onbekwaam tot enig goeds en geneigd tot alle kwaad', zoals de catechismus leert, ook onder het van staatswege opgelegde calvinisme. Altijd waren er mensen die van God noch gebod wilden weten en ook door gelovigen werd gezondigd tegen de strenge leefregels. Het volk vroeg om kermissen en dorpsfeesten waar gedanst en gevreeën werd. Kroegen waren er in alle uithoeken, bordelen in alle steden. Bij jonge verliefde stellen bleef het niet bij een zoen en voor mannen die hun gerief buiten het heilig huwelijk zochten waren er 'huisjes van plezier' en vrouwen die 'een winkeltje onder de schort' dreven. Het mocht allemaal niet van de kerk en de overheid, wat het niet minder aantrekkelijk maakte.

De maatschappij was nog keurig naar rang en stand ingedeeld. Bij huwelijken in de hogere kringen waren geld en status vaak belangrijker dan liefde of lichamelijke aantrekkelijkheid. Geld trouwde met geld, adel met adel en boerenzonen met boerendochters. Zulke verstandshuwelijken zijn allerminst een garantie voor een spannend en levendig seksleven. Er was daardoor een ruime markt voor buitenechtelijke activiteiten. Dat heren van stand een maîtresse nodig hadden als ze bij hun echtgenote een paar nakomelingen hadden verwerkt, werd best begrepen. Het was een praktische oplossing. Thuis hoefde hij de vrouw niet meer lastig te vallen in bed en de maîtresse werd goed verzorgd. Een leven zonder maîtresse was onder de adellijke macho's eerder een bewijs van luiheid dan van deugdzaamheid.

Over de seksuele moraal van de armsten kunnen we ons moeilijk een voorstelling maken. Ze leefden in huisjes met een of twee kamers waar zich alles afspeelde. Er werd nieuw leven verwekt en er werd gestorven. In de steden waren ze samengepakt in buurten die in alles leken op de slums in de derde wereld van nu. Op het platteland woonden tienduizenden gezinnen in vochtige plaggenhutten. Er was gebrek aan van alles, ziekte en sterven hoorden bij het leven van alledag en in die ellende werden nakomelingen geboren en opgevoed. De sterfte onder kraamvrouwen, zuigelingen en kleuters was schrijnend hoog door ziekte, ondervoeding en gebrek aan hygiëne. Wat moesten deze arme schapen met de strenge calvinistische kuisheidsgeboden?

Voor heel het volk, arm en rijk, gold dat de verleidingen groot en talrijk waren. Er werd gezondigd tegen de kerkelijke norm, maar die was wel algemeen geldend en het christelijk taboe op seks en lichamelijkheid won terrein in de achttiende en negentiende eeuw. Nederland werd preutser. Naakt verdween uit de openbaarheid, ook bij het baden in zee moest zoveel mogelijk van het lichaam bedekt blijven. Wie zich bloot vertoonde, maakte zich schuldig aan 'schennis van de eerbaardheid'. Seksualiteit ging achter de slaapkamerdeur. De eerste onderwijswet van begin negentiende eeuw schreef voor dat de kinderen in 'maatschappelijke en christelijke deugden' moesten worden opgevoed.

De bedreigingen voor de kerkelijke moraal kwamen niet van toenemende losbandigheid onder het volk maar van de wetenschap. In heel Europa brak de Verlichting door. De mensheid begreep steeds meer van het mysterie van de voortplanting, het driftleven en de paarvorming bij mens en dier. Er kwamen in de negentiende eeuw al steeds meer scheuren in het gesloten systeem dat de kerkvaders op basis van Bijbelteksten, vanaf Genesis tot en met de brieven van Paulus, hadden geconstrueerd.

In 1859 kegelde Charles Darwin het scheppingsverhaal uit Genesis omver met zijn evolutietheorie over het ontstaan van plant- en diersoorten. Als het verhaal dat God de aarde in zes dagen had geschapen niet meer kon worden geloofd, bleef er niets over van het leerstuk van de erfzonde, hoeksteen van de christelijke zedenleer. Minstens zo ondermijnend voor het gezag van de kerken was de theorie van Thomas Robert Malthus, nota bene een predikant van de anglicaanse kerk, de Britse staatskerk. Hij was behalve theoloog ook econoom, demograaf en aartspessimist. In 1798, hij was toen hoogleraar economie in het prestigieuze Cambridge, verscheen zijn pleidooi voor geboortebeperking dat hem onsterfelijk zou maken. Malthus was ervan overtuigd dat de aarde maar een beperkt aantal mensen kon voeden en dat zo rond 1800 wel het maximum was bereikt. De bevolkingsgroei zou op min of meer natuurlijke wijze worden afgeremd door hongersnoden, epidemieën en geweld, dat met zoveel tekorten en ellende sterk zou toenemen. Die catastrofes moest de mensheid zichzelf besparen door de voortplanting af te remmen, vond Malthus. Een echtpaar zou niet meer kinderen moeten krijgen dan het zelf kon onderhouden. Voor de armsten kwam dat vrijwel neer op een bestaan zonder nakomelingen.

Malthus kreeg ongelijk met zijn pessimisme, de aarde had capaciteit genoeg voor veel meer mensen dan hij had gevreesd. Maar zijn verhaal werd wel het begin van een brede beweging voor geboortebeperking in heel Europa. Zijn boodschap viel in goede aarde bij de verlichte burgerij, die in de negentiende eeuw het straatarme proletariaat snel zag groeien door de opkomst van de industrie. Niet de uitputting van de aarde maar de verpaupering van de arbeidersmassa's was haar grote zorg. Daarom noemden ze zich 'neomalthusianen'. Hun doel was beperkt: minder kinderen die onder erbarmelijke omstandigheden opgroeiden. Seksuele revolutie of zoiets streefden ze niet na. Maar de kerken zagen de beweging direct als een ernstige bedreiging van de christelijke moraal. Zo had Malthus het zelf niet bedoeld. Hij vond net als de kerken dat seks binnen het huwelijk hoorde. Om zwangerschap te voorkomen moesten de mensen daarom laat trouwen en zich langdurig onthouden. Ook de Nieuw Malthusiaanse Bond (NMB) die in 1881 in Nederland werd opgericht, ging er nog vanuit dat geslachtsverkeer iets was voor getrouwde stellen. Anders dan Malthus vonden de Nederlanders die zijn naam in ere hielden dat mensen juist niet te lang ongetrouwd moesten blijven, want dat verhoogde het risico van ontsporingen die ze nog heel kerkelijk 'seksuele zonden' noemden. Langdurige onthouding gaf spanningen en dat was niet goed voor lichaam en geest. Je moest de natuurlijke driften niet te veel willen beteugelen, als er maar niet steeds weer kinderen van kwamen.

De NMB richtte zich daarom op voorlichting. Hoe kun je zwangerschap voorkomen en toch een normaal seksueel leven hebben? In haar eerste jaren verblijdde de bond Nederland met de ene na de andere brochure die met tienduizenden werden verspreid. Het boekje over voorbehoedmiddelen, *De middelen ter voorkoming van groote gezinnen*, werd een onverbiddelijke bestseller met een oplage van ver boven de honderdduizend. De namen van de auteurs werden niet bekendgemaakt. Daarvoor was het onderwerp nog te link in die tijd. Ruim twintig jaar later durfde de NMB een hele stap verder te gaan en begon de bond zelf met het verstrekken van middelen.

Vanaf zijn oprichting richtten de kerken hun pijlen op de NMB als hun grootste vijand. Met een felheid die nu bijna bizar aandoet en op een toon die je wel bloeddorstig kunt noemen, pakten ze het neomalthusiaanse kwaad aan. Het propageren van voorbehoedmiddelen was volstrekt verwerpelijk voor zowel protestanten als katholieken en dat bleef het tot ver in de twintigste eeuw.

De Synode van de Gereformeerde Kerken in Nederland (een orthodoxe afsplitsing van de hervormde 'staatskerk') ging in 1896 vol op het orgel. De in Middelburg verzamelde predikanten en ouderlingen noemden het streven van de NMB 'God onterend, zedenbedervend en demonisch'. Een paar jaar later waarschuwden ze hun gereformeerde aanhang nog maar eens dat het malthusianisme 'in theorie en praktijk' in strijd was met het Woord van de Heere: 'Schadelijk, schandelijk en goddeloos.' Dat was de toon waarmee de kerken nog jarenlang tekeer zouden gaan tegen de voorstanders van geboortebeperking. Vooraanstaande hervormden richtten zelfs de Vereeniging ter Bestrijding van het Neo-Malthusianisme op met als enige doel het zedenbedervende werk van deze stroming te stoppen. De hervormde synode riep in 1907 de kerkenraden op 'deze als een kanker voortvretende zonde te weerstaan'.

Er waren aan het eind van de negentiende eeuw meer bewegingen die het gezag van de kerken en daarmee de heersende moraal dreigden te ondermijnen en daarom ook allemaal in de naam van God moesten worden gekeerd. Dankzij de liberale denkers met hun nadruk op de persoonlijke vrijheid won de vrijzinnigheid terrein onder de gegoede en belezen burgerij. De socialisten leerden de arbeiders dat het geloof altijd was misbruikt om hen eronder te houden. Vrouwen die streden voor gelijke rechten waren een bedreiging voor het traditionele gezin, waar de man op goede Bijbelse gronden de baas moest zijn. Het waren 'demonische invloeden die op ons volk inwerken', waarschuwde de grote gereformeerde voorman Abraham Kuyper. De propaganda voor voorbehoedmiddelen moest van hem met 'strafbepalingen gestuit en gebroken worden'. Orthodoxe protestanten en katholieken trokken bij de strijd voor de goede, christelijke zeden steeds meer met elkaar op. Met de grondwet van 1848 kreeg de rooms-katholieke kerk eindelijk de vrijheid en de ruimte haar vleugels uit te slaan in Nederland. Vijftig jaar later was ze al een machtsfactor. Rooms-katholieken en protestanten waren het met elkaar eens dat de bescherming van de christelijke moraal een staatstaak was. De aartsvijanden die elkaar eeuwenlang als valse profeten hadden verketterd, vonden elkaar in de politiek. Het lukte Kuyper in 1901 nog niet als premier maar tien jaar later sloegen de confessionele partijen hun slag. De streng katholieke minister van Justitie Robert Regout kreeg een pakket zedelijkheidswetten door de Tweede Kamer. De regels voor pornografie werden strenger, er kwam een algemeen bordeelverbod en seksueel contact met jongens onder de 21 jaar werd strafbaar, zodat homoseksualiteit terugkwam in het strafrecht. De Nieuw Malthusiaanse Bond zelf werd niet verboden, zoals de kerken graag wilden, maar het aanbieden, verkopen en zelfs propageren van voorbehoedmiddelen werd strafbaar met maximaal twee jaar gevangenis. De zedelijkheidswetten van Regout waren een triomf voor de kerken, een overwinning op de liberalen die vonden dat de staat zich juist niet hoefde te bemoeien met wat er in de slaapkamer gebeurde.

Het wettelijk verbod op voorbehoedmiddelen zou het meer dan vijftig jaar volhouden. Geslachtsverkeer zonder de bedoeling kinderen te verwekken bleef een zwaar taboe voor christelijk Nederland en de neomalthusianen bleven de grote vijanden. Als onderdeel van de tegenbeweging werd in 1917 de Katholieke Bond voor Groote Gezinnen opgericht. De retoriek van de jarenlange voorzitter J.W.F. van Meegeren was nog harder dan die van de gereformeerden. De leden van de NMB waren lui en egoïstisch. 'Ongebreidelde begeerten, koelberekenende zelfzucht en hebzucht, laffe vrees voor moeite en offer', waren hun motieven. Deze verachtelijke motivatie leidde hen ertoe 'Gods scheppingswil misdadig weerstand te bieden, de natuur geweld aan te doen en het hoofddoel van het huwelijk te ontwijden'.

Dat was de taal waarmee rooms-katholieke voorgangers in de jaren twintig en dertig optraden tegen iedereen die wat ruimere opvattingen over seksualiteit predikte. Ze kregen de volle steun en zegen van paus Pius XI, die in 1930 met de encycliek *Casti connubii* (in het Nederlands: Over het christelijk huwelijk) reageerde op de malthusiaanse beweging. In de pauselijke boodschap werd de eeuwenoude christelijke zedenleer in al haar strengheid bevestigd. Alle vormen van geboortebeperking werden afgewezen als strijdig met Gods wil. De huwelijkse daad was een 'schandelijke daad' als 'het ontvangen van een kind daarbij onmogelijk wordt gemaakt'.

In de kerk van Malthus zelf was er in diezelfde tijd aanmerkelijk meer begrip voor de ideeën van de stroming die zijn naam gebruikte. In het jaar waarin paus Pius de banvloek over geboortebeperking bevestigde, gaven de bisschoppen van de anglicaanse kerk hun zegen aan de grondgedachte van de neomalthusianen. Als het duidelijk was dat 'het verkeerd is dat er een kind bij komt' en er een goede reden was om niet aan periodieke onthouding te doen, 'dan kunnen wij gebruik van kunstmatige anticonceptie niet veroordelen'. Voor het eerst had een grote christelijke kerk vastgesteld dat het gebruik van voorbehoedmiddelen niet per se zondig was en dat de gebruikers toch goede christenen konden zijn.

Het vermetele standpunt van de anglicaanse bisschoppen drong door tot de rest van christelijk Europa. Uit brede kring waren er fel afwijzende reacties. Toch werd de boodschap uit de Britse staatskerk het begin van een omwenteling die langzaam op gang kwam maar uiteindelijk, in de tweede helft van de twintigste eeuw, de kracht van een revolutie zou krijgen. In Nederland kregen de anglicaanse bisschoppen al snel invloed onder een nieuwe lichting hervormde predikanten. Was het wel zo christelijk om onder alle omstandigheden maar onbeperkt kinderen op de wereld te zetten? Voor vrouwen kon de zoveelste zwangerschap soms levensgevaarlijk zijn en het leven kon een hel zijn voor kinderen die letterlijk ongewenst waren. En wat deden de kerken de mensen aan door ze te leren dat seksualiteit vooral een zaak was van zondige en slechte begeerten?

De verlichte stroming brak na de Tweede Wereldoorlog door in de Nederlands Hervormde Kerk. In 1952 nam de synode van de grootste protestantse kerk in Nederland een voor die tijd opmerkelijk vooruitstrevend stuk over huwelijk en seksualiteit aan. De opvatting dat seks alleen maar diende om kinderen te maken werd verworpen. Voorbehoedmiddelen werden niet alleen toegestaan maar onder bepaalde omstandigheden zelfs aanbevolen. Niet een groot maar een goed gezin was het doel van het huwelijk.

Het klinkt voor de generatie die de seksuele revolutie meemaakte bijna ouderwets maar de hervormden liepen daarmee in 1952 jaren voor de muziek uit. Voor de meeste kerken waren zulke verlichte opvattingen verwerpelijke ketterijen. Voor de katholieken gold onverkort de oude leer die paus Pius XI nog eens had uitgelegd, voor de gereformeerden het totaalverbod van de Heidelberger Catechismus. Anticonceptie was zondig, in strijd met Gods schepping, en leidde tot bandeloosheid en bederf van de goede zeden, zo bleven rooms-katholieke bisschoppen en protestantse dominees het volk waarschuwen. De ommekeer kwam pas in de jaren zestig. De Katholieke Bond voor Groote Gezinnen hield het vol tot 1968, zij het onder de naam Katholieke Gezinsbeweging.

7

EEN KUISE NATIE

'Wanneer er ooit een tijd is geweest waarin men de geestelijke volksgezondheid in gevaar kon achten, dan is het zeker nu
wel. Thans nu de rookwolken van het slagveld gaandeweg op-
trekken en wij de verwoestingen in volle omvang kunnen
zien, ontwaren wij hoe deerlijk gehavend ons tevoren toch
stellig goed gezonde geestesleven er op dit ogenblik uitziet.'

En wij van na de oorlog maar denken dat de sfeer direct na
de bevrijding alleen maar optimistisch was. Er kon weer vooruit worden gekeken. Maar er bestond dus ook grote zorg over
wat er van de natie zou worden. Nederland vierde in de eerste
maanden na de bevrijding in 1945 feest zoals het nooit eerder
had gedaan. Na vijf donkere jaren onder de Duitse bezetting
kon het volk zich eindelijk weer vrij bewegen en in het uit-
bundig feestgedruis gingen de remmen los. Tot afgrijzen van
burgerlijke en kerkelijke leiders. Terwijl de vrolijk feestende
Nederlanders nog hosten, dansten en vreeën, schreven bezorgde herders en zielenknijpers ernstige stukken over de zedenverwildering die het land overwoekerde. De zorgelijke
analyse hierboven komt uit een beschouwing in het kort na
de oorlog opgerichte *Maandblad voor de Geestelijke Volksgezondheid*. Het zou nog jaren een platform voor tobberige be-
spiegelingen over moreel verval blijven.

Het land was zwaar gehavend uit de oorlog gekomen. De
materiële schade was enorm maar ook de zeden en de moraal
waren ernstig aangetast. Dat was misschien nog wel erger. De
katholieke psychiater Willem Pompe noemde de 'zedelijke

verwildering en tuchteloosheid de kwaadste posten van de gehavende boedel welke de bezettende macht ons heeft nagelaten'. De hervormde ethicus Hendrik van Oyen waarschuwde voor 'bevrijdingsreacties die in al hun vitaal-instinctieve structuren diepe zedelijke gevolgen met zich meeslepen. [...] Wanneer het instinct dermate het sexueele leven heeft aangetast staan wij voor de ontbinding van het gezin en daarmee van het volk als zedelijke gemeenschap.' De bisschoppen waren zich rot geschrokken van de losbandigheid waarmee het volk de bevrijding vierde. Dat zelfs katholieke getrouwde vrouwen zich overgaven aan jonge bevrijders! In september 1945 reageerden ze met een herderlijk schrijven over de zedelijke toestand in het vaderland waarin ze waarschuwden voor de 'wereldse geest' die was gaan heersen en die funest was voor huwelijk en gezin.

De uitspattingen in de roes van de bevrijding waren voor de heersende elites de tekenen dat de oorlog de burgerlijke samenleving met haar vaste patronen, zekerheden en overzichtelijke verhoudingen totaal had ontregeld. Gezinnen waren uit elkaar gerukt. Moeders bleven alleen met de kinderen achter omdat vaders waren ondergedoken, als dwangarbeider in Duitsland zaten of als gevangene waren afgevoerd. 'Kort na het begin van de bezetting begonnen jeugdcriminaliteit en verwaarlozing in vervaarlijk tempo te stijgen,' meldde het *Maandblad voor de Geestelijke Volksgezondheid* in een naoorlogse analyse. 'In talloze gezinnen heerste tengevolge van de afwezigheid van de vaders, het sexueele wangedrag van de moeders en de algemene geestelijke ontreddering, sociaal en moreel ontoelaatbare toestanden.' Tegen het eind van de oorlog nam de ontreddering alleen maar toe. Verraders en verzetshelden bleken uit dezelfde straat en dezelfde milieus te kunnen komen. Vooral in de grote steden ontstond gebrek aan kleren, brandstof, medicijnen en vooral eten. Kinderen konden niet meer normaal naar school. De zwarte handel bloeide. Vrouwen en oudere kinderen ondernamen barre hongertochten naar het platteland en ondervonden niet louter christelijke barmhartigheid en naastenliefde bij de boeren en tuinders die nog voedsel te koop hadden. Dat was 'de gehavende boedel' waar Pompe over schreef.

Naast het materiële moest het zedelijk herstel snel ter hand worden genomen. In het *Maandblad voor de Geestelijke Volksgezondheid* werden 'regering, school en kerk' aangespoord 'leiding te geven aan de heropvoeding van ons volk tot morele, karaktervolle, maatschappelijk solide individuen'. De bisschoppen konden met enig zelfvertrouwen aan de broodnodige herstelwerkzaamheden beginnen want de Kerk van Rome stond er in de eerste jaren na de bezetting beter voor dan ooit. Hun kerk was in de eerste helft van de twintigste eeuw de grootste van Nederland geworden. De strategie van de grote gezinnen, het slaapkameroffensief, had succes gehad. Al voor de oorlog waren de katholieken de hervormden voorbijgestreefd. Met ruim 38 procent van de bevolking lieten ze in de jaren veertig de hervormden (31 procent) ver achter zich. En ze bleven groeien, de hoge geboortecijfers ijlden nog wel even na.

Bij de eerste naoorlogse verkiezingen in 1946 werd de Katholieke Volkspartij de grootste met 32 van de 100 zetels in de Tweede Kamer, drie meer dan de Partij van de Arbeid. De zondag voor de verkiezingen was er in alle, toen nog volle katholieke kerken een brief van de bisschoppen voorgelezen met de oproep op de KVP te stemmen. De stembusoverwinning was het bewijs dat de emancipatie van het roomse volksdeel na een kleine honderd jaar volledig was geslaagd en dat de groeiende kudde trouw was aan haar herders.

Na de voor de KVP glorieuze verkiezingen kwam er een kabinet onder leiding van Louis Beel, een door en door gelovig katholiek, gehoorzaam aan de paus, trouw aan de geboden van zijn kerk en gehecht aan haar rituelen en tradities. Hij ging regeren met de PvdA en stond zo aan het begin van de rooms-rode coalitie die Nederland door de jaren van de wederopbouw leidde. Minister-president Beel had weinig aansporingen nodig om het moreel herstel aan te vatten. 'Versterking van de geestelijke en zedelijke grondslagen van het volksleven' werd een speerpunt van zijn kabinetsbeleid. Het regeerakkoord droeg onmiskenbaar de sporen van de geloofsovertuiging van de premier. Uitgangspunt voor het offensief tegen de zedenverwildering was 'de erkenning dat het Christendom voor zeer grote groepen in ons volk de bron is waaruit zij hun geestelijke krachten putten en welks redelijke normen door vele anderen van andere dan Christelijke overtuiging eveneens worden aanvaard'.

We kunnen ons er nu over verbazen dat de KVP de PvdA meekreeg in dit offensief om de traditionele christelijke zedelijkheid te versterken. Er moet onder PvdA-aanhang toch ook sympathie hebben bestaan voor de snelgroeiende Nederlandse Vereniging voor Seksuele Hervorming, de voortzetting van de neomalthusiaanse stroming. Tot de oprichters en leiders van de Partij van de Arbeid behoorden ook zogenoemde doorbraakchristenen, gelovigen die zich juist niet alles lieten voorschrijven door de kerken en daarom de christelijke partijen de rug toekeerden. Waarom dan toch een handtekening onder een akkoord waarin de overheid onverbloemd werd ingezet om de samenleving naar christelijke normen in te richten? Ik heb de vraag voorgelegd aan verschillende mensen die goed thuis zijn in de sociaaldemocratie. De gemeenschappelijke verklaring is dat de partij die er zo vast op had gerekend de grootste te zullen worden, heel graag wilde regeren. De KVP was een brede volkspartij met stevige wortels in de katholieke vakbeweging en daarmee was vast wel iets goed te regelen voor de arbeidende klasse. Bovendien was heel Nederland een preutse natie en seksualiteit zat ook in de niet-christelijke arbeiders- en burgermilieus nog in de taboesfeer. Ook de sociaaldemocraten hechtten grote waarde aan huwelijk en gezin.

Het kabinet-Beel wilde 'lichtzinnige echtscheidingen' tegengaan door een verplichte wachttijd aan de scheidingsprocedure toe te voegen. Katholieken die het huwelijk opbraken plaatsten zich in die tijd nog praktisch buiten de kerk. Het verbod op het kerkelijk huwelijk zonder burgerlijke trouwakte moest worden geschrapt. Als stellen voor de kerk wilden trouwen nog voordat ze een boterbriefje op het gemeentehuis hadden gehaald, dan moest dat kunnen. Voor veel gelovigen had het jawoord voor God in de kerk immers veel meer betekenis dan het jawoord voor de ambtenaar. Opvallend was dat de strijd tegen geboortebeperking onverminderd doorging. Er werden strengere maatregelen beloofd tegen de 'aanstootgevende propaganda van het Neo-Malthusianisme'. De rooms-katholieke kerk en de orthodoxe protestanten hadden nu de premier als medestrijder in hun fel verzet tegen het gebruik van voorbehoedmiddelen. De rooms-katholieke clerus zag kennelijk heel scherp dat in zulke middelen de grootste bedreiging zat voor hun zedenleer, waarin seks strikt aan de voortplanting was gekoppeld. Dat zouden ze in de jaren zestig nog ervaren.

Voor de regering werd de aandacht voor het zedelijkheidsoffensief al snel afgeleid door de enorme inspanning voor het economisch herstel en de onafhankelijkheidsoorlog in ons Indië, maar de toon was gezet. Het zedelijk herstel was ook goed voor de economie. Er moest immers in de eerste plaats hard worden gewerkt. Nederland werd een land van discipline en ascese, van loonmatiging en soberheid. Daarbij pasten een strenge seksuele moraal, huwelijkstrouw en ordentelijk levende gezinnen.

De 'versterking van de zedelijke en geestelijke grondslagen' waartoe het kabinet-Beel had opgeroepen werd buiten de politiek stevig aangepakt. Zo kwam er een Comité voor Nederlands Volksherstel. Het organiseerde in 1946 een nationale collecte met als motto 'Gezinsherstel brengt Volksherstel'. De aanmoedigende teksten dragen onmiskenbaar de sporen van de christelijke zedenleer: 'Gezinsleven en huwelijk zijn door God uitgedacht als bronnen van het leven, de kiemcellen van de gemeenschap.'

De bedreigingen voor het gezonde volksleven kwamen van vele kanten. Amerikanen, Canadezen en Britten hadden Nederland van de Duitsers bevrijd en daar konden de Nederlanders niet dankbaar genoeg voor zijn. Maar met deze troepen van overzee waren ook cultuurvreemde elementen zoals 'swingmuziek en wilde dansen' meegekomen. 'De dansmanie, het bioscoopbezoek en het exorbitante tabaksverbruik' waren volgens de ethicus Van Oyen de 'bevrijdingsreacties' die het volk als 'zedelijke gemeenschap' bedreigden. Het dreigend cultuurverval vroeg om actie. Dat werd de taak van bijvoorbeeld het Nationaal Instituut dat met 'volksmuziek, volkslied, volksdans en lekespel' van Nederlandse bodem gezond tegenwicht voor de buitenlandse invloeden moest bieden. 'Volkscultuur is een van de machtigste middelen tegen culturele vervlakking.' De eerste voorzitter was prins Bernhard. Met de kennis van nu van 's mans levendige seksleven en swingend bestaan in de internationale jetset een hilarische gedachte.

De Katholieke Arbeidersbeweging (KAB), een blok van graniet onder de roomse zuil, maakte in de vormingscursussen voor haar kader ook werk van de strijd tegen nieuwigheden die herstel van de vooroorlogse normen in de weg stonden. Het moderne 'dansamusement' kon niet door de beugel en het was ergerniswekkend hoe atleten en turnsters erbij liepen. Wat zij droegen was 'sportontkleding', een term waar het afgrijzen afdruipt.

De mode die meisjes en vrouwen verleidde broeken te gaan dragen, was de hoeders van de goede zeden een doorn in het oog. Een bron van verontrusting, een teken dat het met de moraal van de jeugd niet goed ging. Secretaris J.A.G. Alders van de KAB hekelde op een studiedag in 1950 'de weerzinwekkende ontkleding'. 'Men hoeft slechts rond te zien op onze zomerse wegen vol vakantiegangers hoe bijvoorbeeld duizenden en duizenden stadsjongedames een brutale billenparade ten beste geven, waarvan men zich in gemoede afvraagt: waarom doen ze dat? Omdat een stijlvolle, friskleurige zomerse jurk of rok te warm is? Dat is onzin. Om bewust de zinnen te prikkelen van het mannelijk geslacht?' De term 'stadsjongedames' onthult uit welke hoek de zedenmeesters het grootste gevaar duchtten. Alders ging er goedwillend van uit dat meisjes die een nauwe broek droegen er niet op uit waren de jongens het hoofd op hol te brengen. Waarom dan wel zo frivool gekleed? Het is kuddegedrag, veronderstelde de vakbondsman. 'Als zij het doen, waarom ik dan niet?' In goed christelijke kringen noemden ze dat meegaan met de mode 'wereldgelijkvormig gedrag' en dat moest je vermijden. Zulke lichtzinnige meegaandheid zou nog heel wat aanrichten in de kerken, dat zag Alders goed.

Aan het zedelijkheidsoffensief van Beel heb ik als babyboomer uiteraard geen herinneringen, aan de opmars van de lange broeken voor meisjes wel. De reacties waren zeer verdeeld toen die voor het eerst op het schoolplein verschenen. Het varieerde van 'waarom niet, lekker warm' tot 'vreselijk, het lijken wel jongens'. De KAB-voorman zag ze vooral op zomerse dagen, maar de meisjesbroeken rukten het eerst op in de wintergarderobe. Het taboe werd geofferd voor de leerlingen die vele kilometers moesten fietsen naar school en voor wie een broek zoveel praktischer was dan een rok, vooral op koude winterdagen. Orthodoxe kringen bleven zich verzetten. Het was al een flinke concessie dat ze wel met de broek mochten fietsen maar zich dan moesten omkleden voor de lessen begonnen. Een rok over de lange broek kon ook, maar was in het warme klaslokaal weer niet zo prettig. Voor de meisjes kwam er weer een bevrijding zo'n twintig jaar na de oorlog, toen de minirok het straatbeeld ging beheersen.

In christelijk Nederland behoorden vrouwen zich zedig en vooral niet zinnenprikkelend te kleden. Voor jongens die nieuwsgierig waren naar wat daaronder zat, waren er vieze blaadjes zoals *De Lach*, een groezelig periodiek met dubbelzinnige moppen en foto's van vrouwen in tweedelig badpak of zelfs zonder beha. In Drachten, de plaats van mijn jeugd, werd het uitgevent in de foyer van de enige bioscoop, voor ons een heidense tempel met werelds, onchristelijk vermaak. Dat maakte het bezit dubbel zondig en gaf ons gereformeerde jongelingen een extra schuldig gevoel als we eens een stiekem verspreid nummer onder ogen kregen. Er waren ook wel eens exemplaren van het cluborgaan van een naturistenvereniging in omloop. Daarin stonden foto's van mannen en vrouwen in paradijselijke staat: helemaal bloot in de vrije natuur. Maar ze poseerden altijd strategisch achter laag struikgewas of een pluk helmgras, zodat de schaamstreek verborgen bleef. Net als bij Adam en Eva op illustraties bij Bijbelse verhalen. Porno was iets voor de duisterste randen van de samenleving en streng verboden. Van het bestaan van films waarin mannen en vrouwen het met elkaar deden, hoorden we alleen bij geruchte.

Nederland richtte zich langzaam op uit de puinhopen van de oorlog en moderniseerde geleidelijk. Dat maakte het zedelijk herstel steeds lastiger. Met de groeiende welvaart kwamen steeds meer verleidingen voor ouderen én jongeren. De ondeugdelijkheden waar priesters en predikanten zich voor de oorlog al zorgen over maakten, kwamen versterkt terug. Steeds uitdagender kleding, steeds meer prikkelende films en lichtzinnige lectuur die het hoofd op hol brachten en de genotzucht aanwakkerden. Het uitgaansleven kwam weer op gang met dans, toneel en film. Het moderne amusement

werd steeds frivoler en gewaagder. Uit Amerika kwam rock-
muziek overgewaaid. De opzwepende Bill Haley en de pikant
heupwiegende Elvis Presley kregen de Nederlandse jeugd in
beweging. De kerken probeerden hun jongeren tegen het gevaarlijk verleidelijke wereldse amusement te beschermen
met eigen organisaties en voorstellingen. De zuilen werden
zo nodig versterkt met nog meer verenigingen voor de eigen
gezindte. Voor alles, van gezondheidszorg tot sport en spel,
moest de aanhang in eigen kring terechtkunnen. Alleen hier
vonden ze de juiste begeleiding en konden ze er zeker van
zijn dat het gebodene verantwoord was; niet alleen verstrooi-
end maar vooral ook vormend.

De pogingen om de kudde bij elkaar te houden waren
soms aandoenlijk. Zo kwam er om de gereformeerde en hervormde jeugd uit de bioscoop te houden een organisatie die
verantwoorde films moest vertonen: de Christelijke Filmac-
tie, kortweg de Cefa. De rooms-katholieken hadden al vanaf
1929 hun eigen filmkeuring, de Katholieke Filmcentrale, die
bepaalde wat goed was voor de leken. Veel soeps was het niet
wat de filmindustrie te bieden had. 'Opgewonden lichtzin-
nigheid/ vol van zonde en schunnigheid/ kwade zaken/ leu-
gens, draken/ bont omwonden met flauwe kul', zo vatte de
schrijver van een 'ode aan de bioscoop' het aanbod samen in
De Katholieke Illustratie. De orthodoxe protestanten hadden
geen filmkeuring nodig want een goede christen ging niet
naar de bioscoop. Dat werd in de jaren vijftig lastiger vol te
houden omdat de film steeds populairder werd. En er waren
toch ook wel serieuze rolprenten die de grote vragen des levens behandelden. Dan moest er volgens de beste traditie van
de verzuiling maar iets in eigen kring worden georganiseerd.

Niet overal waren de christelijke verenigingsgebouwen geschikt voor een filmvoorstelling. Daarom week de Cefa wel
uit naar de ruime kerkgebouwen. Voor een deel van de gelovigen was dat dan weer een gruwel: films draaien in de kerk!

Goddelozer kon het niet. Zelf weet ik nog van een filmvertoning in een van de twee grote gereformeerde kerken in Drachten. Het witte doek was voor de preekstoel gespannen en halverwege het middenpad stond de gezellig zoemende projector. De film ging over een jong stel waarvan de jongen bij het lichamelijk contact veel verder wilde gaan dan zijn meisje. Ze had de handen vol om hem van het lijf te houden. De moraal was helder: jongens moeten het meisjes niet lastig maken want van seks voor het huwelijk word je heel ongelukkig. Maar ach, de cowboyfilms die we stiekem wel eens in de bioscoop zagen, waren ook niet vrij van moralisme. Het goede zegevierde altijd over het kwade, de helden waren niet alleen erg dapper maar ook zeer nobel en ze geloofden in God.

De strijd tegen gevaarlijke wereldse invloeden kreeg er in de jaren vijftig een frontgebied bij. De televisie, verwelkomd als het venster op de wereld en verketterd als de zoveelste duivelse verleiding, rukte op. Dit wonder van techniek veranderde het gezinsleven drastisch. De inrichting van de woonkamers werd aangepast. Het gezin schaarde zich 's avonds niet meer om de tafel met een gezelschapsspel maar ging voor de buis zitten. De zendtijd was weliswaar keurig over de levensbeschouwelijke stromingen verdeeld maar er werd natuurlijk niet altijd verzuild gekeken, met alle risico's voor verkeerde invloeden. Hoe meer zendtijd, hoe groter de verleidingen.

Bij zoveel moderne bedreigingen van de seksuele moraal hadden de kerken er geen behoefte aan om aan de eigen zedenleer te tornen. Het vermetele stuk uit 1952 waarin de hervormde synode uitlegde dat een goed christen best aan geboortebeperking mocht doen, kreeg allerminst navolging. Het was voor de orthodoxe protestanten en de katholieke geestelijkheid eerder een aansporing de teugels aan te trekken. De gereformeerden waren nog volop bezig met de verwerking van de grote kerkscheuring van 1944, midden in de oorlog. 'Synodalen' en 'vrijgemaakten' wilden niet voor elkaar onderdoen in trouw aan het geloof der vaderen met zijn zwaar calvinistische stempel. De katholieke gemeenschap was juist de grootste zuil van Nederland geworden door consequent vast te houden aan de opvattingen over seksualiteit, huwelijk en gezin.

Zo begon Nederland nog geheel verzuild en verkerkelijkt aan de bewogen jaren zestig. Voor het oog stond het bouwwerk nog recht overeind maar dat zou snel veranderen. De wederopbouw was voltooid en de Nederlanders begonnen de soberheid van de jaren vijftig af te schudden. Televisie was maar een van de symptomen van een nieuwe, andere tijd. De naoorlogse generatie was bijna volwassen en was veel mondiger dan hun ouders en grootouders ooit waren geweest. Het zedelijkheidsoffensief dat de overheid en de kerken na de oorlog krachtig hadden ingezet was uitgewerkt.

8

DE PERFECTE PIL OP HET JUISTE MOMENT

De zestigplussers van nu worden nogal eens neergezet als een generatie van bofkonten. In de jaren zestig gaven ze zich over aan seks, drugs en rock-'n-roll en daarna bleven ze zichzelf verwennen met mooie regelingen. Als 'protestgeneratie' gingen ze hevig tekeer tegen hun ouders en de gevestigde orde maar zelf eenmaal gevestigd deden ze het geen haar beter en waren ze erg goed in het behartigen van hun eigen belangen en verdedigen van hun posities.

Daar is veel op af te dingen. In die woelige jaren zestig was het echt niet alle dagen feest. De meeste Nederlanders leefden in omstandigheden die de jeugd van nu ronduit armoedig zou vinden en de sociale controle kon nog behoorlijk drukkend zijn. God was nog niet uit Nederland verdwenen. Maar eerlijk is eerlijk, het was geen straf op te groeien in het Nederland dat zich langzaam oprichtte na de sobere en donkere crisis- en oorlogsjaren.

Er zat verandering in de lucht en het voelde alsof het vanaf nu alleen maar beter kon worden. De jonge Bob Dylan vertolkte dat perfect in 'The times they are a-changin', dat een soort clublied voor de protestgeneratie werd. 'Vaders en moeders ga uit de weg want de tijden veranderen. Geef geen kritiek op wat je niet begrijpt, je bent de greep op je zonen en dochters kwijt.' Jeugd was er genoeg in die tijd. Er kwamen cohorten jongeren aanstormen die heel anders in het leven stonden dan hun ouders. Nederland kreeg de eerste drie jaren na de bezetting een ware geboortegolf te verwerken met de piek in 1946: 284 000 geboorten, ruim 100 000 meer dan het gemiddelde van voor de oorlog. In luttele jaren kwamen er zo maar een miljoen Nederlandertjes bij.

De 'bevrijdingskinderen' groeiden op in een land dat langzaam loskwam van de ervaringen uit de sombere crisisjaren en de Duitse bezetting die hun ouders hadden getekend. De zorg van de volwassenen van voor de oorlog ging in de eerste plaats uit naar basale behoeften zoals vast werk, een inkomen en een dak boven het hoofd. De jongeren vermaakten zich met de films en de muziek die uit Engeland en vooral Amerika kwamen overwaaien. Ze imiteerden wat ze in de bioscoop zagen en hoorden en ontwikkelden zo hun eigen jargon, omgangsvormen en seksuele codes. Er ontstond een levendige jeugdcultuur met eigen bladen, clubhuizen, sozen en dancings. Ze hadden meer zakgeld dan hun ouders ooit hadden gehad om uit te gaan, grammofoonplaten en kleren te kopen. Jongens kregen brommers, een sterke troef in de eeuwige strijd om de meisjes. Door de grotere mobiliteit werden bij de paarvorming de grenzen verlegd. Met een brommer kon je je gemakkelijk aan het toezicht van straat- en dorpsgenoten onttrekken.

Door de massamedia bleef de jeugdmode niet een grootstedelijk fenomeen maar verspreidden de nieuwe trends zich snel over het hele land. We luisterden overal naar dezelfde radioprogramma's en draaiden dezelfde plaatjes. Muziek en kleding werden gedurfder en frivoler. De film *Rock around the clock* met Bill Haley zorgde voor opstootjes in het hele land, van Veendam tot Heerlen. Dat bracht de burgemeester van Gouda op het idee dat de film dan maar zonder geluid moest worden vertoond om de openbare orde te kunnen handhaven; een mooi voorbeeld van het onbegrip tussen de generaties. De kleding werd uitdagender met strakke spijkerbroeken voor beide geslachten, en voor de meisjes wijde petticoats die opwipten bij elke stap en brede ceinturen om de taille te accentueren. De ouderen keken het hoofdschuddend aan maar kregen de jeugd niet meer in het nauwe keurslijf waar ze zelf mee waren opgegroeid. De jeugdcultuur met haar rebelse karakter trok zich niets aan van de verzuilde en verkerkelijkte structuren. De kerken die hun jongeren binnen de eigen organisaties wilden opvoeden in de vertrouwde tradities, kwamen steeds verder op achterstand. Er kwam de klad in de overdracht van de christelijke moraal.

Heel het land veranderde op een wijze die het kerkelijk gezag ondermijnde, en niet alleen door de opkomst van een roerige jeugd. Doordat machines het zware werk op het land overnamen van de arbeiders verhuisden tienduizenden gezinnen van kleine plattelandsdorpen naar de steden en grotere plaatsen. Mannen die voorbestemd leken voor het werk bij de boer, net als rijen voorouders, kwamen terecht in grote hallen met tientallen of zelfs honderden nieuwe collega's. Meisjes hoefden niet als hulp in de huishouding of in de winkel aan de slag maar konden naar de fabriek, waar ze beter verdienden. Door deze volksverhuizing ontstonden er buiten de grotere steden in het hele land zogeheten groeikernen, plaatsen waar de overheid de nieuwe werkgelegenheid stimuleerde. Drachten was zo'n groeikern waar de bevolking in goed tien jaar meer dan verdubbelde. Veel aanwas kwam van de klei in Noord-Friesland, een vruchtbare voedingsbodem voor een stevig gereformeerde overtuiging. Elke maand kwamen er wel nieuwe kinderen bij op de christelijke school en 's zondags zag je de nieuwe gezinnen onwennig rondkijken en aanschuiven. De gereformeerde kerk groeide als kool en dat versterkte het gevoel dat ons geloof het beste was.

Door zo'n groeistuip kreeg zo'n dorp een compleet ander aanzien. Oud en nieuw mengden zich, de sociale controle was minder streng, de omgangsvormen werden losser, de laatste mode werd sneller omarmd. Zo verdween steeds meer het verschil tussen stad en platteland, tot schade van de kerken die juist bij de overzichtelijke verhoudingen in het oude dorpsleven alles goed in de gaten konden houden en dolende schapen snel weer bij de kudde konden halen.

Er werd in het hele land gebouwd bij het leven. De oorlogsschade moest worden ingehaald, de bevolking groeide en de steden en dorpen moesten de stroom van het platteland opvangen. Overal werden nieuwe wijken met flats en rijtjeshuizen uit de grond gestampt. De plattelanders die daar terechtkwamen, kregen ook letterlijk een ander wereldbeeld. Ze waren opgegroeid tussen de landerijen met ruim uitzicht en vonden zichzelf met hun kinderen nu terug in een straat met buren voor, achter, links en rechts of zelfs boven en beneden. Ze verruilden de vertrouwde dorpskerk met zoveel historie veelal voor een nieuw godshuis met veel baksteen en beton want de kerken gingen mee in de grote bouwstromen. Parochies en protestantse gemeenten zitten nu vaak omhoog met die naoorlogse gebouwen want voor de kerkgang zijn ze niet meer nodig. In het gunstigste geval is er een nog wel groeiende evangelische gemeente in de buurt die de kerk wil overnemen. De nieuwe wijken droegen direct bij aan de ontzuiling. Alle gezindten woonden er door elkaar en vormden gemeenschappen waar wat minder vrees was voor het oordeel van de buren. Jongeren uit de verschillende zuilen trokken gemakkelijker met elkaar op. Het aantal gemengde huwelijken steeg en de ervaring was dat in het gezin meestal de lichtste variant de overhand kreeg. 'Twee geloven op één kussen, daar slaapt de duivel tussen', was hun ouders nog ingeprent. In de kerken waarschuwden de dominees en pastoors nog wel nadrukkelijk tegen de omgang met anders- en ongelovigen. maar de paarvorming over de grenzen van de zuilen heen konden ze niet meer keren.

De geneugten van de nieuwe tijd gingen natuurlijk niet voorbij aan de vooroorlogse generaties. De massamedia en de grotere mobiliteit veranderden ook hun kijk op de wereld. Ze hadden meer te besteden dan ze in de crisis- en oorlogsjaren ooit hadden durven dromen. De zorg om het dagelijks bestaan was niet langer allesoverheersend. Met meer geld en meer vrije tijd werden ze mondiger en zelfstandiger. De bewakers van de goede zeden werden er onrustig van. Konden de mensen zoveel geld en vrije tijd wel aan? De invoering van de vijfdaagse werkweek vanaf 1961 lokte zorgelijke beschouwingen over de maatschappelijke effecten uit. Het volk kon zich voortaan al op vrijdagavond in het uitgaansleven met zijn moderne verleidingen storten. Meer vrije tijd betekende meer tijd om te consumeren en mee te gaan met het moderne hedonisme, de grote vijand van de christelijke deugdzaamheid.

De twijfel aan de stelligheden die zo lang vanzelfsprekend waren geweest groeide. De opvattingen over seksualiteit gingen schuiven. In 1952 vond ruim 40 procent geboorteregeling onder alle omstandigheden ontoelaatbaar, in 1963 was dat minder dan 15 procent. In de tweede helft van de jaren vijftig begon het aantal kinderen per gezin licht te dalen en nam het aantal gedwongen huwelijken juist toe. Het waren beide symptomen van een veranderende omgang met seksualiteit. Er werd meer ongetrouwd aan seks gedaan en gehuwden deden meer aan geboortebeperking. De Nederlandse Vereniging voor Seksuele Hervorming groeide van 56 000 leden in 1950 naar 136 000 in 1959. Ze was vooral populair omdat ze voorbehoedmiddelen verstrekte, die lang niet overal eenvoudig te verkrijgen waren. Verkoop was nog altijd bij wet verboden. Het verzuilde, kuise Nederland leek nog redelijk intact na de jaren vijftig maar het broeide onder de oppervlakte. Achter de 'façade van rust en onbeweeglijkheid lag een ander Nederland', concludeerde de historicus Hans Righart in zijn boek *De eindeloze jaren zestig*. De voorgevel stond nog, 'maar ondertussen zijn de fundamenten flink aan het verzakken, zitten in de achtermuur scheuren en vreet de rot in het houtwerk'.

In dit roerige Nederland met een aanstormende, bijna rebelse jeugd en een oudere generatie die langzamerhand meer van het leven durfde te genieten, kwam in 1962 de pil op de markt. De timing kon niet beter. Het bleek het ideale voorbehoedmiddel waar een massa Nederlanders wel aan toe was. Het begon direct na de introductie aan een onwaarschijnlijk snelle opmars. Tien jaar later was de pil het meest gebruikte voorbehoedmiddel in Nederland en dat zou het blijven.

'Met de orale pil kun je neuken wat je wil,' zong het Leids Studenten Cabaret. De tekst was ook al weer een symptoom van de veranderende tijdgeest want zulke platte woorden hoorde je niet in het openbaar te gebruiken. De betrouwbaarheid en het gemak van de pil waren inderdaad verbluffend, revolutionair vergeleken bij alles wat er tot dat moment in gebruik was om zwangerschap te voorkomen. De pil maakte gepruts met condooms en gedoe met spiraaltjes en ringen overbodig. Geen echtpaar hoefde langer onvruchtbare dagen op de kalender aan te strepen. De coïtus interruptus, de abrupt voor de zaadlozing afgebroken geslachtsdaad, was niet meer nodig. De man hoefde niet meer 'voor het zingen de kerk uit', zoals deze riskante vorm van geboortebeperking netjes werd aangeduid. Het is een beeldspraak die vrijwel uit de taal is verdwenen want wie weet nog dat er aan het eind van de eredienst in de kerk wordt gezongen?

Was de pil vijftien jaar eerder op de markt gekomen, dan was het succes waarschijnlijk nog wel even uitgebleven. Over seksualiteit en geboorteregeling werd rond 1950 nog nauwelijks openlijk gesproken. De rooms-katholieke kerk probeerde met bureaus voor huwelijks- en gezinsvragen het draagvlak voor haar moraal juist te versterken. Ze was fel tegen kunstmatige anticonceptie en reken maar dat de orale pil in de ban was gedaan als een bedenksel van die schandelijke neomalthusiaanse beweging met haar godslasterlijke praktijken. Max de Winter, de uitvinder van de Nederlandse variant van de pil, was er ook helemaal niet op uit een seksuele revolutie te ontketenen. Het medicijn dat hij in dienst van Organon in Oss ontwikkelde, werd al snel ook in het buitenland uitstekend verkocht. De Winters voldoening was dat zijn pil minstens zo goed was als de Amerikaanse die een paar jaar eerder op de markt was gekomen. Wat de pil in Nederland allemaal losmaakte interesseerde hem nauwelijks. In de Verenigde Staten was de pil ook niet als voorbehoedmiddel gelanceerd. Ze werd voorgeschreven als een middel tegen stoornissen bij de menstruatie. 'Tijdelijke onvruchtbaarheid', was een van de bijwerkingen waarmee arts en gebruikster rekening moesten houden. Ook in Amerika met zijn sterke christelijke traditie was geboortebeperking geen onderwerp om in alle openheid te propageren of zelfs maar te bespreken.

Kerkelijke voorgangers hebben in 1962 en daarna in Nederland geprobeerd de pil te weren. Voor de verdedigers van de traditionele seksuele moraal was de lancering vanuit Oss niet minder dan een ramp. Niet voor niets werd de pil het symbool en de motor van de seksuele bevrijding. Met al die moderne verleidingen zoals films, opzwepende muziek en wilde dansen hadden de kerken het al moeilijk genoeg de mensen van het zondige pad af te houden. Er was uiteindelijk geen houden meer aan. In de jaren zestig raakten de kerken hun greep op de samenleving definitief kwijt en verloor Nederland voorgoed zijn kuisheid.

9

PROTESTANTSE PIONIERS

Schaamte en onwetendheid waren de schadelijke gevolgen van het zware christelijke taboe op seksualiteit. Dat drong scherp door tot de medicus Felix Dupuis na een dramatisch voorval waar hij als arts in opleiding mee te maken had. In het ziekenhuis waar hij in de oorlog als coassistent werkte overleed een meisje van vijftien aan de gevolgen van een poging tot abortus die ze bij zichzelf had uitgevoerd. Bij de lijkschouwing bleek dat ze helemaal niet zwanger was geweest.

Volgens de heersende moraal was het meisje slachtoffer van haar eigen losbandigheid. Zwanger worden en dan ook nog proberen de vrucht te doden! Zondiger kon het niet. De jonge arts Dupuis zag dat anders. Hij besefte dat het arme kind vooral slachtoffer was van de heersende moraal waarbij seksualiteit strikt beperkt moest blijven tot de goed afgesloten echtelijke slaapkamers. Het meisje was natuurlijk nooit behoorlijk voorgelicht en helemaal in paniek geraakt bij het angstige idee dat ze zwanger was. In haar diepe schaamte had ze niemand om hulp durven vragen en zelf maar wat geprobeerd.

Dokter Dupuis werd zo'n beetje het boegbeeld van de verlichte protestantse stroming voor een andere, menselijker seksuele moraal. Een echte pionier die met ere moet worden herinnerd, maar het verhaal over hoe zijn ogen waren geopend en hij een man met een missie werd leek mij net iets te mooi. Het had door Charles Dickens bedacht kunnen zijn. Daarom maar eens contact gezocht met zijn dochter, dr. Heleen Dupuis, bekend als hoogleraar medische ethiek en lid van de Eerste Kamer voor de VVD. Volgens haar klopt het helemaal. 'Wat vader vooral prikkelde was de totale onwetendheid over seksualiteit. Hij was voor alles de medicus die de mensen wilde helpen met zijn kennis en middelen,' vertelt ze.

Zodra haar vader zich als huisarts in Rotterdam had gevestigd begon hij daarom met actieve voorlichting over anticonceptie en hielp hij zijn patiënten aan de middelen die daarvoor nodig zijn. Hij was daarmee een pionier in protestants Nederland, een wegbereider voor een normale omgang met seksualiteit en erotiek. Terwijl de meeste rooms-katholieke en protestantse voormannen nog ten strijde trokken tegen de dreigende zedenverwildering en de verderfelijke propaganda van de neomalthusianen, groeide onder de vrijzinnig hervormden een beweging voor een andere seksuele moraal. Ze wilden af van de benepen en drukkende sfeer die mensen ongelukkig maakte en sociale ellende veroorzaakte. Over geboorteregeling dachten ze wezenlijk anders dan de katholieke priesters en de mannenbroeders van de zware protestantse richting. Ze waren niet voor ongebreidelde seks maar zagen geen heil in de ongeremde kinderzegen.

Dokter Dupuis publiceerde in 1947 het boekje *Uw deel in het leven; vragen rondom verloving en huwelijk*. De brave titel verraadt de goed burgerlijke afkomst van de auteur. Dochter Heleen: 'Vader en moeder waren beiden meelevende kerkleden, gematigd vrijzinnig hervormd. We waren een echt doktersgezin. De dozen met spiraaltjes lagen bij wijze van spreken op de trap. Onder het eten sprak vader vrijmoedig over bijzondere voorvallen in de praktijk. Bijvoorbeeld over een meisje van vijftien dat met buikpijnklachten kwam en zwanger bleek te zijn. Seksualiteit hoorde gewoon bij het leven en dus moest je het erover hebben.'

De jonge arts predikte zeker niet de seksuele revolutie. 'Ik werd streng toegesproken om niet met vriendjes naar bed te gaan. Voor vader was seksualiteit in de eerste plaats iets tussen een man en een vrouw die getrouwd waren of dat serieus van plan waren,' vertelt Heleen Dupuis. Seks voor het huwelijk? Misschien beter van niet, maar als de geliefden zeker wisten dat ze samen verder wilden dan was er ook geen doorslaggevend bezwaar tegen. Dat was al een hele stap verder dan de christelijke moraal en ging lijnrecht in tegen de orthodoxe opvatting dat alle buitenechtelijke seks een zware zonde was en zwangerschap als bewijs van dit vergrijp een schande. Stellen die dat overkwam en in de kerk wilden trouwen wachtte de vernederende gang naar de kerkenraad om schuld te belijden. In veel protestantse kerken moest dit lange tijd zelfs in de kerk plaatsvinden, met de hele gemeente als getuige. En daarna snel trouwen zodat het kind tenminste binnen het heilig echtelijk verband werd geboren. Dokter Dupuis leerde de mensen liever hoe ze ongewenste zwangerschappen konden voorkomen.

De sfeer die Heleen Dupuis (1945) als jong studente zelf in de jaren zestig in Leiden aantrof rondom dit onderwerp noemt ze 'kwezelachtig'. Zelfs in de medische opleiding was er weinig aandacht voor geboorteregeling. Veel jonge mensen wisten van niks als ze met een relatie begonnen. Talloos zijn de verhalen over de gevolgen van gebrek aan de meest elementaire kennis. Echtparen bleven jarenlang kinderloos omdat ze niet wisten hoe het moest. Daar kwamen ze pas achter als de geraadpleegde dokter vaststelde dat de vrouw na zoveel huwelijksjaren nog steeds maagd was. Als de seks in het huwelijk problematisch bleek, durfden de gehuwden vaak nergens aan te kloppen, niet bij de huisarts, niet bij de dominee of de pastoor. Meisjes raakten juist zwanger omdat ze niet wisten van vruchtbare en onvruchtbare dagen. Een boerendochter wie het overkwam dacht dat ze alleen zwanger kon worden als ze ongesteld was. Ongeveer net als bij de koeien, legde ze haar ouders beschaamd uit. Als die vocht afscheidden, waren ze 'tochtig', vruchtbaar, en konden ze onder de stier.

Dupuis dacht dat er grote behoefte was aan voorlichting, en gelijk had hij. Zijn boekje uit 1947 werd vlot verkocht en er kwam een vervolg, nu met de ondertitel *Liefde, huwelijk en gezin*. Zijn vrijmoedigheid sloot goed aan bij wat er in de kringen van de vrijzinnige kerkelijke hulpverlening leefde. Diakenen en maatschappelijk werksters kenden de gezinnen waar geboortebeperking geen luxe maar bittere noodzaak was. Zij zagen moeders die lichamelijk en geestelijk te zwak waren om nog meer kinderen op te voeden maar wel bijna elk jaar in het kraambed belandden. Kinderen uit zulke zwakke gezinnen moesten met honger in de maag naar school of de straat op. Meisjes van nog geen twaalf jaar moesten moedertje spelen voor jongere broertjes en zusjes omdat hun echte moeder te zwak en ziekelijk was. Kinderrijke gezinnen zaten samengepakt in veel te kleine woningen waarin aan van alles gebrek was.

'Je kon geld en bijstand blijven geven, maar je eerste gedachte was toch: hier moeten geen kinderen meer bij,' herinnert Sanne van der Meulen zich. Haar kwam ik tegen op zoek naar mensen die bij die eerste stille seksuele revolutie in de protestantse kerken betrokken waren. De druk vanuit de hulpverlening speelde daarbij een belangrijke rol. Sanne van der Meulen werkte kort na de oorlog als maatschappelijk werkster bij de Stichting voor Kerkelijke Sociale Arbeid in Den Haag en Rotterdam en raakte overtuigd van de noodzaak van geboortebeperking. De eerste stap was de moeder in zulke gezinnen ervan te overtuigen dat ze beter niet nog eens zwanger kon raken. Vaak zagen ze dat zelf ook al in en waren ze opgelucht als bleek dat er wel wat aan te doen was. Voor vrouwen uit de zwaardere kerkelijke kringen gold dat uiteraard niet. Maatschappelijk werk regelde dan een arts, veelal via de Nederlandse Vereniging voor Seksuele Hervorming, die in de jaren vijftig al een goed functionerend netwerk van consultatiebureaus had. De activiteiten van de NVSH waren de rooms-katholieke geestelijkheid en de gereformeerde leidsmannen een gruwel, maar de hervormde hulpverleners maakten er dankbaar gebruik van. Het waren werksters aan het front als Sanne van der Meulen die eraan bijdroegen dat kerkelijke leiders de ogen opengingen en de hervormde synode zich in 1952 uitsprak voor geboortebeperking.

Omdat het evenals elders in de samenleving ook in de kerkelijke sociale hulpverlening ongebruikelijk was dat gehuwde vrouwen aan het werk bleven, stopte Van der Meulen met haar baan toen ze zelf moeder was geworden. Ze kreeg van haar kerk wel het verzoek in de avonduren samen met een arts een spreekuur voor gezinsplanning te organiseren. Dat was niet bestemd voor de sociaal zwakkeren maar voor kerkmensen met wat ruimere opvattingen over seksualiteit dan de christelijke moraal hun toestond. De behoefte om alles binnen de eigen zuil te regelen was nog sterk en daarom moest er een eigen organisatie voor voorlichting en advies over huwelijk en geboorteregeling komen. Dat had ook praktische voordelen. Met een organisatie van protestants-christelijke signatuur zouden meer mensen binnen de kerken kunnen worden bereikt en zou de weerstand onder traditionele gelovigen minder groot zijn. Artsen als Dupuis, die zelf ouderling in de hervormde kerk in Rotterdam was, kenden de taal van het protestantse kerkvolk. Zij waren voor de geloofsgenoten die advies en voorlichting wilden vertrouwder dan de libertijnen van de wereldse NVSH.

Zo werd in 1957 de Protestantse Stichting ter bevordering van Verantwoorde Gezinsvorming (PSVG) opgericht. De naam verried de behoedzaamheid waarmee het onderwerp nog moest worden benaderd. De initiatiefnemers, onder wie dokter Dupuis, vonden de PSVG nodig omdat 'de nood ten aanzien van deze problematiek bij het protestants-christelijk volksdeel als reëel aanwezig moet worden beschouwd'. De stichting begon met spreekuren voor geboorteregeling. De eerste klanten waren vooral echtparen die vonden dat hun gezin voltooid was. Voor ongehuwde jongeren was de drempel nog te hoog. Sanne van der Meulen werd een van de eerste maatschappelijk werksters die aan de slag gingen bij de PSVG. De bezoekers werden ontvangen door een maatschappelijk werkster die vertelde wat er zoal mogelijk was om zwangerschap te voorkomen. Als ze dan voor anticonceptie kozen, bespraken ze met een arts de praktische, technische kanten. Die keuze was overigens bijna altijd al gemaakt voordat ze naar het spreekuur kwamen, zo was de ervaring van Van der Meulen. Al snel vonden honderden echtparen de weg naar de 'protestantse NVSH'. In 1959 hielp ze 319 echtparen aan voorbehoedmiddelen, in 1962 waren dat er al bijna 1900. Een spectaculaire groei maar op het totaal van kerkelijk Nederland geen indrukwekkend aantal. Waarschijnlijk groeide het gebruik van anticonceptiemiddelen sneller. Steeds meer echtparen konden al direct terecht bij hun eigen huisarts en hadden de tussenstap via de PSVG of de NVSH niet meer nodig.

In 1962 begon de PSVG met een eigen blad, *Gezond Gezin*, voor voorlichting aan een breder publiek. De behoefte daaraan in protestantse kringen was onverminderd groot. Van Dupuis' boek *Uw deel in dit leven* was inmiddels de elfde 'zeer vermeerderde druk' verschenen. Hij had veel van zijn aanvankelijke schroom verloren, schreef steeds vrijmoediger en zou een zwaar stempel op de inhoud van het periodiek van de PSVG drukken.

Al in het tweede nummer van *Gezond Gezin* kwam in de vragenrubriek de pil aan de orde. 'Men leest de laatste tijd wel eens over een pil die men zou kunnen innemen om zwangerschap te voorkomen. Kunt u ons daarover nader inlichten?' De herkomst van de vraag is niet duidelijk, ook niet of het om een lezer of een lezeres gaat. Het zou best kunnen dat de redactie de vraag zelf had bedacht om iets te kunnen zeggen over het nieuwe voorbehoedmiddel dat de tongen losmaakte in kerk en samenleving. Het antwoord kwam van dokter Dupuis zelf. Hij schreef dat de orale anticonceptiepil uit Amerika sinds kort ook in Nederland beschikbaar was. Het wondermiddel tegen ongewenste zwangerschappen kwam nog niet in aanmerking voor algemeen gebruik, vond hij, maar 'gebruik op indicatie van een ervaren arts' achtte hij wel aanvaardbaar. Wel moest het dan 'op zijn minst dringend gewenst zijn' om zwangerschap te voorkomen. Het antwoord is typerend voor de arts Dupuis. Hij wees de pil zeker niet direct af maar de mensen moesten nog maar even kalm aan doen. Het ging hier immers om een nieuw geneesmiddel waarvan de medische werking en sociale effecten nog lang niet allemaal bekend waren. Een paar jaar later zat de pil standaard in het pakket van middelen dat de artsen van de PSVG konden aanbieden.

In *Gezond Gezin* kon Dupuis naar hartenlust de rol van de helpende arts spelen. Zonder schroom legde hij de lezers en lezeressen uit hoe ze hun seks- en huwelijksleven (nog onverbrekelijk met elkaar verbonden) konden verbeteren. Een jong echtpaar waarvan de man kennelijk meer wilde dan de vrouw, stelde hij gerust door te zeggen dat zo'n verschil in temperament heel gewoon was. 'Hoewel hij zelf in het begin van het huwelijk in de regel slechts een geringe aanleiding nodig heeft om in vuur en vlam te geraken, moet hij er rekening mee houden dat bij zijn vrouw het liefdesverlangen veel geleidelijker gestalte krijgt.'

De problemen konden ook heel huiselijk zijn. Een vrouw wilde het alleen doen als ze op een stuk plastic met daarover een badhanddoek lag. Haar man vond dat 'storend en vreemd'. Dupuis dacht dat ze er samen wel uit zouden komen. 'Gaat u maar gezellig bij elkaar op ontdekkingsreis.'

Een enkele keer was zijn toon wat strenger. Zoals tegen een

lezer die zich beklaagde over de openhartigheid waarmee van alles in de vragenrubriek werd behandeld. Hij vond de aangekaarte zaken 'veel te intiem om in het openbaar op schrift te stellen'. Dupuis reageerde bits: dit was nu juist de mentaliteit die hij wilde bestrijden. Misschien bepaalden de uiterst onvriendelijke brieven die hij ook persoonlijk kreeg de toon van zijn reactie bij zulke kritiek. Voor orthodoxe protestanten was hij een gevaar voor het christelijk geloof en dat lieten ze hem weten ook.

Zeer uitgesproken was Dupuis over masturbatie, voor katholieke en protestantse jongens en hun ouders heel lang een kwellend probleem. In de veel geroemde film *Das weisse Band* van Michael Haneke komt een gruwelijke scène voor, typerend voor de sfeer rondom zelfbevrediging door pubers. Centrale figuur is een strenge dominee in een klein Duits dorp, vlak voor de Eerste Wereldoorlog. Hij vermoedt dat zijn puberende zoon masturbeert en zet hem onder druk met een huiveringwekkend verhaal over een jongen in een naburig dorp waar hij ook voorganger is. De jongen was geestelijk en lichamelijk helemaal afgetakeld omdat hij steeds maar weer zijn lid beroerde en zijn zaad vermorste. Uiteindelijk was hij van uitputting bezweken en hadden zijn ouders hem naar het kerkhof moeten brengen in de wetenschap dat de jonge zondaar voor eeuwig verloren was. Tegen zoveel morele druk is de puberzoon niet opgewassen en hij bekent wel eens te zwichten voor de sterke aandrift. Hij slaapt daarna met de handen boven de dekens, vastgebonden aan de bedranden.

De sfeer van de scène moet nog voor hele generaties herkenbaar zijn. Het idee dat masturbatie heel ongezond en heel zondig was, had een taai leven en was in de jaren voor de seksuele revolutie nog lang niet dood. De Bijbelse grondslag voor de 'hoofdzonde van de onanie' is flinterdun. In Genesis 38 staat het voor moderne lezers hoogst verwarrende verhaal over Onan, de tweede zoon van Juda. Zijn oudere broer Er komt, jong en pasgetrouwd, te overlijden. De weduwe, Tamar, blijft kinderloos achter en dat was in de nomadencultuur kennelijk een groot sociaal probleem. Op Onan rustte daarom de plicht alsnog, in naam van zijn broer, voor nakomelingen te zorgen. Dat vertikte hij. Hij ging wel met Tamar naar bed voor de geslachtsdaad maar trok zich terug voor het orgasme en morste zijn zaad op de grond. Hij 'verdierf het tegen de aarde', staat het plastisch in de Statenvertaling. Dat was 'kwaad in de ogen van de HEER' en die bestrafte Onan met de dood.

Onan had zijn zwagerplicht verzaakt maar in de christelijke zedenleer kwam de nadruk helemaal te liggen op het verspillen van zijn zaad. Dat zou het zondige vergrijp zijn geweest waarvoor hij met zijn leven moest betalen. Dupuis moest niets hebben van deze Bijbeluitleg en nog minder van het taboe dat daaruit was ontstaan. Volgens hem was het heel natuurlijk dat opgroeiende jongens zichzelf soms bevredigden, 'mits met mate en binnen zekere grenzen'. Ouders hoefden zich daar geen zorgen over te maken. In 1967 kwam hij er nog eenmaal op terug in zijn vragenrubriek in *Gezond Gezin*. Hij hekelde nog één keer de verkeerde uitleg van het verhaal van Onan. 'Baarlijke nonsens. Het raakt kant noch wal.' Met genoegen stelde hij vast dat de 'problematiek nagenoeg is verdwenen'.

Er was inmiddels een nieuwe lichting predikanten naar voren gekomen die steeds vrijmoediger over seksualiteit spraken in hun pastorale werk. Een typische vertegenwoordiger van deze stroming was Jan van Boven, jarenlang voorzitter van de Hervormde Raad voor Kerk en Gezin. Op verzoek van zijn zoon Theodoor heeft hij zijn ervaringen opgeschreven. Deze zoon was in de jaren tachtig een van de oprichters van de condomerie in Amsterdam, 'de eerste condoomspeciaalzaak ter wereld', zoals de onderneming zich nog vele jaren met trots presenteerde. Zijn verhaal is een perfecte illustratie van de ontwikkeling in het protestantse volksdeel. Twee generaties Van Bovens: de vader begon als predikant nog met de overtuiging dat alleen getrouwde of verloofde stellen voorbehoedmiddelen mochten gebruiken. De zoon stichtte een winkel waar iedereen, ongeacht leeftijd, levensbeschouwing of seksuele voorkeur condooms en glijmiddelen kon aanschaffen.

Jan van Boven stond volgens zijn eigen relaas sterk onder invloed van de ideeën die in de jaren dertig veld wonnen in de anglicaanse kerk en waar ik in hoofdstuk 6 over schreef. Hij roemde het werk van de Engelse theoloog Leslie Weatherhead *The Mastery of Sex* uit 1931 dat hij als student verslond. Weatherhead bepleitte hierin het gebruik van voorbehoedmiddelen om de vrouw te beschermen en het huwelijk goed te houden, een totaal andere visie dan de kern van de christelijke seksuele moraal. In zijn eerste gemeente op Texel, vanaf 1946, had dominee Van Boven nog weinig te maken met vragen over verantwoorde gezinsvorming. Het was lastig om op het eiland aan voorbehoedmiddelen te komen. 'Discreet werden wij geholpen door onze huisarts, na de komst van onze oudste in de tiende maand van ons huwelijk. Hij gaf ons een adresje. Sindsdien kwamen de condooms per post,' zo memoreert hij in zijn verslag.

Meer ervaring met seksuele voorlichting deed hij op in Indonesië, waar hij korte tijd diende als legerpredikant bij de Nederlandse troepen. 'Ik werd vooral geraadpleegd door rooms-katholieke soldaten. Op geslachtsziekten werd streng gecontroleerd, maar van condoomverstrekking was geen sprake.' Dat past bij het verhaal dat ik hoorde van een katholiek die als militair in Indië had gediend. 'We werden gewaarschuwd vooral geen seks te hebben met inlandse meisjes omdat ze allemaal ziek waren. Dat werd er zo ingepeperd. We waren op het laatst banger voor geslachtsziekten dan voor God.'

In zijn tweede gemeente, Nieuw-Vennep (Haarlemmermeer), raakte Van Boven vanaf 1952 volop betrokken bij de omwentelingen op het christelijke erf, zowel aan katholieke als aan protestantse kant. Hij kreeg er te maken met een kapelaan die zich fel verzette tegen anticonceptie. De plaatselijke huisarts kreeg te horen dat hij al zijn rooms-katholieke patiënten kwijt zou raken als hij hen aan voorbehoedmiddelen hielp. De arts liet zich niet van de wijs brengen en begon samen met de hervormde predikant een 'Cursus voor Verloofden en Jonggehuwden'. Zijn praktijk leed er niet onder. Katholieken bleven gewoon komen en om anticonceptie vragen. Het toont aan dat de greep van de katholieke geestelijken op hun kudde al niet meer zo stevig was als het voor de buitenwacht leek.

In 1954 zorgden de bisschoppen voor veel deining met hun beruchte 'mandement', een herderlijk schrijven waarin ze hun beminde gelovigen opdroegen niet-katholieke organisaties te mijden. Ze waarschuwden voor 'onchristelijke stromingen' en verenigingen zoals de 'Bond voor Sexuele Hervorming' (de NVSH dus) die 'bepaaldelijk onze zedenleer over het geslachtsleven en het huwelijk aantast'. Het werd uitgelegd als een staaltje van machtsvertoon, maar het was misschien meer een teken van zorg. Een gesprekspartner die ook toen al meelevend katholiek was: 'Ze voelden waarschijnlijk wel dat de mensen mondiger werden en de kerk niet meer in alles gehoorzaam volgden. Het eigen geweten telde ook mee.'

Van Bovens volgende standplaats was een nieuwbouwwijk in Den Haag. Hier raakte hij betrokken bij het oprichten van regionale bureaus van de PSVG. Verstrekking van de pil die vanaf 1962 in Nederland als het meest betrouwbare anticonceptiemiddel werd aanbevolen, was voor de PSVG met haar kerkelijke achtergrond niet direct vanzelfsprekend. De afdeling Den Haag was tegen omdat de pil het voor ongehuwden wel erg gemakkelijk maakte aan seks te doen, en het moest toch meer zijn dan platte genotszoekerij. 'Tijdens een rumoerige vergadering hebben de huis- en bureau-arts en ik een verbod van de pil kunnen verhinderen,' meldt Van Boven met enige trots in het verhaal dat hij voor zijn zoon opschreef.

Als voorzitter van de Hervormde Raad voor Kerk en Gezin kwam hij toch nog een keer in conflict met het minder vooruitstrevende deel van zijn kerk. Verscheidene leden van de synode vonden dat de raad te ver was gegaan in zijn jaarverslag met een opmerking over geslachtsverkeer voor het huwelijk. Was dat zondig? Ja soms, vond de raad, maar op een heel andere manier dan volgens de oude zedenleer. Zondig werd seks voor het trouwen pas als er niets was gedaan om zwangerschap te voorkomen. Dat zou zonde zijn tegenover het kind dat dan als ongewenst ter wereld kwam. Een ander wapenfeit van de raad onder leiding van Jan van Boven was het nieuwe huwelijksformulier van 1966, het document dat wordt voorgelezen bij een trouwerij in de kerk. Volgens de nieuwe formulering was 'de gelijkwaardige liefde tussen man en vrouw' het eerste en voornaamste doel van het huwelijk. Dat stond mijlenver af van de leer dat het huwelijk vooral diende om de driften te kanaliseren en de voortplanting te regelen, zoals de kerken eeuwenlang hadden gepredikt.

Jan van Boven schreef eind jaren negentig wat hijzelf 'een beknopt verslag van mijn bijdrage aan de normalisatie van het gebruik van voorbehoedmiddelen' noemde. Hij eindigde met de constatering dat condooms, de handel van zijn zoon, geen onderwerp van discussie meer zijn in protestantse kring. Dat kunnen de voorgangers in de kleinere orthodox-protestantse groeperingen hem nog niet nazeggen.

De Hervormde Raad voor Kerk en Gezin werd in 1980 opgeheven. 'Uit de jaren dat ik lid was van de Synode (1980-1985) herinner ik mij geen discussies over iets wat met de beschikbaarheid en het gebruik van voorbehoedmiddelen te maken had.' De hoofdstroom van de Nederlandse Hervormde Kerk had altijd ver vooropgelopen in de 'normalisatie' van de seksualiteit. Dat begon al in 1952 met het opvallend vooruitstrevend rapport over huwelijk en geboorteregeling. Rond 1970 hadden de doorsneehervormden de meeste taboes rondom seksualiteit wel opgeruimd en was geboortebeperking van een doodzonde gepromoveerd tot een zegen. In het boekje *Voor en na de Trouwdag* dat de kerk in 1965 uitgaf, stond het onverbloemd: 'Anticonceptie, een groot goed'.

De PSVG vond in de jaren zeventig een ander werkterrein en stortte zich op de voorlichting aan jongeren. Sanne van der Meulen: 'We ontdekten dat er een generatieprobleem was. Jongeren gingen heel anders met elkaar om. Over seksualiteit konden ze moeilijk met hun ouders praten, want die waren dat helemaal niet gewend. We gingen met folders naar de kerken, diaconieën en jeugdzorg.' Toen de babyboomers zelf ouders werden was ook dat probleem opgelost en eind 1994 kon de PSVG worden opgeheven. De missie van dokter Felix Dupuis was voltooid.

10

HET LEKKERS VAN BEKKERS

'Veel wordt tegenwoordig gesproken en geschreven over de geboorteregeling. Aan de wetenschap en haar ontdekkingen dankt de mens de mogelijkheid om regelend op te treden ten aanzien van de voortplanting.'

Zo begon monseigneur W.M Bekkers, bisschop van Den Bosch, op 21 maart 1963 zijn praatje voor de televisie in *Brandpunt*, de actualiteitenrubriek van de KRO. Voor ons, gewend aan snel nieuws en flitsende talkshows, lijkt het televisie uit de steentijd. De prelaat zat achter een bureau en sprak het volk plechtig toe. Nadat het volk zijn woorden had verwerkt, was de opwinding er niet minder om. Het verhaal van de bisschop zou het meest historische en geruchtmakende optreden van een katholieke geestelijke op de Nederlandse televisie worden. Praat met (ex-)katholieken van een zekere leeftijd over de woelige jaren zestig en tien tegen één dat ze beginnen over wat Bekkers toen voor de camera over de pil had gezegd.

Om te begrijpen waarom de woorden van de Bossche bisschop zoveel teweegbrachten ben ik maar eens langsgegaan bij monseigneur Jan Bluyssen in zijn appartement in het klooster Mariënburg in de binnenstad van Den Bosch. Bluyssen was de hulpbisschop van Bekkers en stond dus aan het front. Een kleine vijftig jaar later, inmiddels hoogbejaard maar geestelijk nog scherp, herinnerde hij zich nog heel goed wat er zich in die dagen in de katholieke gemeenschap afspeelde. Hij koos zijn woorden over Bekkers' actie nog altijd met zorg: 'Zijn optreden was nogal onverhoeds.' De reacties uit de kring van collega-bisschoppen en priesters noemde hij 'diepgaand', om zich even later wat huiselijker uit te drukken: 'Het was herrie.'

Bekkers noemde de pil niet maar daarover ging het die avond wel, zo begreep iedereen, en wat hij zei ging lijnrecht in tegen het officiële standpunt van de rooms-katholieke kerk over geboorteregeling. Bij de mogelijkheden die de wetenschap bood om 'de voortplanting te regelen' doelde hij uiteraard vooral op de anticonceptiepil, die het jaar daarvoor aan een ware opmars in Nederland was begonnen en dan nog wel vanuit de fabriek van Organon in Oss, in het hartje van het bisdom. Het grootste deel van de katholieke geestelijkheid was de wetenschap helemaal niet dankbaar voor deze vinding. Alle middelen om zwangerschap te voorkomen waren verboden. Zolang condooms, ringen, schildjes, zalfjes en wat al niet bestonden had de rooms-katholieke kerk het gebruik in de zwaarste termen veroordeeld. De pil maakte het voor gelovigen wel erg gemakkelijk en verleidelijk het kerkelijk gebod te ontduiken en was daarom voor de kerk eerder een ramp dan een zegen.

Wat de kerk er ook van mocht vinden, Bekkers besefte dat het bestaan van zulke gebruiksvriendelijke voorbehoedmiddelen niet zonder gevolgen voor het seks- en huwelijksleven van zijn gelovigen zou blijven. De pil was er en werd gebruikt, ook in de kring van gelovige katholieken. De kerk kon domweg blijven verbieden maar dat was voor de zielzorgers in de pastorale praktijk niet meer genoeg. Dat juist Wilhelmus Marinus Bekkers een bom onder de katholieke moraal zou leggen, was bij het begin van zijn priesterschap niet te voorzien. Als zoon uit een Brabants boerengezin met dertien kinderen was hij opgevoed in gehoorzaamheid aan de paus en de kerk van Rome met alle dogma's, tradities en gebruiken die daarbij hoorden. Hij was een toegewijd priester maar geen studeerkamergeleerde. Hij stond graag tussen de gewone mensen, was Brabander met de Brabanders. Bekkers had volgens Bluyssen een feilloos gevoel voor wat er onder het kerkvolk leefde. 'Hij had een sterke pastorale inslag en voelde de veranderende tijd goed aan. Hij wilde de mensen daarop voorbereiden. Hij zag waar de noden in de moderne tijd ontstonden.'

Zo had bisschop Bekkers ook eigen opvattingen over de gevolgen die de kerk aan echtscheidingen verbond. De priesters in zijn bisdom hield hij voor dat gescheiden mensen op geen enkele manier mochten worden uitgesloten van deelname aan het kerkelijk leven. Ze moesten ook gewoon te communie kunnen gaan, wat in de ogen van de traditionelen niets minder dan heiligschennis was. Katholieken mochten niet scheiden en als ze dat wel deden, waren ze geen goede katholieken meer en werden ze praktisch buitengesloten. Dat was wat de kerk officieel voorschreef, maar Bekker koos ook hier voor pastorale mildheid. Bluyssen over de eigenzinnigheid van zijn bisschop: 'Het was voor die tijd allemaal nieuw, radicaal en gewaagd.'

Voor de kleine kring om hem heen was de opvatting van Bekkers niet verrassend, wel dat hij er die avond zo onverbloemd mee naar buiten kwam.

Het relaas van de volkse bisschop moet die avond het uiterste hebben gevraagd van de lekenkijkers, al waren die natuurlijk wel wat omslachtig en ingewikkeld taalgebruik van hun priesters gewend. Na de inleidende woorden legde Bekkers eerst de kerndoelen van het huwelijk volgens de kerk nog eens uit. 'Wie een christelijk huwelijk gesloten hebben, hebben uit Gods hand en onder Gods zegen de levenstaak aanvaard die erop gericht is één leven te leiden in echtelijke liefde en, tweedens, een goed gezin te stichten en op te bouwen.' Dit moet alle getrouwde katholieken nog bekend in de oren hebben geklonken en ze wisten dat met een goed gezin vooral een groot gezin werd bedoeld. Dat had de pastoor wel duidelijk gemaakt in het onderhoud voordat ze in de kerk konden trouwen. Bij het 'huwelijksgebruik' mochten ze niets doen om 'het ontstaan van nakomelingen te voorkomen'. Zelfs de coïtus interruptus was zondig. De 'huwelijksdaad' moest volledig worden uitgevoerd. Als 'het mannelijk zaad opzettelijk buiten het lichaam van de vrouw wordt uitgestort', maakten man én vrouw zich schuldig aan een doodzonde, zo stond het in een boekje dat aanstaande bruidsparen vaak meekregen.

Bekkers koos vertrouwde woorden maar ontvouwde in *Brandpunt* niets minder dan een nieuwe visie op de geboorteregeling. 'De echtelijke liefde,' zo ging hij verder, 'moet in elk vertrek van het huis leven en vraagt om een eigen uitdrukking in de gehele lichamelijkheid van de mens, vanaf de ontmoeting der ogen, het strelend gebaar en de kus, tot de eenwording der lichamen toe.' Zulk samenzijn moest altijd meer zijn dan 'een driftmatig, biologisch gebeuren'. De 'echte zich spontaan uitende liefde gaat altijd hand in hand met de verantwoordelijkheid voor elkaar, voor de vruchtbaarheid en het reeds gevormde gezin'.

Met dit laatste kwam hij al dichter bij de kern van zijn boodschap en die was kort en goed: katholiek gehuwden moeten een gezin stichten maar hoeveel kinderen ze willen en hoe ze dat willen regelen, moeten ze helemaal zelf weten. Dat is hun eigen verantwoordelijkheid. Een paar volzinnen verder volgde de concretisering: 'Vanuit de menselijke beleving van het huwelijk, dus uit de liefde en de verantwoordelijkheid voor elkaar, de vruchtbaarheid en het reeds gevormde gezin, kunnen de gehuwden – en ook zij alleen – de vraag beantwoorden wat Gods roeping en levensopdracht voor hen concreet betekent en welke de grootte van hun gezin en hoe de opeenvolging van de kinderen moet zijn. Hun menselijke liefde en verantwoordelijkheid kunnen aansporen zowel tot een groter als een kleiner gezin, tot gezinsuitbreiding of tot gezinsbeperking.' Met daarna als een ware paukenslag: 'Dit is hún gewetenszaak, waarin niemand treden mag. Zielzorger, arts of wie ook tot raadgever geroepen wordt, moet zoveel mogelijk het eigen geweten [van de gehuwden dus, RM] tot zijn recht laten komen. ' Dit was wel even wat anders dan pastoors die een echtpaar bij het huisbezoek er fijntjes op konden wijzen dat er al weer meer dan een jaar verstreken was sinds de geboorte van het jongste kind.

Bekkers' woorden maakten diezelfde avond en de weken daarna de pennen en tongen los. De katholieken die naar een ruimere huwelijksmoraal verlangden, gingen ermee aan de haal. Echtparen die niet elk jaar een kind wilden, konden de pil gebruiken zonder in gewetensnood te raken. Behoudende gelovigen (en dat waren de meeste geestelijken) waren onthutst of geschokt. Vrijwel algemeen werden de woorden van Bekkers uitgelegd als een breuk met de oude, heersende katholieke moraal waarin geboortebeperking een schandelijk vergrijp tegen de goddelijke natuurwetten was. Ook hoe een echtpaar gewetensvol zwangerschap wilde voorkomen, moest de kerk volgens de bisschop van Den Bosch aan de gehuwden zelf overlaten. Bekkers noemde de periodieke onthouding nog wel als de methode die het meest beantwoordde aan de katholieke huwelijksopvattingen, maar wel met de toevoeging: '[...] terwijl wij weten dat de periodieke onthouding voor velen een oplossing betekent, weten wij ook dat zij voor anderen onoverkomelijke bezwaren meebrengt.' Die anderen mochten dan kennelijk andere methoden van anticonceptie gebruiken, ook de pil. Dat was wat veel katholieken tenminste graag wilden horen.

Het laat zich raden dat aartsbisschop kardinaal Bernhard Alfrink van Utrecht, de hoogste in rang in de Nederlandse kerkprovincie, uiterst ongelukkig was met het optreden van de bisschop van Den Bosch. Er was al genoeg aan de hand in zijn kerk. Alles leek te woelen om verandering in Nederland en die vernieuwingsdrang ging aan de katholieken niet voorbij. Een bisschop die voor een groot publiek een belangrijk leerstuk van de kerkelijke moraal aan de kant schoof, was wel het laatste wat hij nodig had. Beide prelaten lagen elkaar toch al niet. 'Bekkers had alles wat Alfrink miste [...] Het voornaamste was een uitstraling van warmte, gezelligheid en vreugde,' aldus Alfrinks biograaf Ton van Schaik. Bekkers 'bewoog zich met flair en spontaniteit in elke kring waar hij verscheen en genoot ongekende populariteit, waar hij van ging genieten, terwijl in Utrecht gaandeweg de wenkbrauwen werden gefronst'. De kardinaal zag af van een publieke afkeuring van Bekkers' tv-optreden. De bisschop verscheen sinds zijn wijding regelmatig in *Brandpunt* en de waardering voor zijn praatjes voor de televisie was hoog.

Voor de leken was het misschien niet altijd zichtbaar maar binnen de rooms-katholieke zuil waren er al jaren spanningen over de strenge zedenleer. Hanneke Westhoff schreef een dikke turf, *Geestelijke bevrijders*, over de katholieke geestelijke gezondheidszorg in de twintigste eeuw. Haar relaas over de periode na 1945 laat zich lezen als een lang verslag van de permanente worsteling tussen de conservatieve geestelijkheid en de modernere psychologen en psychiaters. Die laatsten zagen in hun praktijk wat de verplichte bekrompen omgang met seksualiteit kon aanrichtten. Er liepen 'te veel gedeukte, gekneusde en angstige volwassenen' rond, schreef de priester-psycholoog Han Fortmann in een bijdrage aan een studiedag. Dat waren 'slachtoffers van goed bedoelende christelijke opvoeders'. Fortmann was in de jaren vijftig al een veelgevraagd spreker bij katholieke verenigingen en bijeenkomsten in heel het land.

Illustratief voor de spanningen tussen de clerus en de professionele zorg, tussen de moraal en de praktijk, was een studiebijeenkomst over masturbatie in 1949. Onder de psychiaters en psychologen groeide het inzicht dat zelfbevrediging bij puberende jongens volkomen normaal was. Het hoorde in een bepaalde fase van de groei naar volwassenheid en was beslist niet ongezond en schadelijk zoals toen nog vrij algemeen werd uitgedragen, ook buiten de kerken. Schadelijk was alleen de krampachtige omgang van de kerken met deze 'jeugdzonde'. Het verspillen van zaad was strijdig met de katholieke zedenleer, waar seksuele bevrediging uitsluitend binnen het huwelijk mocht. De strenge biechtpraktijk zadelde de jongens in de toch al lastige pubertijd met enorme schuldgevoelens op. Daardoor konden psychische stoornissen ontstaan, zoals onanieverslaving, dwangneuroses en zelfs depressies waar ze als volwassenen nog last van hadden.

Na veel inleidende schermutselingen kwam in februari 1949 in Utrecht een zestigtal psychiaters, psychologen, artsen en theologen bij elkaar om het over masturbatie te hebben. Aan de bijeenkomst werd later wel gerefereerd als de 'masturbantendag'. De psychiater M. Vaessen hield een pleidooi om zelfbevrediging als een natuurlijk verschijnsel te zien en uit de sfeer van de zware zonden te halen. Het was onverstandig om voor jongens met hun 'ontluikende sexualiteit' zo'n zware norm uit de wereld van de volwassenen aan te leggen. Zover waren de geestelijken nog lang niet. Het conservatieve *R.K. Artsenblad* publiceerde de inleidingen maar niet zonder nadrukkelijk te melden hoe het hoogste kerkelijke gezag in Nederland en Rome er over dacht: een 'masturbatorische handeling ook van kinderen [is] uit haar aard een moreel slechte daad, een intrinsiek kwaad en daarom onder alle omstandigheden ongeoorloofd'. Nog jarenlang gingen katholieke jongens met een knoop in de maag naar de pastoor omdat ze weer een onkuisheid moesten opbiechten. Maar dan was de opluchting soms groot. Een katholieke leeftijdgenoot: 'De biecht voelde bijna net zo bevredigend als de daad zelf.'

De bekendste vertegenwoordiger van de progressieve tegenbeweging was de psychiater Kees Trimbos. Hij en zijn medestanders wilden dat de kerk op grotere afstand kwam van de geestelijke gezondheidszorg. De paters en de nonnen, broeders en zusters met een roeping, moesten plaatsmaken voor verpleegkundigen met een opleiding. Minder liefdewerk en meer professionaliteit was zijn boodschap en niet ten onrechte. Als een soort bijvangst van het onderzoek naar seksueel misbruik in de katholieke kerk in 2011 kwamen ook verhalen los over de misstanden in de inrichtingen waar ongeschoolde broeders en zusters voor zwaargehandicapte kinderen moesten zorgen. In het internaat Sint Joseph in het Limburgse Heel kon broeder Andreas in zijn eentje en op eigen houtje 37 aan hem toevertrouwde stumpers naar hun Schepper sturen. Hij bracht ze om het leven of liet ze eenvoudig doodgaan door ze niet meer te verzorgen.

Trimbos was nog vaker voor de radio te horen en op de televisie te zien (altijd met een vlinderdasje) dan Bekkers en had veel gezag, ook buiten katholieke kring. Met nog maar één net waren er al gauw een miljoen kijkers voor zo'n tv-praatje en het kerkvolk raakte daardoor snel vertrouwd met zijn ideeën over relaties, huwelijk en gezin, en die waren beslist ruimer dan de kerkelijke moraal. Daar hadden de katholieken wel oren naar, en de pastoors konden er maar moeilijk tegenop met hun wekelijkse preken, biechtpraktijk en huisbezoeken.

Gelovigen lieten zich niet alles meer voorschrijven. Er ontstond vóór Bekkers al een praktijk van geboorteregeling en anticonceptie, zo leren de verhalen van oudere (ex-)katholieken. 'We kregen ons vierde kind toen ik 29 was. Mijn man en ik vonden dat het daar maar bij moest blijven. Zoals wij woonden en werkten zou het wel erg lastig worden met meer kinderen. Met vier had ik mijn handen wel vol. Ons gezin was voltooid. Dat hebben we toen geregeld met de huisarts. Maar daar sprak je verder met niemand over, niet met de pastoor, zelfs niet met je eigen zusters.' Dit was in de jaren vijftig. Praten met de pastoor was riskant, zo leert het verhaal van een jongere vrouw uit dezelfde parochie. 'De eerste vier kinderen in ons gezin kwamen kort achter elkaar. Dat was een zware belasting voor mijn moeder en daarom wilde ze graag even wat meer tijd voor ze weer zwanger zou raken. Ze dacht aan periodieke onthouding en besprak dat met de pastoor. Nou, daar kreeg ze de wind van voren. Hoe durfde ze! Periodieke onthouding kon alleen als er sprake was van echte nood. Er zijn daarna nog zes kinderen gekomen.'

Zelfs bij een echte noodsituatie was de kerk niet direct bereid van de strenge principes af te wijken. Een vrouw die jarenlang als verloskundige in Zuid-Holland werkte, vertelde: 'Ik heb het meegemaakt dat een vrouw de bevalling maar net overleefde. Ik wist bijna zeker dat ze het bij de volgende niet zou halen. Dat heb ik ook gezegd: het volgende kind wordt haar dood. Maar bij de kerk kreeg ik geen enkel gehoor. Anticonceptie mocht niet. Als ze weer zwanger werd dan moesten we dat maar aanvaarden, ook al zou het haar dood kunnen worden. Daar heb ik me bij neergelegd, zo was dat toen nog. Ze werd weer zwanger en is kort na de bevalling inderdaad gestorven.'

Tien jaar later ging het beslist al anders in grote delen van het katholieke volksdeel. Steeds meer echtparen vonden de weg naar de consultatiebureaus van de wereldse NVSH en de protestantse PSVG. Deze laatste startte begin jaren zestig met spreekuren in het katholieke Eindhoven. Sanne van der Meulen, die eerder in Den Haag als maatschappelijk werkster hielp bij de eerste kerkelijke spreekuren voor geboorteregeling, raakte hier weer betrokken bij dit pionierswerk. Ze was naar Brabant verhuisd omdat haar man een baan bij Philips had gekregen. Het echtpaar werd er meteen geconfronteerd met de strenge moraal. De heer Van der Meulen moest tijdelijk in pension en daar gold 's avonds een strikt verbod op damesbezoek. Ook zijn wettige vrouw mocht niet blijven slapen. Het viel Sanne van der Meulen al snel op dat er veel katholieken onder de bezoekers voor het protestantse spreekuur waren. Op een ochtend werd ze thuis gebeld door een goede bekende, een trouwe, kerkelijk meelevende katholiek. Die avond daarvoor was er tijdens het samenzijn iets fout gegaan met het condoom. Het echtpaar had beslist geen zin in een zwangerschap en maakte zich grote zorgen. Of Sanne misschien kon helpen. Ze bracht het bezorgde echtpaar in contact met een arts, bij wie het die ochtend snel een morning-afterpil kon halen.

Er waren ook katholieke huwelijksbureaus maar die waren er vooral om de katholieke zeden- en huwelijksleer te verdedigen. Ze waren in de jaren dertig gesticht in het kerkelijk offensief tegen de activiteiten van de Nieuw Malthusiaanse Bond, de voorganger van de NVSH. De consultatiebureaus van deze NMB verstrekten voorbehoedmiddelen en onder de afnemers bleken ook toen al katholieke echtparen te zijn. De nieuwe malthusianen brachten graag naar buiten dat ze ook katholieke klandizie hadden. De traditionele rooms-katholieke artsenvereniging vond dat er iets tegen gedaan moest worden. Dat werden de Katholieke Bureaus voor Huwelijksaangelegenheden, met als eerste doelstelling 'het bevorderen van een gezond huwelijksleven overeenkomstig de leer van de R.K. Kerk'. Aan die doelstelling was na de oorlog nog niets veranderd.

De rooms-katholieke kudde bleef maar groeien in de jaren vijftig en zestig, maar het kon de bisschoppen onmogelijk ontgaan dat een steeds groter deel niet meer blind gehoorzaamde aan de kerkelijke geboden. Er broeide iets; dat voelden ze en daar maakten ze zich zorgen over. Aartsbisschop Alfrink liet het bijvoorbeeld duidelijk blijken in zijn toespraak voor het congres van de R.K. Artsenvereniging in 1959. De kerk komt haar gelovigen graag tegemoet, zo sprak de kardinaal, die vaak als goedmoedig en beminnelijk werd aangeduid. 'Maar voor grenzen die God zelf heeft gesteld kan zij alleen maar eerbiedig haar trouw belijden en beleven. [...] Wanneer men zou verwachten dat de kerk coïtus interruptus en het gebruik van voorbehoedmiddelen als geoorloofd zal verklaren, dan geloof ik dat men in de kerk teleurgesteld zal raken.' Niets meer of minder dan een harde bevestiging van de eeuwenoude katholieke zedenleer. Dat was minder dan vier jaar voor Bekkers' gedurfde en geruchtmakende tv-optreden.

Met zijn sterke gevoel voor de pastorale praktijk vond monseigneur Bekkers in 1963 dat het tijd werd dat de kerk iets zei over het onderwerp dat zoveel katholieken bezighield. Dat deed hij zonder Alfrink en zijn collega-bisschoppen daarin te kennen. Ongehoord binnen de roomse hiërarchie. Ook veel priesters in zijn eigen bisdom waren ongelukkig met de vrijpostigheid van Bekkers. Volgens Bluyssen besefte deze heel goed dat hij met zijn gedurfde optreden heel veel los zou maken. 'We hebben hem er natuurlijk wel eens naar gevraagd. Waarom had hij zijn collega's niet van tevoren ingelicht? Daar was hij heel duidelijk over: dan was er weer niets gebeurd, en hij vond dat de kerk niet heen kon om de grote veranderingen en wat dat in gezinnen veroorzaakte. De kerk was erg gesloten en Bekkers was het tegenovergestelde.'

Voor het Vaticaan was dat wat Bekkers had gedaan niets minder dan ongehoorde rebellie. Zoiets was in de wereldkerk nog nooit vertoond, een bisschop die openlijk het gebruik van voorbehoedmiddelen vrijliet, en dat kreeg hij ook wel te horen. Alle Nederlandse bisschoppen kregen begin 1964 een korte brief van kardinaal Alfredo Ottaviani. De leider van de afdeling die in Rome over de geloofsleer waakt, waarschuwde krachtig tegen 'voorbarige uitspraken over nieuwe middelen voor geboorteregeling'. Het Vaticaan werkte inmiddels aan een verklaring over huwelijk en gezin. De opmars van de pil en de snel veranderende seksuele moraal in de westerse wereld schreeuwden om een reactie van de grootste christelijke kerk. Nederland was niet de enige kerkprovincie waar de oude zedenleer onder druk stond. In de Verenigde Staten maakte de katholieke vrouwenarts John Rock veel los met zijn boek *The time has come*. Hij legde daarin uit dat de pil een natuurlijk middel is om zwangerschap te voorkomen en dat er daarom geen principiële christelijke bezwaren tegen bestaan. Als de kerk periodieke onthouding toestaat omdat de onvruchtbare perioden van de vrouw deel van Gods schepping zijn, dan kan ze de pil ook toestaan. Het mocht wat ver gezocht lijken, de naar verruiming snakkende gelovigen namen er dankbaar kennis van. Het boek van Rock verscheen in 1963 in Nederland onder de titel *Nu is het tijd*, met een enthousiast voorwoord van dr. Trimbos. Omdat Rome een verklaring voorbereidde, hoefden de Nederlandse bisschoppen zelf geen herderlijke boodschap te schrijven over het lastige onderwerp dat Bekkers zo plompverloren in het publieke debat had geworpen.

Hoe het Vaticaan dacht over de pil werd de wereld geopenbaard in de zomer van 1968 met de encycliek *Humanae vitae*. In de hele wereld hadden katholieken, en zij niet alleen, reikhalzend uitgekeken naar de pauselijke boodschap over de seksuele moraal. Dat gold voor de gelovigen die wat meer ruimte voor het eigen geweten wilden, maar ook voor de traditionele gelovigen die hoopten dat de paus orde op zaken zou stellen in de voor hen verwarrende tijd. Die laatsten kregen meer dan hun zin. Paulus VI schreef dat alles wat de kerk al eeuwenlang had geleerd over huwelijk en seksualiteit 'goed en waar' was. Seks zonder de bedoeling een kind te maken was een zwaar vergrijp tegen Gods natuurlijke orde. De pil viel vanzelfsprekend onder de streng verboden voorbehoedmiddelen. Onder de kop 'Ongeoorloofde middelen ter geboorteregeling' stond het onomwonden: '... de rechtstreekse, hetzij blijvende hetzij tijdelijke, sterilisatie van de man of van de vrouw moet worden veroordeeld.' De opvatting dat het voor de vrouw, het gezin of het huwelijk beter kan zijn het aantal kinderen te beperken, veegde de paus 'als een volkomen dwaling' van tafel. De mens maakt zich dan schuldig aan wat 'in wezen een overtreding van de morele orde betekent en dus mensonwaardig is, ook al bedoelt men daarmee het welzijn van het individu, van het gezin of van de maatschappij te verdedigen en te bevorderen'. De 'opzettelijk van haar vruchtbaarheid beroofde huwelijksdaad' was zondig. De paus waarschuwde voor de 'ernstige gevolgen van de methoden voor kunstmatige geboorteregeling'. Een 'weldenkend mens' kon toch zelf wel inzien dat gebruik van voorbehoedmiddelen de weg opende voor 'huwelijksontrouw of algemeen zedenverval'. Paulus VI had weinig vertrouwen in de mannelijke aard. 'Het valt te vrezen dat de man, wanneer hij aan het gebruik van deze anticonceptionele middelen gewend is geraakt, de eerbied voor zijn vrouw verliest, haar zonder zich om haar lichamelijk en geestelijk evenwicht te bekommeren tot een middel ter egoïstische bevrediging van zijn hartstocht maakt en haar niet meer als zijn geëerbiedigde en geliefde levensgezellin beschouwt.' Daar konden de katholieke echtparen die twee, drie kinderen wel genoeg vonden het mee doen.

De teleurstelling over *Humanae vitae* was groot, ook bij Nederlandse bisschoppen. 'De boodschap was hard en ongenuanceerd, een grote tegenvaller,' zegt monseigneur Bluyssen. Het was snel duidelijk dat de paus niet alle katholieken weer in het gareel zou krijgen. Op de dag dat in Rome de encycliek werd afgekondigd, legde de katholieke moraaltheoloog Paul Sporken 's avonds in *Brandpunt* de tv-kijkers uit dat de boodschap van de paus niet deugde en maar beter genegeerd kon worden. Psychiater Trimbos, bij het grote publiek bekend als 'de dokter met het vlinderdasje', noemde *Humanae vitae* 'een neurotisch stuk'.

Bekkers maakte deze pauselijke boutade zelf niet meer

mee. Hij overleed in 1966, 58 jaar oud, aan een hersentumor, en werd opgevolgd door Bluyssen. Hij werd begraven in zijn geboorteplaats Sint-Oedenrode, ook al weer tegen de tradities in, want de bisschoppen van Den Bosch voor hem waren begraven op het Bossche Kerkhof Groenendaal. De KRO maakte een reportage van zijn laatste tocht door Brabant waarbij duizenden mensen langs de wegen stonden. Met *Humanae vitae* bleek wel hoe ver hij voor de het Vaticaan getrouwe troepen was uit gelopen met zijn tv-optreden in 1963. Het was in 1968 wel duidelijk dat de katholieken de vrijheid die Bekkers hun had geboden niet meer zouden afstaan. Anticonceptie was voor de meeste gelovigen geen probleem meer. Ze gebruikten de pil zonder wroeging. Een in die tijd bekende fabrikant van snacks met dezelfde naam als de bisschop gebruikte als slagzin 'Lekkers van Bekkers' en dat werd ook de populaire aanduiding voor de pil. Het aantal kinderen per gezin was in het zuiden altijd beduidend hoger geweest dan in de rest van het land. Na 1962 daalde het geboortecijfer in Brabant en Limburg echter in goed vijftien jaar tot het laagste van Nederland.

11

ONKUIS EN
ONGEHOORZAAM

In de zomer van 1968 wisten de rooms-katholieken dus weer wat hun paus van hen verwachtte. Geen seks voor het huwelijk en geen voorbehoedmiddelen, maar daar dachten ze in het verlichte Nederland eind jaren zestig toch heel anders over. 'Vrijheid, blijheid' was de nieuwe norm voor de seksualiteit. Alles moest kunnen of op zijn minst bespreekbaar zijn, alles woelde om verandering en de seksuele moraal was daarbij frontgebied.

De anticonceptiepil werd massaal voorgeschreven, desnoods als middel tegen stoornissen bij de menstruatie om gezeur van ouderwetse pastoors te voorkomen. Veel was nog bij burgerlijke en kerkelijke wetten verboden, maar dat deed er nauwelijks nog toe. De verkoop van voorbehoedmiddelen mocht formeel niet, maar condooms hoefden niet langer bij de kapper of de drogist achter in de winkel te worden verkocht. Ze gingen gewoon over de toonbank en konden uit automaten in de toiletruimtes van dancings, cafés en wegrestaurants worden getrokken. 'Hé Agaat, ga eens naar de automaat want voorkomen is veel beter dan genezen,' zong de cabaretier Frans Halsema. Orthodoxe protestanten en katholieken vonden het vreselijk want condooms bedreigden de huwelijken en verleidden de jeugd tot de ergste zonden. Een raadslid in het Overijsselse Raalte nam een condoom mee naar de vergadering zodat zijn collega's het kwaad onder ogen konden zien. Zware gemeenten probeerden nog wel het onheil af te wenden door de automaten in de eigen verordeningen te verbieden maar het was vechten tegen de bierkaai. De verboden waar was nooit meer dan een paar kilometer verder wel verkrijgbaar.

Naakt en pornografie rukten op in het publieke domein, de markt voor seksbladen en -artikelen groeide snel. De 'vieze blaadjes' die vroeger stiekem van hand tot hand gingen, lagen nu gewoon in de schappen van de lectuurhal. Het uit Amerika overgekomen *Playboy* van Hugh Hefner had nog de pretenties van een echt tijdschrift. Mannen konden het lezen rechtvaardigen omdat er zulke goede interviews en serieuze reportages tussen het bloot stonden. Bij bladen als *Chick* en *Candy* van Nederlandse bodem ging het alleen maar om platte seks. Hoewel oprichter Peter Muller van de *Candy* vond dat ook hij een missie had. 'Seks is voor velen toch een taboe vanwege het geloof. *Candy* toont dat seks mag, dat het lekker, normaal en leuk is.'

Boeken waarin ook maar een beetje vrijmoedig over seks werd geschreven, waren altijd afgedaan als schandelijke lectuur maar dat was niet meer vol te houden. Dan kon een groot deel van de moderne literatuur wel op de brandstapel. Jan Cremer schreef in zijn debuutroman onverbloemd provocerend over zijn seksuele activiteiten. De nette en christelijke burgerij mocht er schande van spreken maar *Ik Jan Cremer* (1964) werd een 'onverbiddelijke bestseller', zoals bij de eerste druk al op de omslag was voorspeld. Daarmee was het taboe op seks in de letteren er wel af. Gerard Reve haalde zich de gramschap op de hals van de gereformeerde senator Hendrik Algra met zijn verheerlijking van de homoseksuele erotiek in *Nader tot U* (1966). De overheid moest de verspreiding van zo'n schandelijk boek verbieden vond Algra, maar zijn filippica's waren goed voor Reves oplagecijfers. Hij beloonde de Friese politicus door zijn tijdelijk onderkomen in het Friese Greonterp 'Huize Algra' te noemen. Leraren Nederlands worstelden met de vraag of Jan Wolkers op de literatuurlijsten voor het eindexamen mocht. Wat die schreef over de omgang tussen de twee seksen was de oude garde een gruwel maar met zijn romandebuut *Kort Amerikaans* (1962) was hij in één keer doorgebroken als een belangrijke vertegenwoordiger van een nieuwe lichting schrijvers en daarom moeilijk te negeren. Op de christelijke hogere burgerschool (hbs) in Drachten kon Wolkers er echt nog niet mee door, maar we lazen hem wel. Oudere broers en zussen met zelf geld genoeg om boeken te kunnen kopen, zorgden wel voor de verspreiding van de verboden boeken. Zo droeg de stijgende welvaart ook hier bij aan de ondermijning van het gezag en de goede zeden.

Het leek wel of half Nederland seksueel aan het experimenteren sloeg. Er kwam een hele bedrijfstak op voor de productie en verspreiding van hulpmiddelen zoals pikante lingerie, dildo's, vibrators en pornofilms. In de wat rommeliger winkelstraten kwamen speciaalzaken voor dit soort speelgoed en bioscopen die alleen maar pornofilms draaiden. Wie daar niet naar binnen durfde, kon de heerlijkheden ook thuis laten bezorgen in min of meer discrete verpakking. De postordersector kreeg er een groeiende tak bij. Het verzendhuis van de keurige Duitse mevrouw Beate Uhse werd een begrip. 'Mama heeft een blouse van Beate Uhse en papa wil alleen als mama die blouse aanheeft,' zong al weer Frans Halsema.

Uit Duitsland kwamen ook de films van Oswalt Kolle, een oud-journalist die zichzelf had voorgenomen zijn landgenoten aan een beter seksleven te helpen. Hij maakte voorlichtingsfilms met brave titels als *Je vrouw, het onbekende wezen* en *Het wonder der liefde, deel 1*. In de eerste beelden legde Kolle vanachter een bureau uit hoe hij met uit het leven gegrepen scènes verschillende relationele problemen wilde behandelen. Hij werkte het liefst met jonge, knappe acteurs en actrices die voortdurend uit de kleren gingen. Zo maakten ze voor het publiek aanschouwelijk dat seks zoveel beter kon als de mensen maar goed waren voorgelicht en de oude kerkelijke taboes lieten varen. De Duitsers waren er gek op en kwamen met miljoenen naar de boodschap van Kolle kijken. Omdat hij met zijn films niet de zinnen wilde prikkelen maar het volk wilde verheffen, konden ze ook in Nederland in de gewone bioscopen worden vertoond. Voor deze softporno hoefden de nette burgers niet naar de seksbioscoop. Ze moesten toch zeker wel zien wat er aan modern voorlichtingsmateriaal voorhanden was?

De conversatiestof werd verrijkt met begrippen als partnerruil en parenavonden. Cabaretière Jasperina de Jong maakte het volk vertrouwd met het verschijnsel call-girls, animeermeisjes die telefonisch te bestellen waren: 'Ik ben geen snol-girl maar een call-girl, geen lellebel maar een belledel.' Er verschenen contactadvertenties van echtparen die het graag eens met andere stellen wilden proberen en vrijgezellen die geen huwelijks- maar een sekspartner zochten. Ze bleven niet beperkt tot de seksblaadje maar werden ook een attractie in het linkse opinieweekblad *Vrij Nederland*, dat min of meer het lijfblad werd van de jonge progressieve generatie. Vrije seks was heel vooruitstrevend, een vorm van linksigheid, net als een abonnement op vn. Het uit het verzet voortgekomen weekblad beleefde gloriejaren en had een tijdlang een levendige rubriek voor contactzoekers die hun afkeer van de burgerlijke moraal wilden etaleren. Ook de redactie van *Verstandig Ouderschap*, al vanaf 1920 het orgaan van eerst de Nieuw Malthusiaanse Bond en later de nvsh, liet zien de nieuwe tijd te begrijpen. Ze schreef steeds vrijmoediger over alle vormen van seksualiteit. Zelfs seks met kinderen moest bespreekbaar zijn. 'Het intieme lichaamlijke contact met volwassenen kan kinderen helpen een gezond en natuurlijk seksleven te ontwikkelen.' Het blad veranderde in 1968 zijn vertrouwde titel in *Sekstant*. 'Niet dat we iets tegen verstandige ouders hebben maar de titel is ons toch wat te braaf,' verklaarde de redactie de naamswijziging. *Sekstant* wilde een 'vakblad voor seksualiteit' zijn.

De vrees van bezorgde ouders en geestelijken dat de anticonceptiepil voor jongeren de drempel voor seksueel verkeer zou verlagen, bleek gegrond. De pil was er niet alleen voor echtparen die vonden dat hun gezin was voltooid, zij was er ook voor jongeren die ongetrouwd gingen samenwonen of het zelfs zonder zo'n relatie met elkaar deden. De generatie van na de oorlog bleek er heel andere normen op na te houden dan ze van hun ouders hadden meegekregen. Op het strand en bij popconcerten gingen jonge vrouwen topless zonnen en provo's en Kabouters liepen in hun blote kont door het Amsterdamse Bos. Er kwamen nieuwe woonvormen, zoals communes, waar iedereen het met iedereen scheen te doen. Dat was tenminste het idee van de burgerij, die zich vertwijfeld afvroeg of de overheid daar nou niets tegen kon doen. Langs de kust rukte de naaktrecreatie op. De opmars van de naaktstranden laat zien dat de nieuwe moraal soms een bijna dwingend karakter had. Eerst zochten mensen die in hun blootje wilden zonnen en baden, heel discreet plekken op waar ze niemand hinderden zodat ook niemand erover kon klagen. Al snel gingen ze uit de kleren op drukkere stukken strand om juist niet onopgemerkt te blijven. Ze lieten zich bewust verbaliseren 'om de discussie op gang te brengen'. Naakt zonnen was hun goed recht en ze wilden niet langer in hun vrijheid worden belet door de verouderde ideeën van een benepen burgerij. Het duurde niet lang of de eerste gemeenten zagen in dat een naaktstrand een extra attractie voor het toerisme zou kunnen zijn. Andere wilden dan vooral niet achterblijven en zo ging de ene na de andere overstag, soms na hevige strijd in de gemeenteraad. Zelf ben ik nog eens op een koude, winderige dag voor *Trouw* naar Texel afgereisd voor een reportage over de heftige verdeeldheid in de eilandgemeenschap en het principiële kerkelijke verzet tegen het voornemen van het gemeentebestuur twee stukken strand aan te wijzen voor naaktrecreatie.

Op de televisie werd het ook steeds bloter. 'Het is Godgeklaagd wat wij tegenwoordig allemaal te zien krijgen. Het kleed is ons gegeven om onze schaamte te bedekken,' onderwees een briefschrijver de redactie van *Trouw* nog maar eens. Bij dit protestants-christelijke dagblad, waar ik ruim twaalf vormende jaren doorbracht, liep de generatiekloof dwars door de redactie en de lezerskring. Het was een podium voor de vernieuwers van de Vrije Universiteit, ooit door Abraham Kuyper gesticht als gereformeerd bolwerk tegen het modernisme, en bediende tegelijk abonnees die nog met beide benen in de gereformeerde traditie stonden. Op de redactie in Amsterdam voerden we levendige discussies over moderne fenomenen als 'christenen voor marxisme' en bevrijdingstheologieën, maar een belangrijk werkterrein voor de verslaggevers waren de christelijke organisaties die worstelden met de tijdgeest waarin zoveel tradities leken te sneuvelen. Als jongen uit de provincie mocht ik vaak naar bijeenkomsten van de christelijke boeren en tuinders die werden geopend met gebed, Bijbellezing en gezang. Dat was in het onderwijs en de gezondheidszorg niet anders. Bijzonder aanzien genoot de redacteur die kon vertellen dat ze hem bij zo'n vergadering als afgevaardigde van hún krant hadden gevraagd voor te gaan in het openingsgebed.

Het moet juist de traditionele aanhang vreemd hebben getroffen dat het fotomodel Phil Bloom in 1967 helemaal naakt op de televisie verscheen met alleen een uitgevouwen exemplaar van *Trouw*, hun krant, om nog iets van haar kuisheid te bewaren. Zij was vooraf door de makers van het VPRO-jongerenprogramma *Hoepla* aangekondigd als 'het eerste vrouwelijke naakt op de Nederlandse televisie'. Ophef en verontwaardiging tot in de Tweede Kamer verzekerd. De nieuwe seksuele moraal is in die dagen treffend weergegeven door

Irene Donner-Van de Weetering, door haar huwelijk met schaker Jan Hein Donner verwant geraakt met een vermaard gereformeerd geslacht van ministers en rechters. Alleen al daardoor was ze enige tijd een opvallende verschijning in de beweging van de vrijgevochten jeugd. Ze was medeauteur van het Witte Wijvenplan, een handleiding voor 'risicoloze seks voor meisjes'. Haar spontane reactie op de toch ernstig bedoelde vraag wanneer seksueel verkeer vóór het huwelijk kon, was even simpel als helder: 'Eh, ja, je moet er zin in hebben hè.'

Kerken probeerden er in dit klimaat van alsmaar losser wordende zeden maar het beste van te maken. Met de stijlmiddelen van de jeugd zelf werd wel geprobeerd jongeren te laten ervaren dat ze heus wel modern konden zijn 'in kerkelijk verband'. Dat wekte weer de spotlust op van wereldse cabaretiers, zoals die van het beruchte Lurelei: 'Maar ook de seksuele drang/ Die maakt de christen niet meer bang./ U denkt misschien 't is waardeloos/ Het is iets uit de oude doos/ [...] Want wat zegt onze dominee, de jeugdwerkpredikant?/ De oude doos, das niks voor mij, geef mij maar een jonge doos.'

Gelovigen zochten juist naar de heldere antwoorden die ze van hun kerken gewend waren, maar de dominees, pastoors en bisschoppen waren al net zo in verwarring als de ouders die in hevige conflicten met hun kinderen kwamen. Wat moesten de geestelijke leiders, nu de oude boodschap uitgewerkt leek en bij een groot deel van hun potentiële clientèle op rotsige bodem viel? In eigen kring sloeg de twijfel over de houdbaarheid van de zedenleer ook toe. Een hervormde emeritus-predikant vertelde me dat hij als jonge dominee zijn zus die ongehuwd ging samenwonen in een lange brief had uitgelegd waarom haar keuze principieel moest worden afgekeurd. 'Twee jaar later begreep ik zelf al niet meer waarom ik dat had geschreven.'

Vaders en moeders vroegen zich vertwijfeld af wat er had gemankeerd aan hun opvoeding. Tieners die naar de stad waren verhuisd om te studeren, liepen niet alleen college maar rookten ook stickies en kropen bij elkaar in bed. De katholieke universiteit van Nijmegen, waar zoveel degelijk rooms kader was gevormd, werd een broedplaats voor linksigheden en goddeloze dwaalleren. Een moeder die haar dochter met een onaangekondigd bezoekje wilde verrassen ontdekte tot haar schrik dat haar kind samenwoonde met een vriend. Ze richtte zich tot het van oorsprong katholieke damesblad *Margriet* om raad. Hier waren ze inmiddels (1969) ook al wat losser van de kerkelijke moraal. *Margriet* vond het niet onverstandig dat de jongelui eerst een tijdje proefdraaiden voordat ze zich in het huwelijk stortten.

Niet alle gevestigde instituten bogen met de tijdgeest mee. De ANWB bleef nog lang waken over de goede zeden op de Nederlandse kampeerterreinen. Gemengd kamperen mocht alleen gehuwd en in gezinsverband. Ongehuwden van 'verschillend geslacht mogen zich een uur na zonsondergang tot zonsopgang niet gelijktijdig in een slaapruimte ophouden,' stond in het reglement dat tot eind jaren zestig bleef gelden. Jongvolwassenen die al lang samenwoonden maar niet getrouwd waren, mochten niet in één tent slapen, tenzij een van de ouders erbij was. De regel gaf campinghouders op Terschelling, ook toen al erg in trek bij jonge vakantievierders, een vrijbrief 's nachts met een zaklantaarn langs de tenten te gaan om te controleren of er geen jongens en meisjes bij elkaar in de slaapzak waren gekropen. Dat viel nog niet mee, want aan de lengte van het haar zag je niet meteen het sekseverschil. Betrapte overtreders konden de volgende ochtend op de boot naar Harlingen. Een vervelend einde van de vakantie maar het leverde je wel prestige op bij de vrienden. De ANWB-wet was een van de weinige regels die het leven voor homoseksuele stellen gemakkelijker maakten dan voor hetero's.

Zoveel woelingen raakten de kerken in de kern van hun bestaan. De christelijke zuilen kraakten. De keuze was je aanpassen aan de nieuwe tijdgeest of de oude principes met kracht verdedigen. Aan beide mogelijkheden zaten grote risico's. Over de rooms-katholieken kwam een vernieuwingsdrang die zou uitlopen op een harde confrontatie met de leiding van de wereldkerk. Bij de altijd al verdeelde protestanten groeiden de linker- en de rechtervleugel nog verder uit elkaar. De grootste twee, de hervormde en synodaal gereformeerde, veranderden in enkele jaren radicaal van karakter, de kleinere orthodoxe lieten de zondige wereld links liggen en koesterden zichzelf in hun eeuwige gelijk. Kerkelijk Nederland zou de schok van de seksuele revolutie niet meer te boven komen.

12

HET MISLUKTE KATHOLIEKE CRISISMANAGEMENT

Het moet de leiding van de rooms-katholieke kerk al vroeg in de jaren zestig duidelijk zijn geweest dat ze het niet droog kon houden in het roerige Nederland. Het rommelde al langer onder de gelovigen. Verplichtingen, zoals de dagelijkse schoolmis, werden afgeschaft en er kwam een nieuwe lichting priesters. 'Er kwamen andere pastoors. Ze werkten niet alleen uit de kerkelijke leer maar ook uit de ervaring,' vertelde me een oudere katholiek die zijn hele leven kerkelijk meelevend bleef. Bisschop Bekkers' aanmoediging de anticonceptiepil maar te gebruiken was een doodsteek voor de harde seksuele moraal in katholiek Nederland. Het kerkvolk gaf steeds meer een eigen, minder ernstige uitleg aan het geloof. 'We gingen zelf meer nadenken. De leken werden meer ontwikkeld, jongeren gingen studeren.' De katholieke cabaretier Fons Jansen had veel succes met zijn programma *De lachende kerk* waarin hij allerlei roomse rituelen en gebruiken op de hak nam, ook de seksuele moraal. 'Ja, u lacht er nu om maar vroeger durfde u er niet eens over te praten,' herinnerde hij zijn katholieke publiek aan het recente verleden waarin ze de pastoor ook in de slaapkamer gewoon gehoorzaamden.

De bisschoppen bleken niet doof voor de roep om vernieuwing. Een moedige poging om de gelovigen op een modernere manier houvast te geven in de verwarrende tijden was de *Nieuwe Katechismus, geloofsverkondiging voor volwassenen* die in 1966 verscheen. De K verried dat de kerk met haar tijd mee wilde gaan. Ook de traditionele vorm van een catechismus met vragen en antwoorden was losgelaten. De tekst was heel toegankelijk ingedeeld in ruim 2500 genummerde, korte alinea's, veel leesbaarder dan het gangbare herderlijke proza. Het moest een 'veilige gids' zijn voor leken die hun geloof probeerden te behouden bij alle veranderingen om hen heen. De nummers 1947 tot 1955 gingen over huwelijk en gezin en leken een uitwerking van het vrijmoedige tv-optreden waarmee bisschop Bekkers drie jaar eerder zoveel had losgemaakt. Het werd nadrukkelijk aan het echtpaar zelf overgelaten hoeveel kinderen het wilde. 'Gezondheid, behuizing, persoonlijkheidsstructuur en zoveel andere factoren doen twee mensen uitmaken hoe groot hun gezin zal zijn. Niemand buiten hen kan hier geheel in komen.'

Wat er over voorbehoedmiddelen in de *Nieuwe Katechismus* stond was geheel in de geest van Bekkers. 'Er bestaan – zoals iedereen vandaag weten kan – meerdere methodes om tot geboorteregeling te komen. Zij komen alle hierin overeen, dat zij de liefdesomgang tussen man en vrouw willen mogelijk maken zonder kans op ontvangenis (conceptie). Het laatste concilie heeft zich over geen enkele van deze concrete methodes als zodanig uitgesproken. Dit is een ander standpunt dan ruim dertig jaar geleden onder paus Pius xi werd ingenomen [...] Wij bespeuren hier een duidelijke ontwikkeling binnen de kerk, een ontwikkeling overigens die ook buiten de kerkgemeenschap zich voltrekt.'

Het was een erg vrijmoedige uitleg van wat er in de rooms-katholieke kerk op dat moment aan officiële uitspraken over geboorteregeling voorhanden was. De encycliek van Pius xi gold nog volledig. De Nederlandse bisschoppen zouden al spoedig ervaren dat de ontwikkeling die de schrijvers van de catechismus meenden te zien er helemaal niet was. En als ze er al was, zou Rome haar niet dulden. Een maand nadat de *Nieuwe Katechismus* met enig vertoon in omloop was gebracht, lag er in het Vaticaan een geharnaste protestbrief van verontruste, conservatieve Nederlandse katholieken. Het was een oproep aan de paus in te grijpen en de passages die in strijd waren met de katholieke leer te veranderen. Monseigneur Jan Bluyssen, inmiddels bisschop van Den Bosch als opvolger van Bekkers, kon er zoveel jaren later nog kwaad om worden in zijn Bossche appartement. Een brute aanval op de leiding van de Nederlandse kerkprovincie, zo noemde hij het. Het was pijnlijk dat de verontrusten zich direct tot de paus hadden gewend, zonder de bisschoppen daarin te kennen.

Nog pijnlijker was de reactie uit Rome. Het Vaticaan nam de oproep van de verontruste Nederlanders uiterst serieus. De paus benoemde een commissie van kardinalen die moest uitzoeken wat er niet deugde aan de *Nieuwe Katechismus*. Na enkele maanden waren ze er al uit: op veertien plaatsen moest de tekst worden veranderd, ook de passages over geboorteregeling konden niet door de beugel. Er kwam een aanvulling met de door Rome gedicteerde passages die de Nederlandse bisschoppen maar hadden te slikken. De ingreep van het Vaticaan was vooral pijnlijk voor kardinaal Alfrink. Volgens zijn biograaf Ton van Schaik vond hij zelf ook wel dat het 'geloofsboek', zoals hij de catechismus noemde, hier en daar nogal ver ging maar er was hem veel aan gelegen de kerk in Nederland bij elkaar te houden. Dat Rome hem zo openlijk liet vallen, raakte hem diep. Intussen was de *Nieuwe Katechismus* in de oorspronkelijke tekst een groot succes. In Nederland haalde ze een oplage van meer dan 400 000, ze werd in zeker vijftien talen vertaald en het Amerikaanse weekblad *Time* prees het werkstuk als het belangrijkste theologische boek van dat jaar. 'De *Nieuwe Katechismus* maakte een triomftocht door de kerk en de wereld maar werd een lijdensweg voor Alfrink,' aldus Van Schaik in de biografie.

In deze sfeer van sterke roomse druk en groeiende polarisatie in de Nederlandse kerkprovincie begon in het najaar van

1966 het Pastoraal Concilie in Noordwijkerhout. Het was het Nederlandse vervolg op wat paus Johannes xxiii in 1959 was begonnen. Tot vrijwel ieders verrassing kondigde deze bejaarde Heilige Vader het Tweede Vaticaans Concilie af. Hij riep alle bisschoppen uit de hele wereld op naar Rome te komen om diepgaand te praten over modernisering van de kerk. Er was nog maar één keer eerder zo'n massale bijeenkomst van bisschoppen in het Vaticaan geweest. In 1869-1870 was het doel vooral het gezag van de paus en de kerk te bevestigen en het christelijke geloof te beschermen tegen de invloeden van de Verlichting en de moderne wetenschap. Johannes xxiii wilde in de twintigste eeuw de moederkerk juist vernieuwen. Sleutelbegrip was ' aggiornamento', wat zoveel betekent als 'bij de tijd brengen'. Bij de plechtige opening in oktober 1962 beloofde hij een 'naar de hele wereld open kerk'. De moederkerk moest zich van haar goede kant laten zien. 'De Bruid van Christus' moest liever gebruikmaken van 'het geneesmiddel der barmhartigheid dan van het wapen der gestrengheid'. Zijn gehoor bestond uit ruim 2500 bisschoppen, onder wie het hele Nederlandse episcopaat.

Het proces van modernisering moest in de hele wereld worden doorgezet. Hoe, dat was in de eerste plaats de zorg van de bisschoppen ter plaatse. De Nederlandse kozen voor wat ze een 'pastoraal concilie' noemden. Ruim 150 geestelijken en betrokken leken werden uitgenodigd om zich in een reeks van werkgroepen en plenaire vergaderingen te buigen over alles waar de kerk in de tweede helft van de twintigste eeuw mee te maken had, van de wereldvrede tot het kerkgezang. De bisschoppen wilden 'het hele Volk Gods op alle niveaus een kans geven om hun mening tot uitdrukking te brengen', verklaarde kardinaal Alfrink bij de eerste plenaire zitting in januari 1968.

Het Nederlands pastoraal concilie trok direct veel buitenlandse belangstelling. De katholieke kerk hier had met Bekkers en de *Nieuwe Katechismus* de reputatie verworven vooruit te lopen op de rest. Wij protestanten vonden het prachtig wat daar allemaal gebeurde. Van concilies en de Vaticaanse hiërarchie hadden we niet zoveel verstand, maar dat de Nederlanders vooropliepen bij de vernieuwing was bijna vanzelfsprekend. Dat paste helemaal in de geest van de tijd. Nederland was gidsland en wees de wereld de weg naar een betere toekomst, of het nu over geloof of over seks ging. Dat, in de woorden van Alfrink, Gods volk op alle niveaus mee mocht praten, streelde ook het protestantse gevoel toch betere christenen te zijn. Bij ons gereformeerden en hervormden spraken de leken al sinds de reformatie mee over alle grote geloofskwesties. Het was de meelevende protestanten ook volkomen duidelijk dat het gelijk in dit katholieke conflict helemaal aan de kant van de Nederlandse vernieuwers lag. 'De paus wil helaas het oude gebouw der kerk bewaren. Onder dat kruis moet hij bezwijken. Hij heeft te weinig oog voor de bevrijdende en verblijdende kracht van het evangelie,' schreef hoofdredacteur Jacob Noordmans van de *Leeuwarder Courant* bij de aanvang van het concilie. Hij had in die dagen onder hervormde dominees groot gezag met zijn commentaren over het kerkelijk leven.

De media, die op spektakel hoopten, kregen in Noordwijkerhout spoedig wat ze wilden. Van het rustige overleg waarop de bisschoppen hoopten kwam weinig terecht. De toon was in de woorden van monseigneur Bluyssen af en toe 'strijdlustig, veeleisend, radicaal en zelfs dwingend'. De pittigste uitspraken gingen de hele wereld over en bereikten uiteraard ook het Vaticaan. Hier was inmiddels een andere wind gaan waaien dan aan het begin van het Tweede Vaticaans Concilie. Nog geen jaar na de opening, in 1962, overleed de aanstichter Johannes xxiii. Zijn opvolger Paulus vi was een stuk jonger maar bepaald niet vooruitstrevender. Van de frisse wind die zijn voorganger had beloofd, moest hij niets hebben en wat er in de woelige Nederlandse kerkprovincie gebeurde, beviel hem allerminst. Dat liet hij al blijken met zijn strenge, afkeurende reactie op de *Nieuwe Katechismus* en ook tegen het pastoraal concilie had hij zo zijn bedenkingen. Nog voor de eerste zitting schreef hij kardinaal Alfrink dat hij als uitkomst 'een volledige en graag gegeven bevestiging van de leer' wenste, een bevestiging 'die bepaalde onrijpe en verkeerde meningen afremt, welke de laatste tijd zoals bekend de zuiverheid van het geloof op enige punten hebben verduisterd, en de standvastigheid en het evenwicht van vele katholieke gelovigen hebben verstoord'.

De bisschoppen wisten waar ze aan toe waren. Ze moesten schipperen tussen de katholieken die snakten naar een andere, vrijere kerk en veel verwachtten van het concilie aan de ene kant en daartegenover de waakzame paus met al zijn gezag en zijn nog altijd aanzienlijke en strijdbare aanhang onder de gelovigen in Nederland. 'Het was heel lastig en heel vermoeiend. Een soort crisismanagement,' zo vatte Bluyssen met een moderne term de taak van hem en zijn collega's van toen samen.

De encycliek *Humanae vitae* maakte het voor de bisschoppen nog lastiger. De harde boodschap die de paus in de zomer van 1968 de wereld in stuurde ging lijnrecht in tegen de sfeer van het pastoraal concilie. In het document over huwelijk en gezin dat in Noordwijkerhout werd besproken stond juist dat de regeling van het kindertal een 'vrij en onvervreemdbaar recht van echtparen' was en dat die ook zelf mochten bepalen welke methode ze daarbij wilden gebruiken. Pil, sterilisatie, condooms, ze mochten kiezen wat hun het beste schikte. De kerk, zo stelde het pastoraal concilie, kon daarover juist geen algemeen bindende uitspraken doen.

Het pauselijk machtswoord tastte de rebelse geest in Noordwijkerhout niet aan maar was eerder een aanmoediging om het gezag van Rome verder te negeren. De bisschoppen kwamen steeds meer tussen hamer en aambeeld, tussen de vernieuwers en het Vaticaan te zitten. Ook voor hen was *Humanae vitae* een tegenvaller maar ze moesten zich inhouden. Van de ruimte die zij in de *Nieuwe Katechismus* boden, liet de paus immers geen centimeter over. Het was een klap in het bisschoppelijk gezicht. Bluyssen over de onmogelijke positie van de bisschoppen: 'De meerderheid van de kerk negeerde *Humanae vitae*. Maar wij waren wel gehouden aan gehoorzaamheid aan de paus. We konden niet veel meer dan zijn woorden wat relativeren. We wilden iedereen graag bij de kerk betrokken houden.'

De reacties uit Nederland zullen Paulus VI alleen maar gesterkt hebben in zijn overtuiging dat het in deze kerkprovincie helemaal de verkeerde kant uitging. Van het pastoraal concilie verwachtte hij weinig goeds, zo was wel gebleken uit zijn oproep vooraf aan de Nederlandse bisschoppen 'bepaalde onrijpe en verkeerde meningen' af te remmen. Zijn zorg over de rebelse geest in Nederland bleek al snel terecht want het ene na het andere heilige huis werd omvergekegeld in Noordwijkerhout. Zelf zijn eigen waardigheid als Heilige Vader, de onfeilbare leider van de wereldkerk met het gezag dat hem door Christus zelf was gegeven, bleef niet buiten schot. In een van de werkdocumenten werd hij gedegradeerd tot 'secretaris-generaal van de verenigde katholieke kerken'. Eind december 1969 uitte de paus in een brief aan de bisschoppen zijn ergernis over de Nederlandse kerkvergadering. 'Wij mogen u er geen geheim van maken dat bepaalde doctrinaire stellingen die daarin staan, ons perplex doen staan.' De paus deed zich in de brief voor als de liefdevolle vader die zijn 'eerbiedwaardige broeders' in Nederland te hulp wilde komen. 'Wat kunnen wij doen om uw gezag te versterken?' Hij verwachtte van de bisschoppen een 'volledige en onvoorwaardelijke instemming met de universele kerk waar het omstreden kwesties betreft'.

Over een van die kwesties, het celibaat, kwam het ten slotte tot een openlijke, heftige botsing tussen Nederland en Vaticaan. De lossere, natuurlijker omgang met seksualiteit raakte ook het priesterambt. Terwijl seks niet langer als vies en voos hoefde te worden weggedrukt maar in alle openheid werd besproken, bleef voor de geestelijken de eis gelden dat ze een volledig kuis leven zouden leiden. Dat begon steeds meer te wringen. Het aantal priesters dat een normale verhouding met een vrouw verkoos boven de strikte onthouding groeide. Formeel konden ze via hun bisschop bij het Vaticaan dispensatie voor het celibaat vragen, maar zo'n verzoek werd bijna standaard afgewezen. Ze konden dan geen priester blijven. De kerk had altijd wel te maken gehad met priesters die het celibaat niet volhielden, maar in de jaren zestig begonnen het er wel erg veel te worden. Tussen 1966 en 1975 traden er in Nederland meer dan 1600 uit. De piekjaren waren 1969 en 1970 met in totaal bijna 500 uittredingen. Het waren niet toevallig ook de jaren waarin het celibaat hoog op de agenda stond van het concilie in Noordwijkerhout.

De uittredingen waren een dubbel probleem voor de kerk. Ze ondermijnden de oude zedenleer waarin de kuisheid zo'n voorname rol speelde en het verlies aan kader was moeilijk te compenseren. Het aantal jongens met een priesterroeping nam snel af, steeds meer jongens ook braken hun opleiding tot (ongehuwd) geestelijke af. De vaak monumentale seminaries werden leger en leger en konden, het ene na het andere, worden gesloten. De plaats van het pastoraal concilie was symbolisch: de gebouwen van het opgeheven kleinseminarie De Leeuwenhorst. De vooruitstrevende meerderheid van de leken en geestelijken die hier bijeen waren, wilden zo snel mogelijk af van de celibaatsplicht. Ze vonden het niet meer passen bij de moderne kerk en ze kenden de praktijk van priesters met hevige gewetensnood en anderen met minder scrupules die stiekem of openlijk een seksuele relatie onderhielden. Ze kenden ook de benepen en beklemmende sfeer in de seminaries waar seksualiteit zoveel mogelijk was weggedrukt. In Nederland werd met grote vrijmoedigheid over de nadelen van de verplichte, levenslange onthouding gesproken en afschaffing van het celibaat leek een kwestie van tijd. Verscheidene priesters die uittraden omdat ze een relatie met een vrouw hadden, dachten dat ze binnenkort als gehuwde priester verder konden met hun loopbaan als geestelijke in hun kerk. 'We wisten het zeker, over een paar jaar zou de getrouwde priester heel gewoon zijn. Je kon toch ook niet volhouden dat de getrouwde dominees slechtere leiders waren dan onze pastoors?' vertelde een iets oudere kennis die kort na zijn priesterwijding in liefde ontstak voor een vrouw. Die is hij de rest van zijn leven trouw gebleven, de kerk niet.

De paus was het daar hartgrondig mee oneens. In een apart schrijven over het celibaat had hij uittredingen al eens 'smartelijke deserties' genoemd. De uittreders beseften niet 'hoeveel leed, schande en zorg' zij de heilige kerk berokkenden. De bisschoppen moesten 'duidelijk en beslist verkondigen dat de edelmoedige praktijk van de volmaakte kuisheid niet alleen mogelijk is, maar ook een bron van vreugde en heiligheid vormt', waarschuwde hij in de brief aan de bisschoppen van december. De Nederlandse conciliegangers hadden er geen boodschap aan. Een bron van vreugde? Weg er mee! In januari 1970 nam het concilie in Noordwijkerhout met een meerderheid van ruim 90 procent het rapport aan waarin afschaffing van het celibaat werd geëist: 'De verplichting tot het celibaat als voorwaarde voor ambtsvervulling dient te worden opgegeven.' De hoogste pauselijke vertegenwoordiger in Nederland woonde de stemming niet meer bij. Hij had de bijeenkomst demonstratief verlaten toen hij zag welke kant het uit ging. In het Vaticaan wisten ze het nu zeker. Het kerkvolk in Nederland was onkuis en ongehoorzaam, de bisschoppen waren niet bij machte de crisis te bezweren en liepen in hun streven de boel bij elkaar te houden zelfs mee met de ketterijen. Er moest worden ingegrepen, er waren andere geestelijke leiders nodig in de Nederlandse kerkprovincie en die zouden er snel komen.

13

TEGEN DE WILDE
COPULATIE

De Nederlandse bisschoppen waren ernstig tekortgeschoten in de ogen van paus Paulus VI. Ze hadden verzaakt de wankelmoedigen aan te sporen trouw te blijven aan de katholieke zedenwet, de anticonceptie niet krachtig veroordeeld en onrijpe en verkeerde meningen niet afgeremd. Hoe het Vaticaan dacht over de leiding in deze kerkprovincie, werd er eind 1970 pijnlijk ingewreven met de benoeming van de conservatieve kapelaan Ad Simonis tot bisschop van Rotterdam.

Aan deze benoeming was een heuse inspraakprocedure voorafgegaan. Geheel in de geest van de tijd mochten alle katholieken in het bisdom meedoen met het schetsen van het gewenste profiel van hun toekomstige bisschop. Duizenden deden er aan mee, reacties kwamen van alle kanten. Het was een nieuwigheid die paste bij het Nederlandse streven de kerk te moderniseren. Zoiets was bij benoemingen in de rooms-katholieke kerk nog nooit vertoond. Tegen alle afspraken en gebruiken in gingen er al snel vele namen rond van mogelijke kandidaten, ook die van kapelaan Simonis. Hij was in de woelige voorafgaande jaren een paar keer naar voren getreden als krachtig verdediger van de dogma's en sacramenten die veel van zijn collega's juist niet meer konden pruimen. Bij het pastoraal concilie was hij opgevallen door als een van de weinigen volledig in te stemmen met de pauselijke boodschap over seksualiteit, *Humanae vitae*. Simonis verwoordde precies wat de behoudende katholieken zo graag van hun bisschoppen hadden willen horen.

Dat was het Vaticaan niet ontgaan. Simonis' benoeming sloeg in als een bom en bracht de katholieke kerk in Nederland opnieuw in rep en roer. De zittende bisschoppen wisten wat ze aan Ad Simonis hadden en begrepen de boodschap uit Rome maar al te goed. Monseigneur Jan Bluyssen, toen bisschop van Den Bosch, koos weer voor een milde formulering toen ik hem vroeg hoe hij destijds het nieuws over Simonis had ervaren. Dat er grote deining was onder de katholieken had ik toen als journalist wel meegekregen maar hoe zat dat bij de hoogste leiding, die zelden openlijk kritiek uitte op het Vaticaan? 'Een duidelijke waarschuwing van de paus dat wij op de verkeerde weg waren,' kwalificeerde Bluyssen de omstreden benoeming. Door Simonis in hun midden te droppen demonstreerde de paus inderdaad zijn ongenoegen over de Nederlandse bisschoppen. Simonis gaf op zijn persconferentie impliciet weer wat de motieven van Rome waren geweest om juist hem in Rotterdam neer te zetten. Het bisschoppencollege had naar zijn oordeel de laatste jaren te weinig duidelijke leiding gegeven en te veel toegestaan. Kardinaal Alfrink stond perplex en was volgens Bluyssen eerst nauwelijks in staat te reageren. Hij stond in zijn opvattingen niet eens zo ver af van de nieuwe Rotterdamse bisschop maar hechtte erg aan collegialiteit en die was door Rome en Simonis zelf volkomen genegeerd. Bij zijn moeizame streven openlijke conflicten en polarisatie te voorkomen was de aartsbisschop volkomen gepasseerd.

Wat moesten de vooruitstrevende katholieken nog in een kerk die zo radicaal afrekende met hun pas verworven vrijheden? Weg de illusies dat het verplichte celibaat zou worden geschrapt, dat binnenkort gehuwde en vrouwelijke priesters de eucharistieviering zouden mogen leiden en dat het gebruik van voorbehoedmiddelen geen onderwerp van discussie meer zou zijn. De protesten tegen de benoeming van Simonis waren heftig maar richtten niets uit. Twee jaar later kreeg ook Roermond een nieuwe bisschop, Jo Gijsen, nog een slag conservatiever dan Simonis.

Er moest van Rome worden afgerekend met de geest van Bekkers, de *Nieuwe Katechismus* en het pastoraal concilie. De Nederlandse pogingen om wat minder krampachtig en dogmatisch om te gaan met seksualiteit liepen stuk op de Vaticaanse onbeweeglijkheid. Typerend is de worsteling over homoseksualiteit. De emancipatie van homoseksuelen was in die tijd in Nederland al flink opgeschoten. Eeuwenlang waren ze vervolgd als een minderheid met een perverse seksuele voorkeur; dat benepen oordeel verdween in de jaren zestig en zeventig, maar niet voor de heilige moederkerk. De 'andere seksuele geaardheid', zoals de nette burgerij het wat schroomvallig aanduidde, werd niet langer gezien als een gevaar voor de goede zeden. Mannen en vrouwen konden met hun seksuele voorkeur voor het eigen geslacht uit de kast komen. De houding binnen de protestantse hoofdstroom veranderde in goed twintig jaar van strenge veroordeling tot volledige acceptatie. Homo's en lesbiennes waren welkom in de kerkenraad en op de preekstoel.

Wat konden de progressievere katholieken daartegenover stellen? Heel weinig, want voor de kerk van Rome bleef seksuele omgang van mannen met mannen en vrouwen met vrouwen een doodzonde. De roomse kerk liep jaren achter bij de feitelijke ontwikkeling in de samenleving waar de pastoors in hun parochies mee te maken hadden. Net als bij de komst van de pil destijds ontstond er onder hen behoefte aan herbezinning op het kerkelijk dogma over homoseksualiteit. Daar kwam het niet van omdat de bisschoppen te verdeeld waren. Twee van hen, Simonis en Gijsen, wilden onverkort vasthouden aan de harde kerkelijke norm en de anderen konden niet negeren wat Rome vond. Als een soort surrogaat voor een herderlijk schrijven kwam de Katholieke Raad voor Kerk en Samenleving in 1979 met de brochure *Homofilie in de samen-*

leving. (Voor de duidelijkheid: homofilie is in het kerkelijk jargon meestal de geaardheid, homoseksualiteit het praktiseren.) Hans Bronkhorst, redacteur geestelijk leven van het toen ook al niet meer katholieke weekblad *De Tijd*, had er weinig goede woorden voor over. De goed ingevoerde journalist wist dat het voorzichtig geformuleerde stuk 'uiterst moeizaam' tot stand was gekomen. De homoseksuele gelovigen schoten er niets mee op. Bronkhorst: 'Aan Gijsen en Simonis weten de homofielen tenminste wat ze hebben, namelijk niets. Maar de anderen laten hen feitelijk in de kou staan omdat ze om de kern van de zaak heen draaien.'

De Rotterdamse bisschop Simonis had overigens wel een woord van troost voor de homo's, die door de kerk in feite werden veroordeeld tot een leven zonder seks: 'U bent geroepen tot een liefde van een hogere orde, een liefde die ook zonder seksuele contacten diep menselijk en verrijkend kan zijn.'

In datzelfde jaar, 1979, kwam er nog wel een Katholiek Bureau voor Seksualiteit en Relaties. De Protestantse Stichting voor Verantwoorde Gezinsvorming was toen al meer dan twintig jaar bezig de hervormden en gereformeerden te leren dat ze als gelovigen ook ontspannen met seksualiteit mochten omgaan. Progressieve katholieken konden er jaloers naar kijken. Dat ze in 1979 toch nog hun eigen 'PSVG' kregen was voor een groot deel te danken aan de inspanningen van Wies Stael-Merx, onvermoeibaar strijdster voor meer geestelijke ruimte binnen de katholieke kerk. Bij de start van het KBSR bekende Wies Stael veel verwantschap te voelen met de protestantse stichting. Waarom had het zo lang geduurd voordat zoiets in haar kerk van de grond kwam? In een interview met het dagblad *Trouw* verklaarde zij dat uit het cultuurverschil tussen de beide grote christelijke stromingen. De protestantse kerken waren veel democratischer dan de katholieke. Ze kenden geen paus die in alles het laatste woord had en naar believen bisschoppen kon benoemen. In de protestantse kerken kozen de gelovigen zelf hun voorgangers en kerkenraden die het zelf moesten zien te rooien met gevallen van overspel, seks voor het huwelijk, echtscheidingen en homoseksuele broeders en zusters in hun gemeente. 'Katholieken leerden nooit een eigen geweten te ontwikkelen. Ze geloofden wat ze van de kerk moesten geloven. Bij protestanten liggen leven en leer aanzienlijk minder ver uit elkaar,' aldus Stael.

Hoe wezenlijk het verschil tussen katholiek en protestant was en is, leerde ik ook uit de ervaring van een oudere zus. Zij kreeg rond haar twintigste omgang met een katholieke jongen. Het contact was voor mijn zus serieus genoeg om zich te verdiepen in de leer van de moederkerk en daarom ging ze met haar vriend mee naar zijn catechisatie. Al na een paar bijeenkomsten legde de pastoor haar uit dat ze voor de roomse kerk een hopeloos geval was. Te zeer gevormd in de gereformeerde traditie van diepgaand geloofs- en Schriftonderzoek. 'Je stelt te veel vragen. Je moet gewoon aanvaarden wat de kerk leert.'

Na de seksuele revolutie van de jaren zestig waren in de katholieke gemeenschap de leer en het dagelijks leven vaak heel ver uit elkaar gegroeid. Katholieken zijn, anders dan protestanten, geen scheurmakers en kerkverlaters en velen bleven wel binnen de roomse kerk, al hadden ze vrijwel niets meer met de dogma's en de tradities waar Rome nog altijd pal voor stond. Maar er was ook een harde kern die onvoorwaardelijk trouw bleef aan de paus. De conservatieve bisschoppen Simonis en Gijsen waren hun helden. De reacties uit die hoek op de oprichting van het bureau van Wies Stael waren ronduit vijandig. Een katholieke organisatie voor seksuele hervorming kon gewoon niet, onverenigbaar met de roomse zedenleer! 'Mevrouw Stael zegt zich katholiek te voelen. Dat zal wel jeugdsentiment of nestgeur zijn. Het heeft niets te maken met de "sensus catholicus", dat is het intuïtieve begrip van katholieken voor wat in hun kerk wezenlijk is,' meende een briefschrijfster uit Utrecht. 'Vele vrouwen, jong en oud, ge-wone huisvrouwen en vrouwelijke professoren, geboren ka-tholieken en bekeerlingen, vinden de r.k. kerk juist geloof-waardig om haar leer.' Een andere vrouw, 'bewuste moeder van negen kinderen', schreef met afgrijzen over de cultuur van 'met elkaar zoeken en praten'. 'Gespreksgroepen zijn er wel genoeg. Misschien was het beter dat we samen de rozen-krans baden in plaats van af te wegen hoe ver we wel gaan mogen.'

De oerconservatieve stichting Pro Fide et Ecclesia (Voor ge-loof en kerk) rekende in een lange brief vol vermaningen af met het prille Katholieke Bureau voor Seksualiteit en Relatie. 'Vrijzinniger en ongebondener' dan het KBSR het in zijn eer-ste brochure trakteerde kon niet. Het 'Rooms-Katholiek Ne-derlands Centrum Pro Fide et Ecclesia', zoals het zich voluit noemde, had in de jaren daarvoor in een reeks brochures uit-gelegd waarom de roomse zedenleer was zoals ze was en al-tijd zo zou moeten blijven. Het had geen officiële kerkelijke status maar geld en schrijvers genoeg om de conservatieve boodschap aanhoudend uit te dragen. Zijn geluid is interes-sant omdat het scherp aangeeft hoe ver de vleugels in de Ne-derlandse roomse kerk uit elkaar waren gegroeid. Het hield kantoor in Helmond in het bisdom Den Bosch van bisschop Bluyssen en die schoof weer ongemakkelijk toen ik de naam Pro Fide liet vallen. Vanuit Helmond stuurde de stichting in de jaren zeventig het ene na het andere vermanende pamflet de kerk in. Stael-Merx had zich ook eerder met een werkgroep beijverd voor betere seksuele voorlichting in het katholiek on-derwijs. Kinderen moest een positievere waardering voor het lichamelijke worden bijgebracht. Pro Fide moest daar hele-maal niets van hebben. Seksuele voorlichting in klassikaal verband kon sowieso niet omdat kinderen te verschillend zijn 'in rijpheid, aanleg, milieu en gezinsbeïnvloeding'. Veel erger was het dat 'veel voorlichters niet (meer) op de hoogte zijn van de natuurwet en de authentieke zedenleer van de R.K. Kerk'. De conservatieve stichting legde hier de vinger op wat er in haar ogen misging in het katholiek onderwijs: er werd steeds minder gedaan aan de overdracht van de kerkelijke waarden. 'In 1961 werd bij ons de verplichte schoolmis afgeschaft. Daarna werd er steeds minder aan het geloof gedaan,' vertelde me een tachtiger die altijd in katholieke scholen had gewerkt. 'De speciale vieringen, zoals met Kerstmis en Pasen, werden ook steeds algemener, de specifieke kerkelijke betekenis verdween. Het gevolg is dat de jeugd niets meer weet.'

Met grote zorg zag Pro Fide et Ecclesia dat door de verwatering de nieuwe tijd de katholieke zuil binnensloop. Feitelijk voerde klassikale voorlichting 'aanwijsbaar in een richting die de menselijke waardigheid aantast', zo ging het verder in de brochure die aan voorlichting was gewijd. Vroeger was dat anders. 'We kregen als jongens in de tweede klas seksuele voorlichting maar dat ging vooral over wat niet mocht.' Dat moet eind jaren vijftig zijn geweest, afgaande op de leeftijd van de katholiek die me dit vertelde. Het resultaat van de moderne voorlichting op katholieke scholen was volgens de brochure 'het slopen van de traditionele en natuurlijke normen' en dit leidde weer tot 'een wilde copulatie en de geboorte van vele buitenechtelijke kinderen van onrijpe ouders'. 'Begeerte wordt aangewakkerd doordat sexualiteit wordt ontdaan van haar redelijke en menswaardige karakter en haar het etiket van straffeloosheid wordt opgeplakt.'

Er mocht, zo onderstreepte Pro Fide in haar geschriften, nooit worden getornd aan wat al sinds de eerste eeuwen van zijn bestaan in de kerk van Rome had gegolden. Het huwelijk was een 'blijvende gemeenschap van een man met een vrouw tot het groot brengen van nageslacht'. 'Een geheimzinnige liefdesdrang doet hen de daad stellen die leidt tot het ontstaan van een nieuw mensenleven.' Het huwelijk was ingesteld door God om de voortplanting te regelen en had twee wezenskenmerken: exclusiviteit en duurzaamheid. Binnen het huwelijk was ook het niet 'volledig stellen van de geslachtsdaad' een ernstige zonde. Seks was niet noodzakelijk voor het individueel bestaan. Een mens kon zonder en dus was een leven 'van eerzame onthouding' goed mogelijk. 'De geest moet de vleselijke begeerten in toom houden.' Het schaamtegevoel had in deze goddelijke ordening zijn eigen functie. Het was een door God gegeven natuurlijke bescherming, 'een rem op het voortplantingsvermogen'. 'Reeds de bouw en de verborgen plaats van de sexuele organen in het lichaam wijzen er op dat zij slechts onder zeer bepaalde omstandigheden in functie behoeven te komen.' Voorlichting die hiervan afweek leverde de jeugd uit aan 'de laagste instincten', zo waarschuwde Pro Fide. De wollige en voorzichtige tekst van de eerste brochure van het Katholiek Bureau voor Seksualiteit en Relaties stak schril af bij de radicale taal van de stichting in Helmond. Pro Fide miste bij Wies Stael-Merx en haar medestanders 'de liefdevolle verbondenheid met en gehoorzaamheid aan de Paus van Rome, de zichtbare plaatsbekleder op aarde'. Zo zuiver kon de katholieke zedenleer dus ook jaren na de seksuele revolutie van de jaren zestig nog worden verwoord.

Wat nog het meest verwondert is dat wat Pro Fide et Ecclesia verwoordde de onversneden leer is zoals die volgens de kerk voor alle katholieken officieel gold en praktisch nog geldt. Het was in haar eigen woorden 'gebaseerd op het Woord van God en de authentieke uitleg die daar door de Kerk aan gegeven is'. Die uitleg van de kerk is niet veranderd in de jaren daarna. Het Vaticaan had geen boodschap aan de Nederlandse vrijzinnigheid en geen behoefte aan 'een positievere waardering voor het lichamelijke' zoals Wies Stael-Merx en haar medestanders de katholieken wilden leren. Er kwam onder het bewind van paus Johannes Paulus II in 1992 een samenvatting van de kerkelijke leer, de officiële *Catechismus van de Katholieke Kerk* (in 1995 in het Nederlands vertaald), waarmee de *Nieuwe Katechismus* van Nederlandse makelij, die in 1969 op aanwijzingen van de paus al eens was aangevuld om de ergste dwalingen te corrigeren, definitief naar de prullenmand werd verwezen. De oude vorm met vragen en antwoorden was in ere hersteld. Wat zijn de voornaamste zonden tegen de kuisheid? Antwoord 492 verschaft de katholieken duidelijkheid: 'Ernstig in strijd met de kuisheid zijn, ieder naar de aard van zijn object, deze zonden: echtbreuk, masturbatie, ontucht, pornografie, prostitutie, verkrachting en homoseksuele handelingen.'

Voor elk van deze vergrijpen geeft de catechismus een uitwerking. Onkuisheid zelf is 'een ongeregelde begeerte of een ongeordend plezier in het geslachtelijk genot'. En geslachtelijk genot is 'moreel ongeordend, wanneer men het los van de doeleinden van voortplanting en vereniging, omwille van zichzelf zoekt'. Masturbatie? Mag niet omdat het 'seksueel genot' niet mag worden nagestreefd buiten de huwelijkse relatie. Onder ontucht wordt verstaan 'de lichamelijke vereniging van een man en een vrouw die niet met elkaar getrouwd zijn'. Dat is in strijd met 'de menselijke seksualiteit die van nature gericht is op het welzijn van de echtgenoten, op de voortplanting en de opvoeding van kinderen'. Dat prostitutie en pornografie in deze opvatting uit den boze zijn, spreekt vanzelf. Wie betaalt voor seks schendt 'de kuisheid waartoe zijn doopsel hem verplicht en bezoedelt zijn lichaam als tempel van de Heilige Geest'. Bij pornografie zondigen niet alleen de producenten, acteurs en verspreiders maar ook de kijkers. De burgerlijke overheid moet productie en verspreiding verbieden, zo vindt de katholieke kerk. Homoseksualiteit? 'Homoseksuele handelingen sluiten de seksualiteit af voor de gave van het leven. Ze komen niet voort uit een ware affectieve en seksuele complementariteit. Daarom kunnen ze in geen geval goedgekeurd worden.'

De kerk erkent wel dat er bij veel van die overtredingen verzachtende omstandigheden kunnen zijn. Zo moeten pastores voor 'een rechtvaardig oordeel over de morele verantwoordelijkheid' van masturbanten rekening houden met de 'affectieve onvolwassenheid, de macht van gewoontes, de toestand van angst of andere psychische of sociale factoren die de morele schuld kunnen verminderen of zelfs tot een minimum terugbrengen'. Prostitutie is altijd zwaar zondig maar 'armoede, chantage en sociale druk [kunnen] de toerekenbaarheid van de fout verminderen'. Er zijn mannen en vrouwen bij wie de homoseksuele neiging 'diepgeworteld' is. Voor hen, zo wordt verondersteld, is de 'objectief ongeordende neiging' een beproeving. Deze mensen moeten 'met respect, begrip en fijngevoeligheid' worden behandeld. Dat nog wel, maar de normen in de wereldkerk zijn onveranderd streng. Al eeuwenlang.

14

GEEN GROOT MAAR EEN
GOED GEZIN

Uitgeverij Bosch & Keuning te Baarn had begin jaren zestig
nog alle vertrouwen in de toekomst van de protestants-christelijke zuil. Met een klinkende klaroenstoot kondigde zij in
1961 de geboorte aan van een Prinses. 'Inderdaad, er is een
Prinses geboren en wat voor een Prinses! Een Prinses waarop
de protestants-christelijke vrouwen en meisjes al héél lang
hebben zitten wachten: een Prinses onder de damesbladen.'

De in protestantse kringen bekende uitgever zag dat de
leeshonger onder vrouwen groeide en die markt wilde hij niet
overlaten aan neutrale en katholieke bladen als *Margriet, Libelle* en *Beatrijs*. Er moest ruimte zijn voor een protestants-
christelijk damesblad en dat werd *Prinses*, 'een blad dat zich
niet quasi-neutraal voordoet, maar open en eerlijk, ja fier uit-
komt voor de basis waarop het staat'. Zo lazen de ware protestanten dat graag. Trots uitkomen voor je principes en je
zonder schroom afzetten tegen anderen die zich mooi konden voordoen maar in feite valse profeten waren.

Prinses heeft maar een kleine veertien jaar bestaan en haar
korte leven is een mooie illustratie van wat het protestants-
christelijk volksdeel over zich heen kreeg in de jaren zestig.
Terecht dat de jaargangen van het damesblad een plaats hebben gekregen in het documentatiecentrum voor het protestantisme van de Vrije Universiteit. Thuis waren we vanzelfsprekend geabonneerd, want je moest alles van 'onze richting'
zoveel mogelijk steunen. Het was heerlijk om onze prinses terug te zien bij de vu. De eerste jaargangen ademden nog he-

lemaal de sfeer van het traditionele gezin waarin vader en moeder elk hun eigen rol en verantwoordelijkheid kenden en kinderen werden opgevoed volgens de vertrouwde protestantse principes. De toon was bepaald anders dan die van *Gezond Gezin*, het periodiek dat de Protestantse Stichting voor Verantwoorde Gezinsvorming in diezelfde tijd lanceerde. Terwijl Felix Dupuis en de zijnen in GG probeerden de gelovigen hun krampachtige omgang met seksualiteit af te leren, propageerde de redactie van *Prinses* het ideale gezinsleven, knus en gezellig en vooral heel verantwoord.

Prinses had zoals alle damesbladen in die tijd rubrieken over mode (natuurlijk niet te werelds), koken, breien en andere nuttige handwerken. Ook de advertenties voor scheerwol, wasmiddelen en keukengerei illustreerden dat de vrouw zich vooral met gezin en huishouding bezighield. De keuken en de huiskamer waren haar domein. Kleur bekende het protestants-christelijke damesblad met een rooster voor de dagelijkse Bijbellezing en een feuilleton van Jo van Dorp-Ypma, een in die kringen immens populair schrijfster van goed christelijke romans, waarin veel werd geworsteld door mannen en vrouwen die door het leven zwaar op de proef werden gesteld en hun geloof uiteindelijk toch wisten te behouden. En gekleurd waren ook allerlei rubrieken waar de lezeressen terechtkonden met de vragen waar zij, moeders en dochters, over konden tobben, zeker in de veranderende tijden, die niet helemaal aan *Prinses* voorbijgingen. Er was een vaste bijdrage 'Openhartig', waarin een predikant over 'kerk en maatschappij' schreef, een pedagogische hoek ('omdat opvoeden niet vanzelf gaat') en de algemene vragenrubriek 'Prinses antwoordt', met het vaste kadertje: 'Dit is de pagina waar Prinses u met raad en daad terzijde staat.'

Op deze pagina ging het natuurlijk niet over recepten en breipatronen, maar over levensvragen, zoals mag blijken uit het probleem dat Fientje B. te A. (anonimiteit verzekerd) in februari 1962 aan *Prinses* voorlegde. Ze was, zo schreef Fientje, een paar maal met dezelfde jongen uit geweest en voelde zich al een beetje verloofd. Het leek voor haar het begin van een mooie, intieme relatie maar nu had ze ontdekt dat de jongen ook andere meisjes kuste. Daar had Fientje het erg moeilijk mee en *Prinses* gaf haar helemaal gelijk: 'Er zijn tegenwoordig veel jongens die zeggen: een zoen is maar stof; wie hem niet hebben wil, veegt hem maar af. Hierdoor wordt het een zinledig vermaak. Het is dan geen symbool meer van wat de kus uitdrukt aan innerlijke gevoelens. Begin dus nooit aan kussen zonder zin.' Het was duidelijk wat Fientje te doen stond: 'Fientje, laat die jongen lopen als hij de kus zo ziet en jou uitlacht om je ouderwetse opvatting.'

Het zou de basis voor een christelijke roman in de stijl van Jo van Dorp-Ypma kunnen zijn: een meisje dat haar liefde laat lopen omdat ze het geloof laat prevaleren. Tot hun leedwezen leerden de kerken dat het bij dit soort conflicten steeds vaker de andere kant uitging. In dezelfde sfeer behandelde de *Prinses*-predikant de prangende vraag van een meisje over de omgang met een ongelovige jongen. Het stel had het er kennelijk al eens over gehad want het meisje wist heel zeker dat de jongen 'pertinent niet in God gelooft'. De predikant maakte zich er niet met een jantje-van-leiden vanaf. Immers, de jongen kon ook door God op haar pad zijn gestuurd om hem voor het geloof te winnen en zo zijn ziel te redden. Het risico dat het toch de andere kant op zou gaan en het meisje in de knoop kwam met haar loyaliteiten, God of haar partner, achtte dominee toch te groot. Daarom na alle overwegingen het advies: meisje, doe het niet, wacht tot er een aantrekkelijke jongen uit eigen kring op je pad komt.

De huistheoloog van *Prinses* kende het Opperwezen nog een grote rol toe bij de paarvorming. Hij moest niets hebben van kerkelijke huwelijksbureaus. Dat koppelwerk wees hij principieel af, ook al ging het om het koppelen van geloofsgenoten: 'Als God zo bepaald heeft dat iemand alleen dient te blijven, dan ontbreekt ten enenmale het recht om een huwelijk te forceren.' Dat zich bij zulke bureaus meer vrouwen dan mannen meldden, kon de *Prinses*-predikant wel verklaren. Dat paste bij de traditionele rolverdeling. Mannen mochten meer initiatieven ontwikkelen om aan de vrouw te raken en hoefden daardoor minder vaak bemiddeling van een bureau in te roepen. Zo werden de ongetrouwde lezeressen van huwbare leeftijd op hun plaats gezet. Ze moesten maar gelovig afwachten.

De opvatting dat een goed christen het werelds vermaak moet mijden, kwam regelmatig onversneden naar voren. 'Raak nooit een speelkaart aan,' zo waarschuwde de predikant voor de verkeerde vrijetijdsbesteding. 'Daal liever af in de goudmijn van Gods Woord.' Het ontging de predikant natuurlijk niet dat het onrustiger werd in de eigen kring en dat er onenigheid groeide over wat wel en niet zondig was. Er was van alles aan het schuiven op het protestantse erf. Gelovigen veroorloofden zich steeds meer op de zondag, gingen vaker naar bioscoop en theater, en geboorteregeling in het huwelijk was als 'verantwoorde gezinsvorming' op zijn minst een serieus gespreksonderwerp. De predikant verwees nog maar eens naar de kern van het geloof. 'Er is maar één zonde: niet van God willen zijn, niet tot God willen gaan langs de weg die Jezus heet.' Natuurlijk had de doelgroep van *Prinses* haar eigen plaats en rechten in het goddelijk bestel. 'Onze Heer Jezus Christus heeft het eerst tegen een vrouw gezegd dat Hij de Christus (de beloofde) was en heeft zich na Zijn Opstanding het eerst aan een vrouw (Maria Magdalena) geopenbaard.'

De ook al naamloze schrijfster of schrijver van de opvoedkundige rubriek was vaak wat pragmatischer in haar of zijn adviezen. Een moeder die klaagde over de lectuur die haar zoontje onbedoeld onder ogen kreeg, werd aangeraden daar niet zo zorgelijk over te doen. Een vriendje was komen aanzetten met wat moeder omschreef als 'dubieuze blaadjes uit vaders la'. *Prinses* tilde er niet zo zwaar aan: 'Kinderen van die leeftijd hebben een levendige belangstelling voor dat soort zaken. Ze zoeken ook naar bepaalde trefwoorden in de encyclopedie en zekere passages in de Bijbel.'

De samenleving veranderde intussen en *Prinses* bewoog voorzichtig mee. Het damesblad wilde behalve christelijk ook eigentijds zijn. De covers werden wat frivoler en de toon werd wat vrijer. In de eerste jaargangen was de meest pikante omslag een foto van olympisch kampioene Sjoukje Dijkstra in het korte rokje dat bij het kunstschaatsen is voorgeschreven. Ze droeg er wel een stevige panty onder die de bovenbenen bedekte, wat bij de afweging ter redactie wel eens de doorslag kan hebben gegeven. Begin jaren zeventig mochten ook vrouwen in badpak met blote schouders en bovenbenen op de voorkant van *Prinses*. De moderne jeugdcultuur die uit Amerika was komen overwaaien en door de huistheoloog als leeg en verleidelijk was afgewezen, kon ook wel eens goed uitpakken. 'Hippies kozen voor God', was de geruststellende titel van een lang coververhaal in 1971 over een groep Engelse gelovige aanhangers van de flowerpower.

Prinses kreeg een eigen 'Lieve Lita' voor lezersvragen. Ze heette hier Florence en in haar reacties was ze bepaald vrijer en eigentijdser dan de *Prinses*-predikant uit de eerste jaargangen. Een briefschrijfster die zich ergerde aan het gedrag van haar pasgetrouwde schoondochter kreeg de wind van voren. Schoonmoeder had gezien hoe de jonge vrouw zomaar bij een vreemde man in de auto was gestapt. Dat gaf toch geen pas? Florence rekende af met zoveel wantrouwen: 'Zoek toch niet overal iets achter.' Een ongehuwde moeder klaagde bij Florence over de neerbuigende houding die ze juist van christenen ondervond. Ze kreeg van Florence een ferme bemoedigende klap op haar schouder: 'Geen mens heeft het recht u te verachten. Onder veel moeilijker omstandigheden dan gehuwde vrouwen brengt u uw kind vol liefde en toewijding groot.'

De pittige toon van Florence en de lichtzinniger omslagen mochten *Prinses* niet baten. De oplage, die eerst tot ruim boven de 100 000 was gestegen, daalde van jaar tot jaar. De markt voor dit soort protestants-christelijke lectuur brokkelde af. *Margriet* en *Libelle*, waarin de katholieke *Beatrijs* in 1967 was opgegaan, liepen zeker niet voorop in de seksuele revolutie maar hadden een veel grotere natuurlijke achterban voor een flinke oplage. De kleine gemeenschap van gelovige protestanten leverde simpelweg te weinig lezeressen voor de 'Prinses onder de damesbladen'. Er moest elk jaar meer geld bij en daarom stopte de uitgever er eind 1974 mee. In december verscheen het laatste nummer met huiselijke, niet bijzonder christelijke verhalen als 'Wat dragen bekende vrouwen met Kerst' en 'Wat doet een droogbloem in een kerststukje'. Van de fiere, principiële toon uit het begin was niets meer over in het 'Ten Afscheid' waarin hoofdredacteur Bert Teunis uitlegde waarom het niet meer ging. Er was vooral te weinig aanwas van jongeren. 'Misschien delen wij in de algehele malaise op het christelijk erf.'

De ondergang van het damesblad paste inderdaad helemaal in het beeld van verval dat de protestantse zuil halverwege de jaren zeventig kenmerkte. Het goed christelijke fundament waar de uitgever bij de geboorte van *Prinses* nog vol trots naar had verwezen en op had vertrouwd, was gevaarlijk verzwakt. Aan alle kanten werd gemorreld aan waarden die een generatie geleden nog onwrikbaar hadden geleken. Vooral de grootste 'synodale' gereformeerde kerk was ten prooi aan verwarring en wanorde door heftige botsingen tussen rekkelijken en preciezen, tussen de oude en jonge generatie. De jongeren van 1974 worstelden niet meer zoals Fientje met zinledig zoenen. Ze woonden samen zonder te trouwen en gebruikten de pil. Ouders noemden dat 'hokken', met hoorbaar afgrijzen. Eind jaren zestig was de campus Uilenstede in Amstelveen nog opgeleverd met aparte woontorens voor mannelijke en vrouwelijke studenten. Al snel woonden en leefden de duizenden jongens en meisjes die aan de Vrije Universiteit studeerden er door en met elkaar. Voor de oudere gereformeerden was de VU het symbool van hun geslaagde emancipatie, een eigen universiteit waar hun kinderen volgens de beste principes werden geschoold en gevormd. In duizenden gereformeerde gezinnen stond jarenlang het VU-collectebusje op dressoir of schoorsteenmantel. Nu werd dit bolwerk tegen de 'godloze wetenschap' een broedplaats voor nieuwigheden die de protestantse zuil van binnenuit onherstelbaar zouden aantasten.

Symbool voor de verwording van de Vrije Universiteit in de ogen van de verontrusten werd de theoloog Harry Kuitert, hoogleraar ethiek van 1967 tot 1982 en auteur van een reeks boeken waarin hij steeds meer afstand nam van het geloof van Abraham Kuyper, de stichter van de VU. Kuitert was in de beste gereformeerde tradities als jonge voorganger in een kleine Zeeuwse gemeente begonnen maar ging allengs meer twijfelen aan wat in zijn kerk voor de onwankelbare waarheid werd gehouden. Moest je de verhalen over de schepping en de zondeval in het paradijs uit Genesis letterlijk nemen? Dat was niet vol te houden, hield Kuitert het kerkvolk voor. Daarmee haalde hij een hoeksteen van de gereformeerde zedenleer weg.

De Bijbelgetrouwen begrepen heel goed wat hier op het spel stond en trokken fel van leer tegen zulke dwalingen. 'Deze hoogleraar is het meest onbeschaamd in het propageren van ongereformeerde en onbijbelse denkbeelden. Hij is een openlijke ketter, die het geloof ondermijnt en ook nog de goede zeden,' zo stond in een pamflet de weerzin van een groep verontrusten tegen de nieuwlichterij uit de VU verwoord. Dit schreeuwde om tuchtmaatregelen! Veertig jaar eerder was dominee en hoogleraar J.G. Geelkerken geschorst en uit het ambt gezet omdat hij betwijfelde of de slang in het paradijs wel echt, letterlijk had gesproken. Maar Kuitert mocht blijven en zijn boeken werden niet verbrand omdat, zo stelde de synode in 1973 na jaren van discussie en worsteling veelzeggend vast, 'het intussen gebleken is dat dr. Kuitert ook op de synode in zijn gevoelen niet alleen staat'.

Een eerlijke erkenning dat de tijd van ferme uitspraken over wat wel en niet gereformeerd was achter ons lag. Een groot deel van het kerkvolk was losgeslagen en ging zijn eigen gang, de moraal werd alsmaar losser en elke poging van de kerk zich aan te passen, hoe voorzichtig ook, leidde tot grotere verdeeldheid. De gereformeerden kenden maar één vorm voor seksuele en liefdesrelaties en dat was het monogame, voor het leven gesloten huwelijk. Een goddelijke instelling met als eerste doel het stichten van een gezin. Ze konden er echter niet omheen dat er ook in eigen kring een groeiende tendens was om het kindertal te beperken. Al in 1963 kwam de synode de modernere stroming tegemoet. Geruststellend verklaarde de hoogste kerkelijke vergadering dat 'het niet in strijd is met Gods Woord om op verantwoorde wijze gezinsuitbreiding te voorkomen'. Het gebod 'gaat heen en vermenigvuldigt u' hield dus niet per se de plicht in om zoveel mogelijk kinderen op de wereld te zetten. Christenen, in dit geval de gereformeerden, konden ook hun stempel op de samenleving drukken door zich overal waar dat kon nadrukkelijk als gelovigen te manifesteren. Zo konden ze, goed opgeleid en getraind, mede vormgeven aan de wereld waarin ze leefden. 'Christenen streven niet naar een groot gezin of een klein gezin, maar naar het beste gezin,' zo verzoende de opvoedkundige raadgever van *Prinses* zoveel mogelijk lezeressen met het fenomeen geboortebeperking. De immer ironische kerkredacteur Bert Klei van dagblad *Trouw* vatte het simpel samen.

Gereformeerden mochten voortaan kiezen, ze konden hun best doen in bed of hun best doen op school.

Niemand mocht in deze verruiming een vrijbrief lezen voor het gebruik van pil en condoom door ongetrouwde stellen. 'Elke geslachtsgemeenschap die aan het huwelijk voorafgaat, moet als strijdig met Gods Wood worden veroordeeld,' legde de synode voor alle zekerheid nog maar eens uit. Het huwelijk was een goddelijke instelling waar niet lichtzinnig mee mocht worden omgesprongen. Echtscheiding was taboe, een schande. Alweer botste de leer steeds vaker met de praktijk. Of het nu mocht of niet, ook relaties die in de kerk waren bevestigd en gezegend, konden stuklopen. In 1969 gaf de synode toe 'dat er vanwege onze zondigheid een situatie kan ontstaan waarin echtscheiding onontkoombaar is'.

De godsdienstsocioloog Gerard Dekker gaf zijn boek over de omwentelingen in de Gereformeerde Kerken in Nederland de titel *De stille revolutie*. Revolutionair was het zeker maar geruisloos allerminst. In de gemeenten laaiden de emoties over de verwatering van de leer vaak hoog op. Kuitert werd gehaat en toegejuicht. De predikanten en ouderlingen zagen intussen 's zondags steeds meer lege plekken in de kerkbanken. Sport op zondag was altijd strikt verboden maar toen de gekte rondom de schaatsers Ard Schenk en Kees Verkerk toesloeg, werden de tijden voor de erediensten soms verschoven zodat de gelovigen de rechtstreekse tv-uitzendingen niet hoefden te missen. Bij de minder rekkelijken lokten zulke concessies hevige protesten uit.

'Van tuchtgevallen lezen we na 1970 in de notulen niets meer,' merkte de chroniqueur van het gereformeerde leven van Drachten op. Hij spitte de verslagen van de kerkenraadsvergaderingen door voor het boek dat in 1995 bij het 150-jarig bestaan van de (synodale) Gereformeerde Kerk uitkwam. Tuchtgevallen waren vooral gedwongen huwelijken, overspel en echtscheidingen. Waren die er niet meer in de Drachtster gereformeerde gemeente die op haar hoogtepunt meer dan 12 000 leden telde? 'Integendeel, er zijn er eerder te veel. Er is geen beginnen meer aan,' verzuchtte de schrijver en hij vervolgde met een opsomming van de kwalen waarmee nagenoeg alle gereformeerde kerken in 1970 en de jaren daarna worstelden. De gemeenten krompen door kerkverlaters en voor de achterblijvers was het steeds lastiger de boel draaiende te houden door de 'randkerkelijken' die zich niet lieten uitschrijven maar nergens meer aan meededen. Het moderne leven rukte op in eigen kring. 'Vroeger kwamen echtscheidingen onder gereformeerden maar heel sporadisch voor. Sinds plus minus 1970 rijst het aantal de pan uit,' constateerde de gereformeerde geschiedschrijver. 'De predikanten hollen van het ene drama naar het andere. Soms hoeven ze er niet eens hun huis voor uit.' Een subtiele aanwijzing dat ook dominee en zijn vrouw het niet altijd volhielden 'tot de dood hen scheidt'.

Die praktijken stonden mijlenver af van de jaren waarin de mannenbroeders alle seksuele zondaars streng onder handen namen. Berucht waren de tuchtzaken tegen de schenders van het zevende gebod, 'Gij zult niet echtbreken'. Dat waren overspelige gehuwden en stellen die moesten trouwen omdat het meisje zwanger was geraakt. Zulke zondaars moesten in het openbaar schuld belijden met de hele gemeente als getuige. 'Afgaande op mondelinge overlevering en op wat in gedenkboeken is opgetekend, lijkt het erop dat de zonde tegen het zevende gebod gereformeerde ouderlingen meer heeft bezig gehouden dan welke andere misstand ook,' schrijft Agnes Amelink in haar boek *De gereformeerden* uit 2001. Ze heeft in elk geval gelijk met haar constatering dat deze bejegening buitengewoon vernederend was en oorzaak kon zijn van levenslange schuldgevoelens. Harry Kuitert maakte zo'n 'vermaning' mee als jongetje in de gereformeerde kerk in Drachten, zijn geboorteplaats. In zijn bijdrage als 'oud-Drachtster' aan het jubileumboek van zijn oude kerk maakte hij zich er nog kwaad over: 'Het meest wrede (achteraf dan) vermaan dat ik meegemaakt heb was de openbare schuldbelijdenis van een man en een vrouw. Ze moesten vooraan in de kerk zitten en ten aanhoren van de hele gemeente werd voorgelezen dat ze de zonde tegen het zevende gebod hadden begaan. Hoe konden we het in onze gereformeerde koppen halen om zulke vernederende grappen met mensen uit te halen.' De openbare schuldbelijdenis was voor de woelige jaren zestig al niet meer gebruikelijk maar een gedwongen huwelijk kwam bij de ouders vaak nog hard aan. Ze voelden het 'motje' van hun kinderen als hun eigen falen in de opvoeding.

Zo rekten de gereformeerden de regels steeds verder op en gingen ze steeds meer op gewone Nederlanders lijken. De typische gereformeerde cultuur en levensstijl verdwenen en de kerk paste zich van lieverlee aan. 'Veel veranderingen zijn de Gereformeerde Kerk overkomen,' concludeerde Dekker. Ook de vrouwenemancipatie, weer zo'n tijdsverschijnsel, drong door in de eigen gelederen en werd maar langzaam aanvaard. De door God toegewezen plaats van de vrouw was thuis bij de kinderen en de kerkenraad zag erop toe dat ze daar bleef. De Rotterdamse journaliste Kitty Dam had na het zesde kind weer zin om aan de slag te gaan en weldra verschenen er stukken met haar naam in het christelijke regionale dagblad *De Rotterdammer*. Dit was voor de gereformeerde diakenen aanleiding zich bij haar man, broeder Dam, te melden. Waren er misschien financiële problemen waarom zijn vrouw moest bijverdienen? Dan kon de kerk wellicht hulp bieden zodat zuster Dam niet hoefde te werken. De Rotterdamse kerkenraad had goed begrepen wat de oprichter van de Gereformeerde Kerk in Nederland, Abraham Kuyper, had geleerd. De 'erepositie van de vrouw' was in het huis, zo legde hij in zijn plechtige maar altijd dwingende stijl uit: 'Er is een tweeërlei leven. Een leven in het gezin, in de familie, met de kinderen, dat een meer particulier, en bijna geheel daarbuiten een ander leven in Raden en Staten, op de vloot en in het leger, dat een meer publiek karakter draagt. Deze tweeërlei soorten van leven vragen om zeer onderscheiden gaven en talenten,' schreef de grote leider, bijgenaamd Abraham de Geweldige omstreeks 1900. En laat dat verschil tussen die 'tweeërlei soorten van gaven en talenten' nu net mooi samenvallen met 'het soortverschil tusschen man en vrouw'. Een 'historisch en empirisch gegeven', aldus Kuyper 'En het is op grond van dezen stand van zaken, die niet wij uitgedacht hebben, maar God zelf ons heeft opgelegd, dat de vrouw in het publieke leven niet met den man gelijk staat.'

Zo bleef het tot in de jaren zestig. De man was het hoofd van het gezin en de vrouw moest hem gehoorzamen, zo kregen ze te horen als zij in de kerk trouwden. 'Eerstelijk zult gij, man weten dat God u gezet heeft tot het hoofd der vrouw, opdat gij haar, naar uw vermogen, verstandig zoudt leiden, onderwijzen, troosten en beschermen, gelijk het hoofd het lichaam regeert.' De vrouw diende te weten hoe zij zich 'naar het Woord van God' houden moest jegens haar man. 'Gij zult uw wettigen man liefhebben en eren, ook hem gehoorzaam zijn in alle dingen, die recht en billijk zijn, als uw heer, gelijk het lichaam aan het hoofd en de gemeente aan Christus onderdanig is.' Voor beide partners is er de vermaning dat het zo moet omdat God het zo heeft bevolen. Zo stond het in het kerkelijk huwelijksformulier dat tot 1965 werd gebruikt.

Deze traditioneel christelijke visie, waarin de vrouw ondergeschikt is aan de man, liet de Gereformeerde Kerk in de jaren zestig stapsgewijs varen. Tegenwoordig wordt bij de kerkelijke inzegening geleerd dat het huwelijk 'een door God geschonken mogelijkheid' en is het scherpe onderscheid tussen man en vrouw verdwenen. Ze zijn geheel gelijk aan elkaar. 'Bruid en bruidegom, u zult elkaar liefhebben, zoals

Christus zijn gemeente heeft liefgehad. Zoals Christus zich aan zijn gemeente heeft gegeven, zo zult u elkaar in liefde dienen, in wijsheid leiden en helpen, in geduld elkaar aanvaarden en vergeven.' Volgens Abraham Kuyper mochten de vrouwen dan niet geschikt zijn voor het publieke leven, in de leiding van de kerken waren ze eind jaren zestig zeer welkom. Er was in veel gemeenten een ernstig tekort aan diakenen en ouderlingen omdat steeds minder broeders zin hadden in dit ooit prestigieuze vrijwilligerswerk. Zo kreeg de vrouw na ruim drie eeuwen haar plaats in de kerkenraden en zelfs op de preekstoel.

Begin jaren tachtig verschenen er kort achter elkaar twee rapporten van de synode die de grote omwentelingen in de Gereformeerde Kerk in feite bezegelden: *God met ons* en *In liefde trouw*. De hoogste kerkelijke vergadering legde hierin de gemeenten met mooie woorden uit dat het geloof der vaderen had afgedaan. De Bijbel was niet van kaft tot kaft Gods onfeilbaar Woord en droeg onmiskenbaar de sporen van mensenwerk. 'De bijbel biedt geen kant en klare recepten om ons leven naar Gods wil in te richten.' Dit ging lijnrecht in tegen wat de stichters van deze kerk in de vorige eeuw had bezield. De kerk moest rekening houden met 'ontwikkelingen rond seksualiteit, huwelijk en gezin waar we in onze eigen samenleving mee in aanraking komen'. Zo werd het Schriftgezag terzijde geschoven en kwam alles wat er eeuwenlang over de functie van de seksualiteit en de rolverdeling tussen man en vrouw was beleden op losse schroeven te staan. Het was nog maar een kwestie van tijd of ook homoseksuele relaties kregen kerkelijke goedkeuring. In 1987 riep de synode de kerken op 'tot volledige aanvaarding van homofiele gemeenteleden, ook in de ambten'. Dat was in veel gemeenten al de praktijk. Abraham Kuyper zou in zijn graf hebben liggen woelen, had hij ervan gehoord. In 1904 trok hij in de Tweede Kamer nog alle registers open tegen psychiaters die homofilie als een medisch en niet als een moreel vraagstuk benaderden. Hij vond dat zulke uitingen moesten worden verboden want ze waren een aanslag op de publieke zedelijkheid.

De rapporten markeren ook het schisma in de gereformeerde stroming. De crisis trof vooral de hoofdstroom, de synodale gereformeerde kerk, waar de leiding de greep op de kudde verloor en in de verwarring maar meeging met wat er in Nederland veranderde. Elke stap in de richting van de vrijzinnigheid werd met tandengeknars op de rechtervleugel begeleid. Altijd waren er krampachtige pogingen de eigen kring te beschermen tegen de wereld daarbuiten. Mijn biologieleraar op de christelijke hbs in Drachten kwam halverwege de jaren zestig nog in conflict met zijn bestuur omdat hij aandacht besteedde aan de evolutietheorie van Charles Darwin. Daar kregen zijn leerlingen als hoger opgeleiden later vast mee te maken en dan moest je er toch iets van weten, vond hij. Zijn bestuur vond van niet. Wat voor zin had christelijk onderwijs nog als er twijfel werd gezaaid over het scheppingsverhaal? 'Dus u vindt dat wij van de apen afstammen,' zei de voorzitter van het schoolbestuur vol ongeloof tegen de leraar. Altijd was er de vrees dat er van het geloof uiteindelijk niets zou overblijven als je aan het gezag van de Bijbel ging knagen. Pas in 1967 herriep de gereformeerde synode de uitspraak van 1926 dat de slang in het paradijs echt had gesproken.

Rechts op het gereformeerde spectrum volgden de kleinere orthodoxe groeperingen de woelingen bij de 'synodalen' hoofdschuddend, dankbaar dat hun zoveel spanningen en crisis bespaard bleven. De vrijgemaakten stelden met voldoening vast dat het toch heel goed was geweest zich in 1944 af te scheiden. Zij konden nu in eigen kring de nalatenschap van Abraham Kuyper bewaren. 'Klein rechts' reageerde zelfverzekerd en overtuigd van het eigen gelijk op de omwentelingen in de maatschappij die de traditionele christelijke moraal in de kern raakten. De synodalen raakten in hun ogen van God los en gingen steeds meer op vrijzinnige hervormden lijken. Zij prezen zich gelukkig dat ze niet vatbaar waren voor de moderne dwalingen. Ze hielden nog tientallen jaren vast aan de strenge opvattingen over huwelijk en seksualiteit.

15

VAN BEPROEVING
NAAR GAVE

De orthodoxe protestanten houden de moderne, onkerkelijke wereld met haar technologische zegeningen en wisselende modetrends niet helemaal buiten de deur. Zo kan in deze tijd een gereformeerde predikante van de zware kant via internet de vraag voorgelegd krijgen of 'Brazilian wax' voor God verantwoord is. Het gebeurde op refoweb.nl, 'de grootste reformatorische community', waar protestantse christenen met geloofsvraagstukken terechtkunnen bij een panel van theologen en gelovige hulpverleners. De kwestie werd aangekaart door een jongeman. Hij zat ermee dat zijn vriendin, met wie hij al anderhalf jaar serieuze omgang had, van tijd tot tijd haar schaamhaar liet verwijderen door een schoonheidsspecialiste. En dat terwijl hij haar nog nooit naakt had gezien.

Over de gebruikte methode, 'Brazilian wax', kon het panellid dat deze zaak voor haar rekening nam weinig zeggen. Wat zou de Schrift ook kunnen leren over ontharing van de schaamstreek met hars? Over naaktheid was voor de predikante theologisch veel meer te verhapstukken. Mag een jonge vrouw aan een schoonheidsspecialiste tonen wat zij voor haar vriend nog verborgen houdt? Zo'n vraag leent zich voor principiële fijnproeverij. Mag het van God? Dat hangt af van het motief voor de ontharing. Doet ze het voor de hygiëne, dan valt het onder functioneel naakt en dat mag, net als bij de dokter. Als het haar alleen maar te doen is om 'modieus te zijn', dan is het zondige ijdelheid.

Ze zijn er nog, de Bijbelvaste christenen met een onwankelbaar geloof in God de Vader, de Zoon en de Heilige Geest, voor wie de Bijbel geldt van kaft tot kaft en die trouw zijn aan de uitleg die daaraan door de eeuwen heen is gegeven. En ze mijden de nieuwe media niet. Ze gebruiken de zegeningen van internet om de blijde boodschap uit te dragen, om elkaar te bemoedigen en de les te lezen. Protestantse christenen leerden altijd dat het geloof veel onderhoud vraagt omdat het anders, net als je huis, snel achteruitgaat. De wekelijkse kerkgang was niet genoeg en daarom was er een rijk verenigingsleven met praatclubs en gespreksgroepen waar jong en oud werd geschoold in de tekstuitleg en men elkaar scherp hield. De sociale media blijken erg geschikt te zijn voor die toerusting en onderlinge bevruchting en bemoediging. Er is een keur aan websites en blogs waar theologen en leken in de weer zijn met de juiste betekenis van de oude teksten, de dwalingen en de bedreigingen van deze tijd. Ik heb me er uren mee vermaakt. Soms waande ik me terug bij de catechisatie en de knapenvereniging in de consistorie achter de Noorderkerk in Drachten, net als het christelijke verenigingsgebouw Irene en de christelijk-nationale school in hetzelfde buurtje allang gesloopt om plaats te maken voor eigentijdse appartementen. Zoals zoveel vormende instituten zijn afgebroken.

De stelligheden over God en de Bijbel die de hoofdstroom van hervormden en gereformeerden in de vorige eeuw kwijtraakte, zijn op de goed christelijke internetfora nog volop aanwezig. Het medium is nieuw, de boodschap en het taalgebruik zijn traditioneel. Gods schepping is goed maar is door de mens bedorven en daarom is het aards bestaan vol beproevingen en worstelen mensen met sterke vleselijke begeerten, in het elektronisch tijdperk misschien wel meer dan ooit. Een term als de 'gebrokenheid van de schepping' duikt veelvuldig op in de evangelische en reformatorische hoeken van het internet. En toch is er in die kringen iets aan het veranderen.

Hoeveel orthodoxe protestanten er nog zijn in Nederland is niet heel precies te zeggen omdat ze verdeeld zijn over minstens een dozijn gereformeerde, hervormde en evangelische kerkverbanden en nog vele tientallen ongebonden geloofsgemeenschappen, van huiskamergroepen van religieuze doe-het-zelvers tot gemeenten met vele honderden gelovigen. Volgens de gangbare schatting zijn het er rond de 550 000. Een goede indicatie is het aantal stemmers op de kleine christelijke partijen, de SGP en de ChristenUnie, dat schommelt tussen de 450 000 en 500 000. Protestants Nederland is vanouds sterk versplinterd. Het huis van de Vader heeft vele woningen, zo heet dat mooi Bijbels. Het is een gevolg van de protestantse traditie waarin het volk van kindsbeen af vertrouwd werd gemaakt met Gods geschreven Woord. Op de katholieke kostscholen kon je straf krijgen omdat je zelf in de Bijbel las, voor gereformeerden was dat juist een eis. Protestanten lieten uitleg en duiding van de Schrift nooit alleen aan hun voorgangers over maar konden zich in het rijke kerkelijke verenigingsleven zelf tot amateurtheologen ontwikkelen, net zo tekstvast als de beroepslui. Die intensieve omgang met Gods Woord, waarbij teksten woord voor woord werden ontleed, was niet altijd zegenrijk. Ze leidde vaak tot principiële discussies op de vierkante millimeter, theologische muggenzifterij, die dan weer de zoveelste afsplitsing of scheuring inluidden. Twee protestanten bijeen en je hebt een geloofsdispuut, drie en je hebt een kerkscheuring.

Orthodox Nederland is geen homogeen blok, zeker niet in levensstijl. Dwars door het protestants-christelijk volksdeel loopt de scheiding tussen de traditionele zware reformatorische richting, zeg maar de zwartekousenkerken, en de moderne evangelische beweging, de halleluja-christenen, de bijnaam die ze te danken hebben aan de uitbundige blijmoedigheid waarmee ze hun geloof belijden en beleven. Uiterlijk lijken ze helemaal niet op de ernstige, sobere gereformeerden en hervormden zoals die 's zondags nog in steden en dorpen op de Zeeuwse en Zuid-Hollandse eilanden, de Veluwe en plaatsen als Urk, Staphorst en Rijssen in Overijssel ter kerke gaan. Dat zijn er overigens niet veel meer, want in die kringen zijn de kledingvoorschriften al flink verwaterd. Moderne evangelischen dragen geen donkere pakken en stropdassen, lange rokken en hoedjes maar gaan in bonte vrijetijdskleding naar de erediensten die ze zelf graag 'vieringen' noemen. Ze zingen veel, geen psalmen en gezangen op hele noten, maar opwekkingsliederen. Ze laten zich daarbij niet begeleiden door zware orgelklanken maar door 'praisebands' met gitaren en drums en koortjes die 'vocal groups' heten. In de Bijbellezing, prediking en liedteksten ligt het accent op de blijde boodschap van het evangelie. De liefde van God de Vader en zijn Zoon Jezus Christus is eindeloos en is er voor iedereen. Het leven is bijna kinderlijk eenvoudig wanneer je eenmaal God de Heer in je hart hebt gesloten en hij jou in het zijne. Liederen en preken in deze evangelische stroming zijn in wezen vooral variaties op de tekst van het zondagschoolliedje 'Blij, blij, ik ben zo blij, want Jezus is een vriend van mij'.

Het is een totaal andere sfeer dan die waarin de zware gereformeerden en hervormden zich onderwerpen aan 'de bediening van het Woord'. Hun zwaarmoedigheid kent nuances en ze gaan zeker niet allemaal in zondags uniform naar de preek, maar louter vreugde is het leven nooit voor deze gelovigen. 'Het leven is lijden, het sterven gewin', zo luidt de als troostend bedoelde tekst die nog wel eens in overlijdensadvertenties wordt gebruikt. De Vlaamse dichter Guido Gezelle mag dan een roomse pastoor zijn geweest, de bevindelijke protestanten herkennen zich volledig in zijn liedtekst 'Het leven is een kruisbanier moedig tot in Gods handen dragen'. Daar zit alles in: strijd, getuigen en het vertrouwen op een vreugdevolle voortzetting na het tobberige aardse leven. Beide stromingen komen elkaar tegen in de Evangelische Omroep, met zo'n 440 000 leden de grootste organisatie op de rechterflank van protestants-christelijk Nederland, opgericht in 1967 uit onvrede met de NCRV, die te weinig aan geestelijke muziek zou doen.

Orthodoxe christenen kunnen elkaar verketteren om nuances die minder gelovigen volledig ontgaan en daarom leek het mij knap lastig voor de leiding van de EO om beide stromingen in zijn achterban tevreden te houden. De jonge EO-directeur Arjan Lock erkende desgevraagd dat zijn omroep te maken heeft met grote cultuurverschillen. 'We hebben te maken met een traditionele achterban, zeg maar de familie Vergeer in het oosten van het land. Ze zijn al veertig jaar lid en ze gaan 's zondags trouw twee keer naar de kerk. Op de andere flank hebben we Yvonne en Richard die zondagochtend naar een viering gaan en 's middags een eind gaan wandelen en dan ergens een glaasje wijn drinken.'

De moderne, luchtiger levensstijl valt niet direct samen met verlichte principes en opvattingen over huwelijk en seksualiteit. De moderne halleluja-christenen zijn wat minder van de ge- en verboden dan hun bevindelijke, reformatorische geloofsgenoten. Hun zondagse bijeenkomsten zijn vooral bedoeld om hun geloof te vieren en elkaar te bemoedigen en daarin passen de traditionele bedreigingen met hel en verdoemenis niet zo goed. Achter dat vertoon van blijdschap gaan vaak heel traditionele, conservatieve christelijke opvattingen schuil. Het veelvuldig gebruik van het Engels verraadt de invloed uit de Verenigde Staten. Daar zijn de evangelische christenen een sterke conservatieve kracht die de traditionele seksuele moraal nog aan de hele samenleving probeert op te leggen. Ze roeren zich heftig op de rechterflank in de Republikeinse partij. Ze zijn sterk tegen abortus en homoseksualiteit en rekenen alle politici daarop af. In deze kringen vinden we de dochters die in een soort trouwplechtigheid hun vaders beloven dat ze hun maagdelijkheid tot de eerste huwelijksnacht zullen bewaren voor die ene partner met wie ze de rest van hun leven zullen delen. Op een van de sites van deze 'evangelicals' stelde een jongeman de vraag wat nou precies de Bijbelse grond was voor het verbod op seks voor het huwelijk. Hij had die zelf niet kunnen vinden, maar haastte zich erbij te vertellen dat hij en zijn vriendin het samen beslist wel zuiver wilden houden. Vier Bijbelkenners leggen het hem graag uit in soms lange betogen die uitmondden in krachtige veroordeling van de tijdgeest. 'In het moderne leven hebben we geen werkelijke gemeenschap in de volle betekenis van het woord, we copuleren alleen maar.'

Geen kandidaat met ambities voor het presidentschap, de Senaat of welk ambt dan ook kan deze streng christelijke activisten helemaal negeren. Hun voorgangers schrikken er niet voor terug de ongelovigen en andersdenkenden te waarschuwen dat ze voor eeuwig verloren zijn als ze volharden in hun goddeloze dwalingen. Voor mijn werk ben ik vaak in Amerika geweest en op zondagochtenden zapte ik graag langs de vele relikanalen waar het Woord nog onversneden wordt uitgedragen. Veel opgewekt gezang, hartstochtelijke belijdenissen, uitbarstingen van grote dankbaarheid voor de goedheid des Heren, maar ook strenge vermaningen en bedreigingen met eeuwige verdoemenis. Van tijd tot tijd verwerft zo'n van de tv bekende charismatische preektijger even wereldfaam omdat hij aan zijn eigen wettige echtgenote niet genoeg had om zijn vleselijke begeerten te bevredigen en daarom gebruikmaakte van een meestal jongere vrouw uit zijn aanhang. Dat maakt ze niet bescheidener in hun waarschuwingen aan twijfelaars en ongelovigen.

De sfeer in reformatorische hoek die van de internetfora opstijgt, lijkt op die in de grotere protestantse kerken in de jaren zestig en zeventig. Er is verwarring en verontrusting. Aan de ene kant is de toon waarop seksualiteit wordt behandeld losser en minder krampachtig dan toen. Seks is niet meer alleen een beproeving maar ook een gave Gods waar mannen en vrouwen van mogen genieten. Daartegenover staan de waarschuwingen tegen de nieuwe tijdgeest en de vermaningen daar vooral niet aan toe te geven maar de christelijke seksuele moraal onverkort te bewaren. De schermutselingen lijken een herhaling van de twisten die de hervormden en gereformeerden enkele decennia geleden doormaakten. Dat vindt ook de hoogleraar Ad de Bruijne, bij wie ik mijn licht opstak over de seksuele moraal in zijn kerk, de gereformeerd vrijgemaakte, met een kleine 125 000 leden verreweg de grootste van het reformatorische smaldeel. Hij ziet bijvoorbeeld een 'treffende parallelliteit in de discussies rondom homoseksualiteit', een brandende kwestie in de orthodoxie. De vrijmoedigheid van de rekkelijken doet denken aan de toon die de protestantse voortrekker Felix Dupuis vijftig jaar geleden aansloeg in zijn missie de gelovigen aan een beter seksleven te helpen. *Samen genieten* is de veelzeggende titel van een boek dat medewerkers van Eleos, een grote gereformeerde stichting voor geestelijke gezondheidszorg, samenstelden. Een van de auteurs is Kees den Hamer, vrijgemaakt gereformeerd en als seksuoloog en psychotherapeut werkzaam bij de Zwolse vestiging van Eleos. 'Uit eigen achterban kwam de kritiek dat de seksualiteit te open en bloot zou zijn behandeld. Dat hoorde in de slaapkamer thuis. Maar ik vind het belangrijk dat men weet wat er in de slaapkamer kan,' lichtte hij toe toen ik met hem de eigentijdse christelijke seksuele moraal doornam. Het is helemaal de geest van Dupuis uit de vorige eeuw.

'Eerlijk omgaan met eigen seksualiteit,' staat boven een artikel van de oud-legerpredikant Dick Langhenkel dat zonder schroom op de site van het evangelisatietijdschrift *Groei* werd geplaatst. 'U bent als man een seksueel schepsel, daarom doen erotische en pornografische afbeeldingen iets met je. Daar hoeft geen man zich voor te schamen.' Langhenkel keert zich tegen de oude schijnheiligheid en roept de mannen op niet te strijden 'tegen uw erotische verlangens en seksuele driften'. 'Onze strijd is niet tegen erotiek en seksualiteit. Wie daartegen strijdt, doet niets anders dan verdringen wat God ons als vreugde heeft gegeven.' Erotische verlangens zijn immers door God gewild. 'Deze verlangens verliezen echter al hun glans en vreugde als we ze verdringen of er als konijnen achteraan rennen.' Het is niet de taal waarmee de erfgenamen van Johannes Calvijn en Abraham Kuyper over hun seksualiteit wensten te spreken. Erotiek was voor hen geen 'gave Gods', meer een beproeving. De nadruk ligt bij schrijvers als Den Hamer en Langhenkel minder op seks als de noodzaak voor de voortplanting en meer op de plezierige functie in het huwelijksleven. 'God gaf de lichamelijke aantrekkingskracht tussen man en vrouw in de allereerste plaats als een mogelijkheid om hun liefde tegenover elkaar tot uiting te brengen,' meldde een ander artikel op de site van *Groei*. Op het Christelijk Informatie Platform, met wortels in de zware hoek, maakte een hulpverleenster onderscheid tussen seks uit begeerte en uit liefde: 'Jongeren zien seks als iets vies of als iets vreselijk lekkers dat ze zo vaak mogelijk met zoveel mogelijk mensen willen doen, puur uit lust dus. Dit zijn uiteraard twee uitersten en beide zijn niet van God afkomstig. Seks is iets prachtigs tussen mensen die van elkaar houden en met elkaar getrouwd zijn. Dichter kun je niet bij elkaar komen, zowel lichamelijk als psychisch.'

Refoweb.nl prijst zich aan als de grootste reformatorische community en biedt inderdaad een boeiend beeld van de worsteling met de seksuele moraal in de orthodoxe kringen. Het heeft een levendig forum en een veelbezochte vragenrubriek. Op het forum wordt druk en openhartig gekletst over verliefdheid, verkering, verloving, samenwonen, seks voor het huwelijk, zwangerschap en opvoeding. Op het anonieme internet kan dat veel vrijpostiger dan in een gespreksgroep in een kerkzaaltje. De moderators en de deelnemers bedienen zich ook naar de eisen van het nieuwe medium van schuilnamen. In de vragenrubriek komen de kerken zelf aan het woord en is de toon ernstiger. Hier leggen de gelovigen hun soms zeer persoonlijke en intieme vragen voor aan een panel van deskundigen. Dat zijn vertegenwoordigers van de reformatorische gezindte, predikanten uit de orthodoxe kerken, de rechtervleugel van de fusiekerk PKN en hulpverleners van stichtingen als Eleos en het zeer behoudende Different, dat in 2012 onder vuur kwam door ophef over therapieën voor homoseksuelen (zie hoofdstuk 16). Bezoekers kunnen reageren op de antwoorden van de panelleden. Reacties die in strijd zijn met het deskundige advies worden geweerd.

Het gaat op refoweb.nl uiteraard meestal over minder frivole onderwerpen dan ontharing van de schaamstreek. Het zijn de traditionele problemen, zoals gelovigen veertig, vijftig jaar eerder al durfden voor te leggen aan dokter Dupuis in *Gezond Gezin* en waar de allereerste christenen in het Romeinse Rijk zelfs al mee worstelden, zodat de apostel Paulus zich er al mee bezig moest houden. Het lijkt van alle tijden te zijn dat man en vrouw niet evenveel behoefte aan seks hebben en dat de verschillen in de lustcurve spanningen in het huwelijk veroorzaken. Verschil met *Gezond Gezin* is dat de panelleden op refoweb.nl graag verwijzen naar Bijbelteksten die antwoord kunnen geven. In de gevallen waarin de man vaker wil dan de vrouw is dat een passage uit de eerste brief van Paulus aan de Korintiërs: 'En een man moet zijn vrouw geven wat haar toekomt, evenals een vrouw haar man. [...] Weiger elkaar de gemeenschap niet, of het moest zijn dat u er wederzijds mee instemt u enige tijd aan het gebed te wijden. Kom daarna echter weer samen; anders zal Satan uw gebrek aan zelfbeheersing gebruiken om u te verleiden.' Paulus reageert hier op 'vragen waarover u mij schreef', ook toen al.

Praktischer dan de apostel is seksuoloog Kees den Hamer die op refoweb.nl suggereerde dat zelfbevrediging van de man de spanning binnen het huwelijk kan oplossen. Daarbij kan de vrouw wellicht zelfs een handje helpen, wat past in de opvatting dat seks een uiting van wederzijdse liefde en genegenheid moet zijn. 'Ik ken christelijke echtparen die bij "grote nood" elkaar helpen door de echtgenoot bijvoorbeeld met de hand te bevredigen.' Het is een opmerkelijk advies van deze vrijgemaakte hulpverlener voor een geloofsgemeenschap waarin 'de zonde van Onan', die zijn zaad vermorste en dat met de dood moest bekopen, nog zwaar kan drukken. Den Hamer: 'Nergens in de bijbel staat dat God masturbatie heeft verboden.' De geplaatste reacties op zijn advies waren vooral bemoedigend voor de vrouw die het probleem voorlegde. 'Probeer er samen uit te komen.' Er meldde zich nog wel een mopperaar: 'Ik dacht dat het refoweb bedoeld was voor religieuze zaken, niet voor seksuele problemen.'

Den Hamer vertegenwoordigt de verlichte stroming in het panel. Aan de andere kant van het spectrum staan de zware predikanten die strooien met Bijbelteksten en als ultieme remedie voor alle soorten problemen het goede gesprek en het eerlijke gebed aanbevelen. Zij waarschuwen juist voor de gevaren van een samenleving waarin seks en erotiek zoveel ruimte krijgen, waarin porno in de huiskamer doordringt, en wisselende seksuele contacten normaal worden gevonden. Al die vrijheden en verleidingen maken seksualiteit weer tot een beproeving voor christenen die de Bijbelse geboden trouw willen blijven. 'Er schuilen grote gevaren in de seksindustrie. Bij verkeerde omgang met seksualiteit blijven wrange vruchten over. De tere liefde ontbreekt en de verkeerde driften gaan de huwelijkse relatie bepalen,' waarschuwde de hervormde dominee P. Molenaar een pasgetrouwd stel dat schreef 'erg van elkaar te genieten' en zich afvroeg of ze ook hulpmiddelen mochten gebruiken en elkaar ook oraal mochten bevredigen.

In reformatorische en evangelische kringen lijkt anticonceptie nauwelijks nog een strijdpunt te zijn. Dat kan zijn omdat ze wel weten dat anticonceptie niet mag en er daarom geen woorden aan hoeven te besteden. Het kan ook zijn dat ze, net als de katholieken en synodaal gereformeerden in de jaren zestig, pil en condoom gewoon zijn gaan gebruiken, wat hun kerken er ook van vinden, zonder er verder ruchtbaarheid aan te geven. Kees den Hamer houdt het op die laatste verklaring. 'Over het gebruik van voorbehoedmiddelen bestaat binnen de orthodoxe kring nog wel een moreel oordeel, maar er wordt op grote schaal gebruik van gemaakt. Er wordt doorgaans over gezwegen en door die onbesprokenheid wordt het gebruik juist weer gemakkelijker.' De gezinsgrootte wijst in dezelfde richting. In de zware reformatorische hoek komen nog wel omvangrijke gezinnen voor, maar veel orthodoxe christenen houden de kinderzegen beperkt. In een 'lesbrief' op de *Groei*-site vinden we ook weer de visie dat seksualiteit niet in de eerste plaats voor de voortplanting is bedoeld. God gaf de 'lichamelijke aantrekkingskracht tussen man en vrouw' in de 'allereerste plaats als mogelijkheid om hun liefde tegenover elkaar tot uiting te brengen'. Daarnaast wil 'God deze gave gebruiken om hen kinderen toe te vertrouwen. Over het aantal kinderen wordt niet gesproken, wel over de bereidheid kinderen op te voeden.' Hoeveel kinderen ze aankunnen is de individuele verantwoordelijkheid van ieder echtpaar, 'een vraag die met God besproken mag worden'. Een man zei het in een reactie op refoweb.nl wat korter: 'God zegt wel vermenigvuldigt u, maar niet hoe vaak...'

Het is vrij algemeen aanvaard dat van de huwelijksdaad niet altijd kinderen hoeven te komen, zo bevestigt ook professor De Bruijne. Hoe ze zwangerschap willen voorkomen mogen de echtparen kennelijk zelf bepalen. De Bijbel zegt niets over de mogelijkheden die de medische wetenschap tegenwoordig biedt; ook niet over sterilisatie, zoals een predikant desgevraagd op refoweb.nl opmerkte. Dat leverde hem wel direct een reactie van een traditionele gelovige op. 'God staat maar één methode om zwangerschap te voorkomen toe en dat is onthouding.' Het afbreken van een ongewenste zwangerschap wordt nog wel in bredere kring afgewezen. Abortus is moord, ook in het prilste stadium van het nieuwe leven, en daarom is ook zoiets als de morning-afterpil verboden. De moderne medische mogelijkheden bezorgen de orthodoxie hier nieuwe morele kwesties. Bij bevruchting met behulp van de reageerbuis, de ivf-methode, waar geen principiële bezwaren tegen bestaan, kunnen er ongebruikte bevruchte eicellen in de vriezer achterblijven. Het is nieuw leven in de klassieke opvatting, en dus is vernietiging gelijk te stellen aan abortus, aan moord.

Getob over anticonceptie is eenvoudig te vermijden door erover te zwijgen. Voor de seksuele zonde tegen het zevende gebod, de echtbreuk, geldt dat niet want een echtscheiding kun je nu eenmaal niet verborgen houden voor de familie en de omgeving. Echtscheidingen zijn voor de zware hervormden en gereformeerden nog een groot kwaad waarover veel te doen is. Daar heeft de Nederlandse praktijk waarin huwelijken net zo eenvoudig kunnen worden opgezegd als een arbeidscontract, niets aan veranderd. 'In het huwelijk schept God een verbintenis voor het leven, die mag de mens niet verbreken,' schrijft Bert Loopstra, predikant van de Christelijke Gereformeerde Kerken, op zijn blog. Wie eigen man of vrouw verlaat, zondigt en daar kunnen familie, vrienden en andere medegelovigen niet zomaar aan voorbijgaan. Als de echtbreker een broer of zus is dan is er de plicht, zo leert dominee Molenaar (PKN, hervormd), 'om te bestraffen en te blijven zeggen dat het niet te aanvaarden is omdat de Bijbel het verbiedt'. Hij waarschuwt voor het gevaar dat in deze tijd 'zondigen tegen het zevende gebod gaat wennen'. 'Hoe vaak hoor je niet: ze zijn toch weer gelukkig getrouwd. Terwijl de Heere de echtscheiding haat.' Daarvoor verwijst hij naar het laatste boek van het Oude Testament waarin de profeet Maleachi de staf breekt over huwelijksontrouw: 'Speel niet met je leven en behandel de vrouw van je jeugd niet trouweloos. Want de Heer, de God van Israël, zegt dat hij het verafschuwt wanneer een man zijn vrouw wegstuurt.' Een vrijgemaakt panellid gaf een lang antwoord aan een man die sterke gevoelens had voor een andere vrouw en in zijn eigen huwelijk weinig geluk meer beleefde. Hij zou toch verder moeten met zijn echtgenote want: 'Gevoelens voor een ander kunnen de trouwbelofte, die de kracht heeft van een eed, nooit ongedaan maken.' Ook onder de aanhang van reformatorische en evangelische kerken zijn er meer scheidingen dan vroeger. 'Het komt vaker voor door overspel en dat is een gevolg van de grotere seksuele vrijheid in het algemeen,' zegt dr. De Bruijne over de praktijk in de vrijgemaakte kerk.

De zonde tegen het zevende gebod blijkt ook nog een bron van gewetensnood voor gelovige jongeren te zijn. 'Gij zult niet echtbreken,' wordt in orthodoxe kring uitgelegd als een strikt verbod op alle seks buiten het huwelijk. Een jongeman worstelde er mee dat hij verschillende korte affaires had waarbij het vooral om seks ging. Hij voelde zich schuldig maar verviel steeds weer in hetzelfde zondige gedrag. Het panel verwees hem naar stichting Eleos voor therapie. Seks voor het huwelijk is taboe en als het toch gebeurt, dan is er voor de orthodoxen nog altijd alleen die ene uitweg: schuld belijden voor God en daarna snel trouwen. Als een jongen en een meisje het eenmaal met elkaar hebben gedaan, zijn ze voor het leven aan elkaar verbonden. Door de gemeenschap is hun relatie voor God al definitief geworden, ook zonder tussenkomst van de ambtenaar van de burgerlijke stand. Een dominee pleitte daarom op refoweb.nl voor niet te lange verkeringen want 'de verleiding wordt alsmaar groter. Er zijn zoveel prikkels in deze tijd.' Een meisje dat zichzelf 'een modern christen' noemde, zat er mee dat ze verschillende keren 'te ver is gegaan'. Ze besefte dat het zondig is maar wilde haar vriend niet teleurstellen en dan gebeurde het toch weer. Trouwen kon nog niet want daar hadden ze geen geld voor. Het christelijk-gereformeerde panellid maakte er korte metten mee. Zonde is zonde en dat heeft met moderniteit niets te maken. 'Je leeft in zonde en dat weet je. Je wilt je vriend niet teleurstellen maar je doet de HEER verdriet.' De eerste reactie op deze terechtwijzing was nog harder: 'Je moet gewoon je geilheid beheersen.'

Dit is nog helemaal in de geest waarin de kerken de christenen eeuwenlang hebben opgevoed. Ze schiepen de taboesfeer rondom seksualiteit, waardoor 'de mens vervreemdde van een wezenlijk deel van zijn identiteit', zoals ex-non en theologe Karen Armstrong het verwoordde. Ondanks de veel grotere openheid zijn zondebesef en gewetensnood nog volop te vinden op de nieuwe media. De liefde van God mag eindeloos zijn, het blijft ingewikkeld het leven in te richten naar zijn wil en eisen. Zo dook er op refoweb.nl een jongere op die wroeging had omdat hij naar popmuziek luisterde en naar films keek. Hij probeerde deze wereldse geneugten te mijden maar de verlokkingen zijn te groot in deze tijd. Terwijl het antwoord toch voor de hand lag: 'Stop met je eigen afkickpogingen en buig je knieën en belijd je zonden aan de Heere Jezus en vraag of Hij je leven met Zijn heerlijke aanwezigheid wil vervullen.' De lichamelijke lust mag een gave Gods zijn, de opdringerige vleselijke begeerten zijn nog vaak ware beproevingen in de kringen die het geloof der vaderen, de nalatenschap van Calvijn en Kuyper, zo zuiver mogelijk willen behouden.

16

EEN VUILE BRON VAN WANBEDRIJVEN

'Mijn professionele ervaring met het thema homoseksualiteit in orthodox-christelijke context stemt niet vrolijk.' Psychiater Gerrit Glas zei het als eerste spreker in januari 2012 op een speciale studiedag van de vrijgemaakt gereformeerden wat voorzichtig maar raakte wel meteen de kern. De ware christelijke orthodoxie kan zich maar niet verzoenen met homoseksualiteit. Een bijna onoplosbaar probleem voor de traditionele reformatorische en evangelische kerken die hun eigen identiteit willen bewaren in het moderne Nederland dat, vergeleken met de rest van de wereld, nog altijd vooroploopt met de emancipatie van homo's en lesbiennes. Het is een onderwerp voor veel beschouwingen en bijzondere bijeenkomsten 'om er samen uit te komen' maar die vooral de verdeeldheid en verwarring onderstrepen.

Glas is verbonden aan Dimence, een instelling voor geestelijke gezondheidszorg in het oosten van het land waar naar verhouding meer streng gereformeerden en hervormden wonen dan in de rest van Nederland. Voor de studiedag waar hij sprak waren zo'n tweehonderd belangstellenden naar Kampen gekomen, meest kaderleden van de vrijgemaakte kerk: predikanten, ouderlingen, jeugdwerkers en hulpverleners. Om de sfeer te proeven waarin de gelovigen deze heikele kwestie bespreken, was ik naar Kampen afgereisd om me te mengen onder het puikje van de grootste reformatorische kerk in Nederland. Aan het begin van de middagsessie barstte het gezelschap los in een lofzang op Gods heerlijke schepping, de bergen, wolken en rivieren die van zijn almacht getuigen. En ik begreep weer het verlangen naar de overzichtelijke tijden waarin de kerk nog in het midden stond en de gereformeerden zeker wisten een uitverkoren volk te zijn. Van zo'n samenzang gaat een bemoedigende kracht uit, heerlijk voor het groepsgevoel. De wereld van godverzakers en kerkverlaters lijkt ver weg. In eigen kring kunnen ze elkaar nog overtuigen van die ene waarheid en doet het er nauwelijks toe dat hun opvattingen mijlenver afstaan van wat in de samenleving breed wordt gedeeld.

Psychiater Glas wond er geen doekjes om. De ongemakkelijke omgang met homoseksualiteit in deze zwaar christelijke kringen is een bron van allerlei psychische problemen. Jongeren onderdrukken hun seksuele gevoelens en raken vreselijk in de knoop met hun geloof. Als ze breken met de kerk, zijn het de ouders die zich angstig afvragen wat ze verkeerd hebben gedaan nu hun kind voor eeuwig verloren dreigt te gaan. Op refoweb.nl zijn de voorbeelden van de worstelingen te vinden. 'Vanaf mijn twaalfde begon ik mij te realiseren dat ik homoseksueel ben. Ik bid elke dag om van mijn gevoelens af te komen of er mee te leren leven. God is niets verplicht maar Hij ziet toch dat ik het niet aan kan?'

Kerken die ook liefde en barmhartigheid prediken kunnen zulke noodkreten niet negeren. De harde leer zit de pastorale zorg vaak in de weg. Onder die druk gingen de gereformeerde en hervormde hoofdstromen in de vorige eeuw al overstag. Ondanks alle strenge Bijbelteksten en eeuwenoude krachtige kerkelijke veroordelingen accepteerden ze praktiserende homofielen volledig, de ene gemeente wat sneller dan de andere, eerst schoorvoetend maar uiteindelijk zonder voorbehoud en gesteund met uitspraken van de hoogste kerkelijke vergaderingen. Daaraan gingen wel jaren van heftige disputen, verwarrende verklaringen en grote verdeeldheid vooraf. Dat is het stadium waarin de kleinere reformatorische en evangelische kerken dertig jaar later terecht zijn gekomen, zo denkt ook Ad de Bruijne, hoogleraar ethiek aan de (vrijgemaakte) Theologische Universiteit in Kampen.

De vrijgemaakten hadden weinig last van de maatschappelijke woelingen die christelijk Nederland in de vorige eeuw in de kern raakten. De Bruijne verklaart dit uit de ontstaansgeschiedenis. In het donkerste oorlogsjaar 1944 splitsten ze zich af van de gereformeerde hoofdmacht. 'Het meest orthodoxe deel werd vrijgemaakt. Ze lieten geen vrijzinnigheid toe. De vrijmaking was ook een nieuwe versie van de verzuiling. Ze stichtten hun eigen scholen, organisaties, krant en partij. Ze waren daardoor minder vatbaar voor nieuwigheden van buiten.' Langzamerhand drong de moderne wereld de kerk toch binnen en ontstonden er discussies over zaken als geboortebeperking, echtscheiding, de vrouw in het ambt en, niet in de laatste plaats, homoseksualiteit. Dit laatste noemt De Bruijne een 'urgent thema' in zijn kerk, wat betekent dat de tegenstellingen en emoties hoog oplaaien. De studiedag in Kampen was een poging om toch tot een voor ieder geldende kerkelijke uitspraak te komen.

Officieel is sinds de 'vrijmaking' in 1944 nog niet veel veranderd aan het standpunt over homoseksualiteit: het mag niet. Er zijn zeker zes Bijbelteksten die daar duidelijk over zijn. De bekendste zijn enkele passages uit de brief van de apostel Paulus aan de christelijke gemeente van Rome die we al eerder tegenkwamen. 'De vrouwen hebben de natuurlijke omgang geruild voor de tegennatuurlijke, en ook de mannen hebben de natuurlijke omgang met vrouwen losgelaten en zijn in hartstocht voor elkaar ontbrand. Mannen plegen ontucht met mannen [...].' (Romeinen 1: 26 en 27) In de Statenbijbel, nog steeds in gebruik in bepaalde orthodoxe kringen, klinken afkeuring en walging krachtiger door: '... ook de mannen, nalatende het natuurlijk gebruik der vrouw, zijn verhit geworden in hun lust tegen elkander, mannen met mannen schandelijkheid bedrijvend.' Het draait om het begrip tegen-natuurlijk, wat in de Bijbelvaste kringen hetzelfde is als tegen de door God geschapen orde.

De vrijgemaakte predikant Maarten van Loon onderzocht diepgaand of de woorden van Paulus ook twintig eeuwen la-ter alleen maar als een strikt verbod op homoseksualiteit kun-nen worden gelezen. Bedoelde de apostel met 'tegennatuur-lijk' wel dat homoseksualiteit tegen Gods schepping en dus zondig is? Van Loon denkt van wel en schreef er een boek over, *In liefde trouw?*. Op de studiedag in Kampen herhaalde hij zijn belangrijkste conclusie: 'Uiteindelijk kom ik uit bij het standpunt dat de Bijbel ook voor vandaag geen ruimte laat voor homoseksuele relaties.' Volgens ethicus De Bruijne denkt de grote meerderheid van de vrijgemaakte predikanten er net zo over. 'Maar de pastorale praktijk dwingt soms tot een andere houding. Kerkenraden zijn de facto wel eens toleran-ter.' Zelfs dominee Van Loon worstelt met de onverbiddelijk-heid van de uitkomst van zijn studie. Waarom zou de kerk strikt monogame relaties van twee mannen of twee vrouwen die elkaar in liefde eeuwige trouw hebben gezworen niet kun-nen accepteren? 'Persoonlijk heb ik er geen vrede mee om-dat ik dit verbod op geen enkele manier inzichtelijk heb kun-nen maken. Op zichzelf kan dat geen reden zijn om een ge-bod van God naast me neer te leggen.' Gehoorzaamheid aan God, ook al druist het tegen je gevoel in, dat is de ware ortho-doxie.

De vrije evangelischen zijn al wat verder met de acceptatie, al is de verdeeldheid in deze kleinere protestantse gemeen-schap ook nog levensgroot. De Bond van Vrije Evangelische Gemeenten belegde in 2010 al zo'n bijzondere themadag over homoseksualiteit. Alleen al het uitschrijven van de bij-eenkomst lokte afkeurende reacties uit. De lijst met sprekers op deze bijzondere bondsvergadering zegt veel over de tegen-stellingen rondom het onderwerp: twee predikanten (beiden heteroseksueel) van wie de ene homorelaties wel wil inzegenen en de andere beslist niet, en drie gelovige homoseksuelen, twee met een vaste relatie, dus 'praktiserend', de derde bewust celibatair levend.

De Vrije Evangelische Gemeente Rotterdam reageerde in 2008 positief op het verzoek van twee vrouwen om hun relatie in te zegenen. Daaraan gingen heel wat gesprekken in de kerkenraad en met de leden vooraf. 'Er waren pijnlijke momenten in de gesprekken, zowel voor voor- als tegenstanders,' memoreerde Jaap Brederveld, die als voorganger het traject leidde. Hij was een van de sprekers op de themabijeenkomst. De kerkenraad besloot uiteindelijk dat naast het huwelijk van man en vrouw 'ook andere levensverbintenissen van twee personen als een verbond van liefde en trouw voor Gods aangezicht kunnen worden gezegend'. Dominee Brederveld: 'In een samenleving waarin mensen zich beroepen op verschillende heilige boeken, kunnen we niet meer toe met: het mag niet omdat het in de Bijbel (of in de Koran) staat.' Een standpunt waarin de realiteit van Rotterdam, met meer moslims dan gelovige protestanten onder de inwoners, duidelijk doorklinkt.

Zijn collega Kasper Kruithof uit het landelijke Oldebroek stond hier als tweede spreker op de bondsvergadering lijnrecht tegenover. De Bijbel laat volgens gelovigen als Kruithof geen enkele twijfel bestaan: 'Door heel de Schrift heen blijkt dat God de seksualiteit heeft bedoeld als thuishorend in het huwelijk. [...] Alle seksuele handelingen en relaties vóór en buiten het huwelijk worden in de Bijbel afgewezen als zonde. En daarmee dus ook de homoseksuele praktisering en het homohuwelijk. Homoseksualiteit past niet bij de natuurlijke orde die God heeft ingesteld bij de schepping.' Wie geen monogaam heteroseksueel huwelijk 'wil of kan aangaan, mag geen seksuele gemeenschap met anderen hebben'.

Orthodoxe gelovigen houden homo's en lesbiennes vaak

voor dat zij niet de enigen zijn die zich moeten inhouden. Kruithof: 'Overigens vraagt God niet alleen van homoseksuelen om in (seksuele) reinheid te leven. Hij vraagt dat van ieder mens!' Ook op refoweb.nl wordt regelmatig verwezen naar anderen die in onthouding moeten leven. Gedeelde smart is halve smart. De christelijk-gereformeerde predikante Els van Dijk riep 'homo's die dat in aanleg zijn' op niet toe te geven aan hun verlangens. 'Ik ken voldoende homofiele mannen die gekozen hebben voor een leven van zuiverheid, dus niet samenwonen, geen activering van een seksueel leven. Dat moet ik zelf ook als alleenstaande.' Seksuoloog Kees den Hamer van de gereformeerde stichting Eleos vindt dat in deze redenering een wezenlijk verschil over het hoofd wordt gezien. 'De ongehuwde heteroseksuelen kunnen altijd de hoop hebben dat er nog eens iemand op hun weg komt met wie ze kunnen trouwen en een volwaardige relatie aangaan, inclusief seks. Dat is hun niet verboden. Die hoop kan en mag een homoseksueel in de orthodox-christelijke omgeving niet hebben. Hij mag niet hopen op een relatie die invulling geeft aan haar of zijn seksuele behoeften.' Dominee J. Hoek uit de zware hoek van de PKN waarschuwde op refoweb.nl homo's dat het een leven lang tobben blijft, maar niet alleen voor hen. 'Strijd tegen zondige gevoelens voor het andere geslacht duurt tot onze laatste snik.'

Een medestander op de vrije evangelische bondsdag had de Oldebroeker predikant Kruithof in Herman van Wijngaarden, van de Hervormd-Gereformeerde Jeugdbond, en celibatair homofiel. Op grond van de Bijbel kiest hij voor onthouding en spreekt zijn medechristenen daarop aan. 'Als je bij het gesprek over homoseksualiteit geen beroep kunt doen op het gezag van de Bijbel, hoe moet je het er als kerk dan nog wél over hebben?' Gelovigen die Gods Woord wel ter harte nemen en toch menen dat dit een homorelatie 'in liefde en trouw' niet afwijst, begrijpt hij niet. 'Want ergens kan ik het mij nog steeds niet voorstellen: hoe kun je nu echt de Bijbel serieus nemen en toch zeggen dat het oké is om een homoseksuele relatie aan te gaan?' Met 'de opgave van de onthouding' heeft hij het bij tijd en wijle moeilijk. 'Het is waar: dat God van mij vraagt geen seksuele relatie aan te gaan, is niet prettig. Maar ik ben geen christen om het hier en nu zo prettig mogelijk te hebben.'

Bekend pleitbezorger van volledige acceptatie van homoseksuelen in de protestantse kerken is Ruard Ganzevoort, hoogleraar praktische theologie aan de Vrije Universiteit. Hij was eerst met een vrouw en is nu met een man getrouwd. Hij schreef met twee medewerkers, Erik Olsman en Mark van der Laan, een boek over 'de spanning tussen kerk en homoseksualiteit' met de titel *Adam en Evert*. In de inleiding suggereren de auteurs dat het ook 'Ada en Eva' had kunnen zijn, maar feit is dat seksuele relaties tussen mannen het meest besproken zijn in de kerken. Zowel de vrije evangelischen als de vrijgemaakten hadden hem uitgenodigd voor hun themadagen over deze in hun kringen zo gevoelige kwestie. De vrijgemaakte studiedag in Kampen noemde Ganzevoort 'een belangrijke dag over het verkeerde onderwerp'. De kerken zouden wat minder moeten redekavelen over homoseksualiteit. Strategisch onverstandig want het plaatst hen in een verkeerd licht. 'De laatste, zeg maar dertig jaar, is homoseksualiteit centraal komen te staan in heel veel kerken. Ik heb een predikant horen zeggen dat homoseksualiteit het grootste pastorale probleem is wat je kunt bedenken. Maar ik kan nog wel een paar pastorale problemen bedenken die volgens mij ingewikkelder zijn, voor de betrokkene ingrijpender, die theologisch veel zwaarder en problematischer zijn.'

Zoveel staat er in de Bijbel nu ook weer niet over de kleine minderheid van mensen die zich seksueel tot het eigen geslacht voelt aangetrokken. Met wat er wel geschreven staat weet de praktische theoloog Ganzevoort wel raad. Lees het in de historische en culturele context. Andere tijden, andere culturen, andere regels. Er staan meer regels in de Bijbel die onbruikbaar zijn in de tegenwoordige samenleving. Geen christen in Nederland durft dood door steniging nog aan te bevelen als de passende straf voor overspelige echtgenotes of meisjes die hun maagdelijkheid verloren voor de eerste huwelijksnacht. Waarom dan wel vasthouden aan de rigide uitleg van die paar teksten over homoseksualiteit?

Protestanten waren altijd meesters in de exegese, de inleg- en uitlegkunde om hun (veranderende) opvattingen te verzoenen met het Schriftgezag. Bij de disputen over homoseksualiteit is dat niet anders. In de tijd van Paulus was Rome vergeven van seksualiteit en erotiek. In het Romeinse Rijk ging de burgerij zich ongeremd te buiten aan alle vormen van seks, de homoseksuele varianten niet uitgezonderd. Bewaard gebleven muurschilderingen van Pompeji spreken boekdelen. Paulus' vermaningen aan de Romeinse christenen waren een reactie op de bandeloosheid in de samenleving waarin de eerste christenen als kleine minderheid hun weg probeerden te vinden. Het waren de excessen die de weerzin van Paulus opwekten, en niet alleen van hem. Ganzevoort in zijn verhaal voor de Bond van Vrije Evangelische Gemeenten: 'Paulus heeft het hier over de ontaarding. Mensen zijn God kwijt en dat uit zich onder andere in homoseksualiteit. Maar bedoelt hij daarmee nu te zeggen dat homoseksualiteit in zichzelf verkeerd is?' In oudtestamentische tijden werden er veel afgoden gediend en homoseksualiteit was iets van die andere religies, de afgoderij. Vandaar de strenge bewoordingen waarin de God van Israël zijn normen stelde, maar die kunnen nu niet meer letterlijk worden genomen, vindt Ganzevoort. Wie letterlijk de oude tekst volgt, kan tot vreemde opvattingen komen. De VU-hoogleraar wijst in dit verband wel eens naar de uitleg die orthodoxe Joodse homo's aan Leviticus 18:22 geven. 'Bij een manspersoon zult gij niet liggen met vrouwelijke bijligging: dat is een gruwel,' staat er in de Statenbijbel, en volgens Ganzevoort doet deze vertaling recht aan de Hebreeuwse grondtekst. Orthodoxe joodse homo's lezen dat wel als een verbod op seks met mannen liggend in bed. 'Zolang je beiden maar rechtop blijft staan, is er niets aan de hand.'

Op dezelfde bijeenkomst voerde dominee Erwin de Fouw een even sterk pleidooi voor een lossere omgang met de Schrift. In de kleine evangelisch-lutherse kerk waar De Fouw begon als predikant gingen in de jaren zeventig de wissels al om. Homohuwelijken konden worden ingezegend en homo's en lesbiennes werden toegelaten tot het avondmaal en de kerkenraden. De Fouw voelde zich er als praktiserend homoseksueel meteen helemaal thuis. Hij roemt 'de grote ruimte die er wordt geboden aan de eigen verantwoordelijkheid van ieder mens. [...] Vrolijk orthodox in de leer, vrijzinnig in het leven. Zo kun je het misschien omschrijven.'

Met hun vrijere omgang met Gods Woord vertegenwoordigen Ganzevoort en De Fouw de hoofdstroom binnen de Protestantse Kerk in Nederland, de PKN, waarin ook de evangelischen-luthersen zijn opgegaan. Deze Bijbeluitleg is de ware orthodoxen een gruwel. Zij onderscheiden zich juist nadrukkelijk door de strenge uitleg van de Schrift. De moderne gelovigen 'plaatsen de tijdgeest boven de Bijbel', klaagde dominee H. Paul van de Gereformeerde Gemeenten op refoweb.nl. 'Dat is manipuleren met het Woord, waardoor men steeds verder van God afgaat. Het is treurig dat kerken hierin een voortrekkersrol vervullen.'

Adam en Evert van Ganzevoort, Olsman en Van der Laan bevat een aantal persoonlijke verhalen die een scherp beeld geven van de verdeeldheid in orthodox Nederland over homoseksualiteit. De evangelische lesbienne Mieke en haar vriendin voelen zich volledig aanvaard. 'Het is voor ons heel normaal om samen naar de kerk te gaan en samen ons geloof te beleven. Soms zou ik het in de kerk wel van de daken willen schreeuwen: "Ik ben gelukkig en hou van die vrouw." Aan de andere kant staat de vrijgemaakte Hans: 'Ik ben homo en ik ga binnenkort trouwen. Met een vrouw.' Hij heeft homoseksuele gevoelens maar vindt dat hij geen relatie met een man moet aangaan. 'Ik zou het wel willen maar ik kan het voor mijn geloof niet verantwoorden. Trouwens, dan zou ik ook met mijn kerk en familie moeten breken.' De meest radicale opvatting tekenden de auteurs op uit de mond van de 24-jarige Jim, actief in een 'volle evangelie gemeente'. Hij ziet de geleidelijke acceptatie van homoseksualiteit in de kerken als het werk van de duivel. 'Het is alsof duivelse machten de kerk in hun greep hebben. Daarom kom ik zo graag in bijvoorbeeld Afrika. Daar beseft men nog dat we een geestelijke strijd tegen de demonen moeten voeren en daar beseft men ook dat homoseksualiteit een gruwel is.'

Een huiveringwekkende getuigenis voor wie bedenkt dat in de meeste Afrikaanse landen homoseksualiteit nog bij wet verboden is en minstens vier staten nog de doodstraf voor homoseksueel geslachtsverkeer kennen. In vrijwel heel Afrika moeten homo's en lesbiennes zich zien te handhaven in een ronduit vijandige cultuur en kunnen ze zich nooit helemaal veilig voelen zolang in de strafwet is vastgelegd dat wat zij doen verkeerd is.

In Nederland schreef de regering in 2011 'seksuele diversiteit' voor als een verplicht onderwerp in het basisonderwijs. Over hun bedoeling lieten de pleitbezorgers geen misverstand bestaan. Ook de leerlingen van streng christelijke en islamitische scholen moeten weten dat er mannen zijn die op mannen en vrouwen die op vrouwen vallen en dat daar niks mis mee is. Dat laatste zullen de zwaarste orthodoxen altijd blijven betwisten, wat de overheid en de rest van de samenleving daar verder ook van vinden. Ze zullen de jongens, meisjes, mannen en vrouwen met gevoelens voor het eigen geslacht blijven aanmoedigen niet toe te geven en veel te bidden.

Het is allemaal terug te voeren op de erfzonde van Adam en Eva in het paradijs waardoor de schepping is bedorven. 'Het onvervuld verlangen is een symptoom van de gebrokenheid van het leven op deze aarde,' schreef dominee Hoek op refoweb.nl in zijn antwoord op de hulpvraag van een 35-jarige man die vecht tegen zijn homoseksuele gevoelens. Hij verlangt naar een relatie met een man. 'Toch wil en kan ik het niet omdat de Heere het niet wil, maar ik ben ook maar een mens.'

Voor veel christenen begint het daar te wringen. Wat te doen met broeders en zusters die oprecht christen zijn en in de kerk willen blijven maar hun seksuele identiteit niet willen verloochenen? Het is de kern van de discussie en de verwarring in de orthodoxe kerken. Kerken hebben voor dit soort zondaars nog altijd het middel van de tucht. Het begint met vermaningen en uitsluiting van het avondmaal. De laatste stap is verwijdering uit de kerk. Pijnlijke trajecten waar veel kerkenraden liever niet aan beginnen. Professor De Bruijne signaleert in zijn vrijgemaakte kerk een afname van het aantal tuchtzaken en vindt dat goed. 'Tucht helpt niets.' Overigens wachten veel homoseksuelen de bui van de kerkelijke vermaning niet af. Volgens De Bruijne verliet de afgelopen jaren een derde van de vrijgemaakte homoseksuelen die uit de kast kwamen hun kerk. 'Schokkend,' zo oordeelt hij, een grote zorg voor de kerk.

De directe omgang met homo's en lesbiennes in hun kudde is bij de protestanten in eerste aanleg een zaak van de lokale gemeente met haar eigen voorgangers en kerkenraad. In *Adam en Evert* staat een interessante briefwisseling tussen de kerkenraad van een gereformeerde gemeente met een homoseksueel die belijdenis wil doen. De raad begint met de vaststelling dat de Bijbel duidelijk is over het 'ontoelaatbare van homoseksuele handelingen'. Zelfs de neiging tot zulke handelingen is zondig 'zoals de geneigdheid tot alle zonden zondig is'. Toch is er voor gelovigen met die geneigdheid 'volledig plaats binnen de Christelijke gemeente', maar dan moeten ze wel aan een aantal voorwaarden voldoen. De kerkenraad, 'geroepen om de Sacramenten heilig te houden', somt op: De homoseksuele man die belijdenis wil doen moet beloven 'te strijden tegen zijn geneigdheid, geen geslachtsgemeenschap te hebben met iemand van gelijk geslacht en alles te vermijden op dit gebied dat ergernis kan verwekken in de gemeente, zoals al te nauwe contacten of het samenwonen met iemand van gelijk geslacht'. Dit laatste is een echo uit een cultuur die nog niet eens zo heel lang achter ons ligt in Nederland en waarin homo's maar beter in de kast konden blijven om de burgerij niet te ergeren.

Zo proberen de ambtsdragers de kerk zuiver te houden, waarbij ze van de individuele leden offers vragen. Alle christenen moeten immers altijd bereid zijn offers te brengen en te lijden, zoals ook de naamgever van hun beweging heeft geleden. De bereidheid om te lijden werd ook uitgesproken in het studiemateriaal voor de vrijgemaakte studiedag. Christelijke organisaties moeten misschien onder de maatschappelijke druk de Bijbelse lijn minder strikt vasthouden dan de kerk zelf. 'De kerk zelf mag voor zulke druk niet zwichten, en moet zo nodig zelfs bereid zijn om Christus' wil te lijden.' De in onthouding levende homofiele Herman van Wijngaarden getuigde ervan op de themadag van de vrije evangelischen. 'Ik ben christen omdat ik deel wil uitmaken van de waarheid over Gods Koninkrijk dat komen gaat. Op de weg daarnaar toe volg ik Jezus en krijg ik – daarin is de Bijbel heel eerlijk – te maken met zelfverloochening en kruis dragen. Voor mij heeft dat onder andere te maken met het afzien van een seksuele relatie, voor een ander het opofferen van een carrière of met het trouw blijven aan een partner van wie hij weinig liefde meer ontvangt. Dat is allemaal niet makkelijk, maar het staat God vrij om van een christen een offer te vragen. Dat is niet onredelijk en het hoeft ons ook niet te verbazen. Hij heeft ons nooit iets anders beloofd.'

Van Wijngaarden, werkzaam in de Hervormd-Gereformeerde Jeugdbond, is wel voorstander van een positievere waardering van homofilie in orthodoxe kringen. 'Ook homo's hebben op hun manier behoefte aan liefde en vriendschap. [...] Heel concreet: ik geloof dat het fout is wanneer twee mannen seks met elkaar hebben. Maar daarom hoeft het nog niet fout te zijn als ze elkaar knap vinden, van elkaar houden, vriendschap met elkaar sluiten.' Professor De Bruijne bepleit min of meer hetzelfde voor de vrijgemaakte kerk. 'De uitdaging voor de kerk is om homo's niet tegemoet te treden met een negatieve ethische boodschap ("geen seksuele gemeenschap") maar met een positieve ethische uitdaging ("ligt hier misschien jouw speciale roeping?"). Daarbij kan worden gedacht aan het voorgaan in de vorming van nieuwe intense en intieme christelijke vriendschappen.' Een andere spreker op de vrijgemaakte studiedag, Ad van Dussen, ging nog verder: 'Mogen ze voor Gods aangezicht zijn wie ze zijn? Laat ze toe tot het avondmaal.' Hij is van de kleinere Nederlands Gereformeerde Kerk.

Voor de orthodoxe protestanten blijft seksualiteit een riskant terrein waar het risico het eeuwig leven te verspelen voortdurend manifest is. Ze zien geen andere keuze dan Gods geboden zo goed mogelijk na te leven en te hopen op Gods genade, die ze niet hebben verdiend en waar ze alleen om kunnen smeken. 'Herschep mijn hart en reinig Gij, o Heer, de vuile bron van al mijn wanbedrijven.' (Psalm 51:5 oude berijming, nog steeds in gebruik bij de uiterst rechtse kerken). In de nieuwe berijming vraagt de dichter alleen een hart dat 'leeft in 't licht' en is de vuile bron verdwenen.

Alle zondaars wacht uiteindelijk het lot voor eeuwig verloren te gaan. Een homo die wel eens toegeeft aan zijn gevoelens beseft dat hij zondigt en vraagt zich af of hij daardoor al met 'één been in de hel staat'. Het antwoord: 'Nee, maar je bent wel met je beide benen en je beide handen en je hart vloek- en doemwaardig voor God.' Doemwaardig, zo hard kan het voor de mensen zijn te moeten leven in 'een gebroken wereld', vol verlokkingen.

17

HOMOGENEZERS EN
HET HOMOKWABJE

Dinsdag 17 januari 2012 was weer zo'n dag waarop verlicht Nederland zich realiseerde dat er gelovigen met rare opvattingen bestaan. De hele dag ging het in het nieuws op radio, televisie en internet over de tot dan vrijwel onbekende stichting Different. Het begon met het verhaal in dagblad *Trouw* dat de door en door christelijke stichting therapieën tegen homoseksualiteit aanbood en dat deze door de ziektekostenverzekeraars werden vergoed.

De georganiseerde homobeweging en haar supporters in Den Haag kwamen onmiddellijk in het geweer. Homoseksualiteit voorstellen als een ziekte, dat leek nergens naar. Tweede Kamerleden, altijd op het vinkentouw om met de actualiteit te scoren, spoorden minister van Volksgezondheid Edith Schippers aan in actie te komen tegen deze ergerlijke praktijk. De verontwaardiging daverde de hele dag door de oude en de nieuwe media en de vvd-minister ging er graag in mee. Nog diezelfde middag kondigde ze aan dat ze deze misstand zou opruimen en de Inspectie voor de Gezondheidszorg op Different had afgestuurd.

Twee weken later kantelde het beeld. De inspectie had de therapieën van Different bestudeerd en vastgesteld dat ze wel door de beugel konden. De zwaar orthodoxe stichting probeerde geen homoseksuelen te genezen, ze bood alleen hulp aan gelovige homofielen die worstelden met hun seksuele gevoelens. Dat is een therapie die verzekeraars mogen vergoeden, zo liet de minister aan de Tweede Kamer weten. De boosheid over achterlijke christelijke opvattingen leek wat voorbarig te zijn geweest.

Different reageerde met de superioriteit van iemand die wist toch wel gelijk te zullen krijgen maar hield toch op zijn minst de schijn tegen. Zelf verbaasde het me dat de stichting zo snel met de schrik vrijkwam want de opvatting dat homoseksualiteit een aandoening is waarvan een mens kan genezen, leeft wel degelijk in reformatorische en evangelische kringen waarin Different is geworteld. Ze komt voor in tal van beschouwingen over dit voor streng gelovige christenen zo omstreden onderwerp. Op refoweb.nl duikt Different zelf regelmatig op met reacties op hulpvragen en daarin worden homoseksuele gevoelens meestal voorgesteld als iets problematisch waar je vanaf moet zien te komen. Kenmerkend is bijvoorbeeld het antwoord aan een achttienjarig meisje dat zich zorgen maakt over haar seksuele geaardheid. Ze had negatieve ervaringen met jongens en heeft nu gevoelens voor meisjes. Zou ze misschien lesbisch zijn? Tja, hoe komt het dat iemand zich seksueel aangetrokken voelt tot het eigen geslacht? De hulpverlener van Different somt een aantal mogelijke oorzaken op: het karakter, negatieve ervaringen in de kindertijd zoals seksueel misbruik en gebrek aan liefde, afwijzing door leeftijdgenoten, de gezinssituatie, de hulp bij moeilijke gebeurtenissen, het kan allemaal de ontwikkeling van de eigen seksuele identiteit verstoren. 'Het is niet mogelijk om één oorzaak van homoseksualiteit aan te wijzen. Meestal gaat het om een combinatie van factoren die er toe bijdraagt dat iemand deze gevoelens ontwikkelt.' Over een aangeboren geaardheid wordt niet gerept. Overigens moet de vragenstelster zich niet te veel zorgen maken. 'Je bent nog volop onderweg om volwassen te worden.'

Een iets oudere hulpzoeker met 'verkeerde gevoelens' kreeg van Different te horen dat er nog iets aan zijn ontwikkeling mankeerde. 'Je voelt je aangetrokken tot iemand van hetzelfde geslacht omdat je in je eigen geslachtsidentiteit niet tot volheid bent gekomen. [...] Belangrijk is dus de homoseksuele gevoelens goed te lezen; deze zeggen dus niet dat je homo bent of zoiets.'

De teneur is duidelijk. Aan homo's en lesbiennes is op zijn minst een steekje losgeraakt. Deze opvatting is ook al eens verwoord door de kardinaal André-Joseph Léonard, sinds 2010 aartsbisschop van Mechelen-Brussel, toen hij uitlegde waarom homo's geen priester kunnen zijn. 'Aangezien een priester een man moet zijn, moet hij ook in het reine zijn met zijn mannelijkheid. [...] Als iemand zo is geëvolueerd dat hij geen normale betrekking voelt tot het andere geslacht, dan klopt er toch iets niet.' Orthodoxe protestanten en rooms-katholieken mogen historisch gezien aartsvijanden zijn, ze staan tegenwoordig schouder aan schouder bij de verdediging van de door God gegeven natuurlijke ordening waarin alleen de man-vrouwrelatie past.

De opvatting dat homoseksualiteit een ziekte is, wordt onverbloemd en zelfs agressief uitgedragen aan de andere kant van de oceaan. Een bekende profetes van deze leer is de Amerikaanse Leanne Payne. Ze schreef een reeks boeken waarvan verscheidene in het Nederlands zijn vertaald met veelzeggende titels als *Crisis in mannelijkheid, Gods tegenwoordigheid geneest* en *De genezing van de homoseksueel,* dat van de Nederlandse uitgever de volgende aanbeveling kreeg: 'Een moderne mythe zegt dat je niets kunt veranderen aan je seksuele geaardheid. Leanne Payne toont in dit boek het tegendeel aan.' Zelf had ze een diepongelukkig huwelijksleven en vanuit die ellende ontdekte ze 'de heilzame werking van de tegenwoordigheid van God'. Iets om hoop en moed uit te putten. 'Sommige van de diepst verwonde mensen zijn in Gods plan de sterkste leiders geworden,' meldt de Nederlandse website van haar beweging.

De missie van Leanne Payne is 'genezing van mensen die

lijden onder seksuele gebrokenheid'. Haar therapie is vooral veel bidden, volhouden en wachten op Gods zegen. 'Degene die lijden aan homoseksualiteit of andere seksuele neurosen worden in Gods genezende tegenwoordigheid geroepen waar de hemel doorbreekt.' Bij haar bestaat er dus geen enkele twijfel dat homoseksualiteit niet is aangeboren maar ontstaat doordat er in de groei naar volwassenheid iets grondig misgaat. De mannelijke en vrouwelijke identiteit is niet goed ontwikkeld en dat kan allerlei oorzaken hebben. 'Vaak is sprake van een onverwerkt trauma; blokkades die de groei naar normaal belemmeren.' In gezinnen zonder vader kan het meisje de rol van de man opgedrongen krijgen en de jongen een verkeerde moederbinding oplopen. Ook in complete gezinnen kan van alles fout gaan. Misbruik is natuurlijk een bron van ernstige verstoringen maar zo extreem hoeft het niet te zijn. Zachte vaders, dominante moeders en pesterige broers kunnen ook al tot een slecht begrip van de eigen seksualiteit leiden. Het zijn theorieën uit een wereld die Different en de kringen daaromheen niet vreemd zijn. Haar Nederlandse volgelingen weten zeker dat Leanne Payne de met seksuele gevoelens worstelende gelovigen echt kan helpen. 'Vele genezingen bewijzen de zalving van de Heilige Geest op haar werk,' staat als aanbeveling op de website.

De Verenigde Staten, het thuisland van Leanne Payne, kent veel meer homogenezers. Er is zelfs een zeer actieve organisatie die 'wetenschappelijk bewijs' aandraagt voor de stelling dat homoseksualiteit er nog niet in zit bij de geboorte maar daarna is aangeleerd of opgelopen: de National Association for Research and Therapy of Homosexuality. Haar publicaties worden uiterst serieus genomen onder de brede conservatieve evangelische stroming die homoseksualiteit bestrijdt als zo ongeveer de grootste bedreiging van christelijk Amerika. Het zijn de christenen die zich fel tegen zoiets vreselijks als een homohuwelijk keren. Bij elke presidentsverkiezing zijn er Republikeinse kandidaten die zich openlijk aansluiten bij deze ijveraars en daar succes mee hebben. In 2008 was dat Mike Huckabee, een predikant met een geloof dat we in Nederland met Staphorst verbinden, en in 2012 de conservatieve katholiek Rick Santorum, die een zuiver geloof veel belangrijker vond dan een gezonde economie. Michele Bachmann, de enige vrouw die zich in de voorverkiezingen mengde, is fel anti-homo. Haar man Marcus heeft een kliniek die homoseksuelen genezing aanbiedt. De therapie bestaat vooral uit bidden en Bijbelstudie. Volgens Marcus Bachmann ontbreekt het homoseksuelen aan discipline en zelfbeheersing, maar dat is 'die barbaren die opgevoed moeten worden, wel bij te brengen'.

Een van de drijvende krachten achter de strijd tegen het homohuwelijk was lange tijd Ted Haggard, oprichter van een succesrijke evangelische kerk in Colorado, landelijk bekend van de rechtstreeks op de televisie uitgezonden massale bijeenkomsten. Hij was het boegbeeld van de National Association of Evangelicals, een conservatieve kerkelijke organisatie met veel invloed in Washington, in de jaren van president George Bush jr. tot in het Witte Huis. Groot waren de schrik en de verbijstering onder zijn aanhang en het leedvermaak onder zijn tegenstanders toen de ex-prostitué Mike Jones onthulde dat hij al drie jaar een verhouding had met Ted Haggard. Natuurlijk zette de machtige voorganger deze Jones eerst weg als een gestoorde fantast die hulp nodig had, maar de waarheid achterhaalde dominee Ted. Vol berouw, met gebroken stem en tranen in de ogen bekende hij te hebben gezondigd. De beelden van deze ouderwetse openbare schuldbekentenis gingen de hele wereld over. De gevallen voorganger trad af en zocht de luwte. Niet voor altijd, want Ted Haggard haalde weer het landelijk nieuws met zijn genezing. Hij had zes weken 'intensieve therapie' gevolgd en was nu verlost van elke homoseksuele aanvechting. Honderd procent hetero! De snelste geslaagde therapie ooit, schamperde ex-vriend Mike Jones.

De evangelische Nederlanders die het meest verwant zijn met deze Amerikaanse gelovigen worden wel de 'evangelicalen' genoemd, dit om ze te onderscheiden van de kerkelijken die al heel lang officieel 'evangelisch' in hun naam hebben staan. Het cultureel en politiek klimaat waarin zij functioneren is totaal anders dan dat van de Verenigde Staten. Ze zijn met te weinig om het maatschappelijk debat te kunnen domineren zoals hun geloofsgenoten in de vs dat doen. In hun afwijzing van homoseksualiteit zijn ze even radicaal. 'Zeg in die eigentijdse, blije evangelische gemeenschappen niet dat je homo bent en een homoseksuele relatie aangaat, want dan krijg je het heel zwaar,' zegt psychotherapeut en seksuoloog Kees den Hamer van de gereformeerde stichting Eleos. Voor hem is er geen twijfel: homoseksualiteit is een geaardheid. 'Iedereen mag zelf weten hoe hij of zij daarmee om wil gaan. Genezing kan ik ze niet bieden. Maar weet wel wat de consequenties zijn van je keuze. Wie in een streng christelijk milieu uit de kast komt, kan helemaal loskomen van zijn omgeving en dat is niet zonder risico's.' Dat is een realiteit die homo's en lesbiennes uit de Turkse en Marokkaanse gemeenschappen in Nederland akelig bekend zal zijn.

'Waarom zoeken we eigenlijke naar een verklaring?,' zo houdt de christelijke homoseksuele hoogleraar praktische theologie Ruard Ganzevoort van de Vrije Universiteit de worstelende kerken graag voor. De wetenschappelijke zoektocht naar verklaringen en oorzaken van homoseksualiteit is aanzienlijk jonger dan het verschijnsel zelf. Pas in de negentiende eeuw kregen de afwijkende seksuele gevoelens serieuze aandacht van de wetenschap. Voor die tijd ging het bijna nooit over zoiets als een geaardheid of over gevoelens maar alleen over de daad en die was slecht. Niet homofilie maar sodomie was het probleem en daarmee werd dan vooral anaal geslachtsverkeer bedoeld. Dat was naar de algemeen gangbare uitleg van de Bijbel een ernstige zonde en daarom ook maatschappelijk onaanvaardbaar. Maar de behoefte van een man om het met een andere man of een jongen te doen moest toch ergens vandaan komen? 'Normaal' was het niet en de algemene afkeer bleef hardnekkig. De daad zelf verdween in de achttiende en negentiende eeuw uit het strafrecht maar het bleef ongewenst gedrag. Het was een ziekte, een neurose die om medisch ingrijpen vroeg en dat bleef het tot ver in de twintigste eeuw. Tot de jaren zeventig van de vorige eeuw leerden aankomende psychiaters en psychologen ook in Nederland nog hoe deze kwaal kon worden behandeld. Pas rond 1980 schrapte de Wereldgezondheidsorganisatie, de who, homoseksualiteit van de officiële lijst van neurosen waarvoor de medische stand wereldwijd behandeling moest kunnen bieden.

De vraag aangeboren of opgelopen is praktisch wel beslecht sinds de neurobioloog Dick Swaab in 1989 naar buiten kwam met zijn ontdekking dat de hersenen van homoseksuelen toch niet precies gelijk zijn aan die van heteroseksuelen. Er was een klein gebiedje waarin verschillen waren te zien die waarschijnlijk al tijdens de zwangerschap ontstonden. In de publiciteit werd dat 'het homokwabje van Swaab', wat natuurlijk geen recht deed aan de vondst van de onderzoeker. Homoactivisten reageerden eerst woedend op het verhaal. Waren ze toch niet 'normaal'! 'Stigmatiserend, zulke beweringen onder het mom van onafhankelijke wetenschap,' brieste de *Gaykrant*. De hersenonderzoeker kreeg de wind van voren. Hij kreeg post waarin hij 'nazi-dokter' werd genoemd en er werd voor zijn woning gedemonstreerd. We hadden in Nederland toch net afgesproken dat homoseksuelen heel gewone mensen waren? Als er dan sprake was van een hersenafwijking zou er binnenkort ook wel eens een medicijn tegen dit 'defect' kunnen verschijnen. Swaab hield vol dat wat hij naar buiten had gebracht het resultaat was van grondig wetenschappelijk hersenonderzoek met een veel breder spectrum dan homoseksualiteit. De storm luwde na enkele weken. Er kwam geen medicijn tegen homoseksuele gevoelens, de kwestie bleek juist goed voor de formele emancipatie van de homoseksuelen in Nederland. De gelijkberechtiging ging door en kreeg begin deze eeuw haar bekroning met het homohuwelijk. Een relatie tussen twee partners van hetzelfde geslacht kreeg voor de wet dezelfde status als het huwelijk van een man met een vrouw. Nederland beleefde op 1 april 2001 de wereldprimeur van een wettige homohuwelijk, ondanks taai verzet van kerkelijke kant.

Over de hersenen weet de mensheid inmiddels veel meer dankzij de wetenschap. Swaab is als hersenonderzoeker een bekende Nederlander geworden met zijn bestseller *Wij zijn ons brein* en is nu om heel andere redenen omstreden. Zijn vindingen en theorieën zijn onderwerp van levendige discussies. Hebben mensen nog zoiets als een eigen vrije wil of worden ze volledig gestuurd door dat wonderlijke mechanisme onder de schedel? Als dat laatste klopt, zou ook de zondigende homoseksueel zijn vrijgepleit, maar daarmee zijn de Bijbelgetrouwe antihomoseksuele gelovigen er nog niet. De uitkomsten van het moderne hersenonderzoek verlossen hen niet van hun worstelingen en dilemma's. Waar die seksuele gevoelens voor het eigen geslacht ook vandaan komen, het blijft verboden om eraan toe te geven. Het accent ligt net als voor de Verlichting nog altijd op de daad. Homofilie, de geaardheid, daar kan de mens misschien niets aan doen, maar homoseksualiteit, de seksuele omgang met iemand van het eigen geslacht, is een daad, een keuze, en dat is de zonde. De aandrang voor zulk zondig gedrag hoort bij de beproevingen die God de mensheid heeft opgelegd als straf voor de zondeval. Homoseksualiteit is een symptoom van de 'gebrokenheid van de schepping', een begrip dat veelvuldig opduikt in christelijke beschouwingen over dit fenomeen, zowel bij protestanten als katholieken. Het 'homokwabje van Swaab' roept weer nieuwe vragen op. Is dat verschil tussen de hersenen van hetero's en homo's onderdeel van Gods volmaakte schepping? 'Ik geloof niet dat God een homofiele geaardheid in mensen legt,' schrijft de christelijk-gereformeerde voorgangster Els van Dijk op refoweb.nl. 'Homofilie zie ik als een van de gevolgen van de zonde en passend bij de gebroken wereld.' Vanuit die levensbeschouwing ligt het meer voor de hand de zondige aandriften te blijven zien als psychische stoornissen, verklaarbaar uit traumatische en andere ongelukken tijdens de groei, zoals voor zoveel ongewenst gedrag wel een verklaring uit de jeugdjaren is te vinden.

Geen geaardheid dus, maar een geestelijke aandoening waar de patiënt hulp voor kan krijgen. Soms is een heteroseksueel huwelijk een goed medicijn om de verkeerde neigingen te overwinnen. Het wordt in de pastorale praktijk nog altijd wel aangeraden. Therapieën en medicijnen kunnen in Nederland praktisch niet meer hardop worden aanbevolen. In de jaren zeventig waren er nog stichtingen die daar openlijk propaganda voor maakten en zendtijd kregen bij de Evangelische Omroep. Nu wist het zwaar orthodoxe Different niet hoe snel het moest uitleggen dat zijn therapieën alleen maar gericht waren op het 'leren omgaan met gevoelens', niet op genezing.

Nederland loopt voorop met gelijkberechtiging voor homo's en lesbiennes. Wat wet- en regelgeving betreft is ons land een lichtend voorbeeld voor veel homobewegingen in Europa. In de Verenigde Staten is het voor de meeste politici nog te link om voor gelijkberechtiging van homoseksuelen te pleiten. President Barack Obama sprak zich pas in 2012 voor het homohuwelijk uit, nadat hij er jarenlang omheen had gedraaid. Hier noemde CDA-minister Marja van Bijsterveldt van Onderwijs 'het opkomen voor de vrijheid, tolerantie en gelijke rechten' van homo's, lesbiennes, bi- en transseksuelen 'een belangrijk exportproduct van Nederland'. Ze plaatste zich als christen in de politiek lijnrecht tegenover paus Benedictus xvi, die het homohuwelijk zag als een van de grootste bedreigingen van de rooms-katholieke leer.

Het aantal landen en Amerikaanse staten dat het homohuwelijk toestaat, groeit intussen gestaag maar nooit zonder verzet. Aan de andere kant groeit in Rusland, het grootste land van Europa, de onderdrukking van homoseksuelen. De heersende politieke elite en de Russisch Orthodoxe Kerk werken eendrachtig aan een klimaat dat ronduit vijandig is voor homo's en lesbiennes. Wat homo-'propaganda' wordt genoemd, is in 2013 bij wet verboden. Daar wordt ook informatie onder verstaan die bij jongeren het misverstand kan wekken dat het homohuwelijk gelijkwaardig zou zijn aan het traditionele huwelijk. Bij een peiling uit 2010 noemde 74 procent van de ondervraagde Russen homo's 'immoreel' en wees 84 procent het homohuwelijk af.

In Nederland probeert de overheid discriminatie van homoseksuelen actief uit te bannen en met die realiteit moeten de orthodoxe protestanten, conservatieve katholieken en fundamentalistische moslims leren leven. Zij staan met hun opvattingen over de zondigheid van homoseksueel gedrag ver af van hoe de rest er hier over denkt, de meerderheid van kerkleden inbegrepen. Hun hevige worstelingen met het onderwerp gaan aan de meeste buitenstaanders voorbij en beroeren alleen de eigen gemeenschap. Van de speciale themadagen, synodes, studiecommissies en ophef over kerkenraden die wat verder durven gaan, doet alleen de eigen pers verslag. 'Op de golven van de secularisatie en met minder gezag voor de Bijbel is de kwestie van homoseksualiteit groot geworden,' verzuchtte een deelnemer aan zo'n bijzondere bijeenkomst. Het is in Nederland alleen nog een grote kwestie in de kring van orthodoxe gelovigen.

In de rest van Nederland is niet de homoseksualiteit maar

het geweld tegen homo's een echt probleem. Politiek en media komen hier in beweging als homoseksuelen uit hun huis worden gepest, of op straat worden lastiggevallen of mishandeld. Homo en lesbo zijn favoriete scheldwoorden onder jongeren die stoer willen lijken. Marokkaanse jongens die zich willen laten gelden, kiezen homo's als slachtoffer. Homofobie zit er kennelijk diep in bij de menselijke soort en hoe dat komt is minstens zo interessant voor diepgaand onderzoek als de bron van homofilie zelf. Het lijkt wel of er naast het homokwabje van Swaab ook een antihomokwabje is. De pesterijen en het geweld tegen de homo's in deze tijd zijn niet direct de schuld van reformatorische en evangelische christenen. Die zullen verbaal en fysiek geweld altijd afwijzen, maar ze helpen de kleine minderheid van homo's en lesbiennes ook niet door steeds en consequent uit te dragen dat God homoseksuele relaties verbiedt.

18

DE LAATSTE BEELDENSTORM

De sfeer in de rooms-katholieke kerk in Nederland leek na de tumultueuze jaren zestig op die van een land na een burgeroorlog waar een buitenlandse macht de strijd had beslecht: zwaar gehavend en verdeeld tot op het bot met triomfalistische winnaars, gekwetste verliezers en onverzoenlijke overtuigingen aan beide kanten. Dat zou in de jaren daarna nooit meer goed komen.

De vernieuwers die in de jaren zestig met zoveel energie de in beton gegoten katholieke leerstukken aanvielen, zijn wel de beeldenstormers van hun tijd genoemd. Even leek het erop dat ze het aanzien van de moederkerk voor altijd gingen veranderen maar toen het stof was neergedaald stonden ze met lege handen. Het pastoraal concilie hadden ze volledig gedomineerd maar het Vaticaan was de onderliggende partij te hulp geschoten. De paus zette de verhoudingen recht met een paar benoemingen en een reprimande voor de bisschoppen die de teugels strakker in de hand hadden moeten houden.

De conservatieven die het Vaticaan hadden verzocht in te grijpen, konden de Heilige Vader dankbaar zijn maar veel vreugde zouden ze aan hun overwinning niet beleven. Aan het verval van hun kerk kwam geen einde. De eens machtige rooms-katholieke kerk was haar loyale massale aanhang kwijt, haar gezag en aanzien brokkelden af. De media, die massaal op de vernieuwende kerk waren gedoken, verloren hun belangstelling voor de kerk van de conservatieve bisschoppen Gijsen en Simonis. Nog tweemaal zou de rooms-katholieke kerk volop in de schijnwerpers van de publiciteit komen te staan, bij het bezoek van paus Johannes Paulus II in 1985 en 25 jaar later door de onthullingen over seksueel misbruik door katholieke geestelijken. Twee memorabele mijlpalen in de neergang van wat eens de machtigste zuil van Nederland was.

Het bezoek van de paus had een feest moeten worden voor de conservatieve leiding met aartsbisschop Ad Simonis als boegbeeld. Het werd een dieptepunt, een demonstratie van de verdeeldheid binnen de kerk zelf en het totale gebrek aan respect voor de Heilige Vader en zijn instituut in de rest van Nederland. De conservatieve paus had in de zeven jaar sinds zijn aantreden het gezag van een leider van formaat verworven. Hier werd hij het mikpunt van spot. De tv-makers Henk Spaan en Harry Vermeegen zetten hem in hun satirische programma *Pisa* neer als een druk wuivende kwibus in een witte jurk, rondgereden in dat wonderlijke voertuig, de pausmobiel, een vitrinekast op wielen. Hun liedje 'Popie Jopie' werd een hit op de radio zodat het niemand meer kon ontgaan dat de paus naar Nederland kwam.

Kil en bijna vijandig was de ontvangst in eigen kring. Uit een peiling die *Elseviers Magazine* voor zijn komst liet uitvoeren, bleek dat Johannes Paulus II voor het overgrote deel van de Nederlandse katholieken niet welkom was. Slechts een paar procent verheugde zich op zijn komst. Voor de progressieve katholieken was de benoeming van de conservatieve Poolse kardinaal Karel Woityla tot paus in 1978 al een grote teleurstelling geweest. Van deze krachtige vertegenwoordiger van de behoudende stroming hadden ze niets te verwachten. Johannes Paulus II bleef tot zijn dood in 2005 onwrikbaar vasthouden aan de dogma's waar progressief Nederland van gruwde. Bij zijn bezoek aan Nederland kreeg hij in Utrecht van Hedwig Wasser, vertegenwoordigster van de Nederlandse missie, nog eens uitgemeten wat de kritische katholieken in de Nederlandse kerkprovincie dwarszat. 'Gaan we geloofwaardig om met de boodschap van het Evangelie als een opgestoken vingertje gepredikt wordt in plaats van een toegestoken hand? Als er geen ruimte maar uitsluiting wordt aangezegd aan ongehuwd samenwonenden, gescheidenen, homoseksuele, gehuwde priesters en vrouwen?' De pers, ook de buitenlandse, maakte van haar optreden ongeveer het hoogtepunt van het pauselijk bezoek aan Nederland. De oogst was bijzonder bitter voor de kerkleiding.

Hedwig Wasser had in Utrecht de bekende thema's van de beeldenstormers van de jaren zestig opgesomd. Daaraan was sindsdien niets veranderd en toen er een kwarteeuw later weer een beeldenstorm door de rooms-katholieke kerk zou razen, bleek er nog steeds niks te zijn veranderd. En die storm had weer alles te maken met de strenge zedenleer, al zouden de hoogste katholieke gezagsdragers dat altijd blijven ontkennen.

Het begon met onthullingen over priesters en paters die met vooral jongens hadden geknoeid in de Verenigde Staten. Daarna sprong het als het vuur bij een bosbrand van het ene naar het andere land. De kerkelijke leiders probeerden krampachtig de schade te beperken door de gevallen van misbruik af te doen als incidenten, misdragingen van individuen die in de fout waren gegaan. Zulke reacties wekten alleen maar meer verontwaardiging bij het publiek en dat moedigde slachtoffers weer aan eindelijk naar buiten te komen met de traumatische ervaringen uit hun kinder- en jeugdjaren.

De rooms-katholieke kerk in Nederland was in 2010 aan de beurt. In februari kwamen drie mannen naar buiten met het verhaal dat zij in de jaren zestig en zeventig waren misbruikt in een internaat in 's-Heerenberg. Het was het begin van een stroom van meer onthullingen en verhalen over wat er allemaal fout kón gaan en wás gegaan in de omgang van de celibataire mannen met de kinderen die aan hun gezag waren toevertrouwd. Honderden slachtoffers manifesteerden zich nadrukkelijk via de media en eisten genoegdoening van de kerk. De Nederlandse bisschoppen begrepen dat ze niet konden ontkomen aan een grondig onderzoek. Dat werd een klus voor een commissie onder leiding van de ervaren protestantse bestuurder Wim Deetman, oud-minister, oud-voorzitter van de Tweede Kamer en oud-burgemeester van Den Haag. Hij beloofde een eerlijk onderzoek, niet alleen naar de aard en omvang van het misbruik, maar ook naar de omstandigheden. Had het iets te maken met het celibaat en de strenge hiërarchie van de rooms-katholieke kerk? Bekende woordvoerders van de kerk, zoals kardinaal Simonis en de mediagenieke priester Antoine Bodar, wezen zo'n verband op voorhand af. Simonis probeerde zijn eigen gezicht te redden met de verklaring dat hij het als bisschop niet had geweten. Hij maakte het allemaal nog erger door in het televisieprogramma *Pauw en Witteman* zijn onschuld te belijden met de beruchte Duitse woorden: 'Ich habe es nicht gewusst.'

Huub Oosterhuis, de bekendste ex-priester van Nederland en in de jaren zestig een van de aanvoerders van de vernieuwers in de roomse kerk, twijfelde er niet aan dat het misbruik juist een direct gevolg was van de strenge zedenleer. In een interview met NRC *Handelsblad*: 'Het misbruik op grote schaal heeft alles met het celibaat te maken. Ik begrijp de verbazing daarover niet. [...] Het celibaat staat nu eenmaal voor een perspectief van een leven waarin je nooit warmte of geluk zult vinden in seksuele relaties.' Het verzwijgen van misbruik hoorde volgens hem al evenzeer tot de roomse cultuur. 'Dat hoort nu eenmaal bij het corrupte systeem van die kerk. Koste wat kost moet overeind gehouden worden dat er een "geestelijk leven" mogelijk is zonder seksuele behoeftenbevrediging.' Oosterhuis zelf verliet als priester de kerk en trouwde in 1970.

Ook binnen de katholieke gemeenschap waren er wel die een verband zagen tussen het misbruik en de verwrongen omgang met seksualiteit in de kerk van Rome. 'De benauwende seksuele moraal van de kerk destijds maakte dit soort zaken mogelijk,' zei moraaltheoloog Frans Vosman van de universiteit van Tilburg. 'Natuurlijk leefden er bij katholieke broeders en zusters erotische gedachten, maar die waren beschamend en moesten worden onderdrukt. Er werd gezwegen en verzwegen. Het gezag was onaantastbaar. Als er van hogerhand werd gezegd dat je niet mocht spreken, gebeurde dat vanzelfsprekend niet.' De voormalige katholiek en oud-politicus Marcel van Dam herinnerde zich in *de Volkskrant* nog heel goed het enorme ontzag van de gewone katholieken voor hun priesters. 'De kerk was heilig en dat straalde af op haar dienaren. Het was ondenkbaar dat de woorden van een priester aan een kritisch oordeel werden onderworpen.' De analyse van Vosman en de sfeertekening van Van Dam sloten perfect aan bij de getuigenissen van de slachtoffers. 'Thuis hoefde ik er niet mee aan te komen. Je durfde gewoon niet te vertellen dat de pastoor wel eens aan je zat. Ze geloofden je toch niet.' Kwade kans dat je op je donder kreeg.

Bewijzen voor de cultuur van 'zwijgen en verzwijgen' kwamen er ook uit het buitenland. Terwijl de commissie-Deetman zich verdiepte in de schaduwkanten van het rijke roomse verleden, verscheen er een vernietigend rapport over dezelfde materie in Ierland, het meest roomse land van Europa. Een commissie onder leiding van rechter Yvonne Murphy onderzocht seksueel misbruik in het bisdom Dublin tussen 1975 en 2004. De uitkomst was een schok voor Ierland, dat altijd zo trouw aan de paus was geweest. In één bisdom waren honderden kinderen misbruikt door tientallen priesters. In veel gevallen wisten de kerk én justitie ervan maar praktisch nooit kwam het tot een strafrechtelijke vervolging. Strafzaken zouden de reputatie en het gezag van de kerk kunnen ondermijnen en het kerkelijke belang ging boven alles. Als bij de politie een aanklacht werd ingediend, gingen ze even langs bij de kerk zodat die de zaak kon regelen. De sanctie was dan overplaatsing van de dader.

Het ging hier dus niet om incidenten uit een ver verleden maar om praktijken die tot in de eenentwintigste eeuw voortduurden. De commissie-Murphy vroeg ook het Vaticaan om inlichtingen over bepaalde zaken waarvan ze mocht aannemen dat de autoriteiten in Rome er van wisten. Het Vaticaan reageerde niet op de verzoeken en ontketende daarmee zelfs in het gezagsgetrouwe Ierland een storm van verontwaardiging.

Ook de rooms-katholieke kerk in België kwam in 2010 onder vuur te liggen. Bisschop Roger Vangheluwe van Brugge bekende dat hij dertien jaar lang een neefje seksueel had misbruikt. Het was begonnen toen het slachtoffer een jongetje van vijf was. Een klassiek geval van machtsmisbruik want wat kon je als jongen inbrengen tegen een oom die heel belangrijk was in de kerk? De onthulling was een dreun voor de populaire kardinaal Godfried Danneels, een ware vedette in Vlaanderen, lieveling van de Vlaamse media en ook in Nederland niet onbekend. 'Het voorval is nine-eleven voor de Belgische kerk,' zo schetste hoogleraar kerkrecht en christen-democratisch senator Rik Torfs het schokeffect in zijn land. Hij zag ook een verschil met het drama in New York: die terroristen boorden de gekaapte vliegtuigen op 11 september 2001 volkomen onverwacht in de twee torens van het wereldhandelscentrum, maar 'wat hier in de kerk is gebeurd kon je zien aankomen'. Volgens Torfs was de reactie van de kerk even schadelijk als het voorval zelf. De dader weigerde eerst zijn ambt neer te leggen en werd ook niet ontslagen door de kerk. Pas onder druk van de publieke opinie trok hij zich terug als 'bisschop in ruste', een soort vervroegd pensioen. De houding van de klerikale leiding die door de commissie-Murphy in Ierland zo pijnlijk aan het licht was gebracht, herkende Torfs ook in België. 'De bisschoppen zijn al jaren bezig met *damage control*, bescherming van de kerk als instituut. Dan verlies je op den duur al je principes. Het instituut kan het einddoel niet zijn, het gaat om het geloof en de waarden daarin.' De fluwelen handschoen waarmee de kerk Vangheluwe eerst aanpakte was desastreus voor de reputatie van Danneels. Zijn lankmoedigheid lokte een grondig onderzoek van de Belgische justitie uit naar misbruik, compleet met invallen in de bisschoppelijke kantoren.

De Nederlandse bisschoppen hadden verschillende buitenlandse voorbeelden om te weten hoe het niet moest. De commissie-Deetman kreeg alle medewerking en haar eerste, tussentijdse aanbevelingen werden grif opgevolgd. Er kwamen een beter meldpunt voor slachtoffers van misbruik en een regeling voor financiële vergoedingen. De vlot genomen maatregelen namen de enorme achterstand in het publieke debat waarmee de kerkelijke leiding begon niet weg. Daarbij hielp het niet dat het Vaticaan hardnekkig bleef ontkennen dat er een specifiek rooms probleem zou zijn. Zeker, paus en bisschoppen spraken boze woorden over de misbruikers. De kerk had niet zo lang mogen zwijgen en er was veel te weinig mededogen met de slachtoffers geweest. Bisschop Gerard de Korte van Groningen-Leeuwarden, door zijn collega's naar voren geschoven als de eerste woordvoerder over deze kwestie, sprak van een 'zeer donkere bladzijde in onze kerkgeschiedenis'. Schuldbewuste woorden en excuses, maar had die donkere episode nou ook iets te maken met de aard en de organisatie van de kerk? Nou nee, dat weer niet. Paus Benedictus XVI, die in 2005 Johannes Paulus II was opgevolgd, zei in 2010 nog maar eens dat zijn kerk geen andere structuur nodig had, alleen maar een mentaliteitsverandering.

Het eindrapport dat de commissie-Deetman december 2011 presenteerde, was nauwelijks een verrassing na alles wat er was onthuld en gepubliceerd. Het was eerder relativerend dan onthutsend, maar daar was in de opwinding na de presentatie niets van te merken. De onderzoekscommissie formuleerde haar bevindingen tamelijk omzichtig en hield bij de opmerkelijkste conclusies een paar slagen om de arm. Ze durfde hooguit een goed onderbouwde schatting te geven van de omvang van het seksueel misbruik omdat het om voorvallen ging van vaak tientallen jaren geleden en 'het geheugen niet altijd een feilloze gids is'. En wat is precies seksueel misbruik? Dat kon, zo bleek, variëren van wat tasten boven de kleren tot verkrachting met penetratie. De commissie koos voor de ruime formulering 'grensoverschrijdend gedrag jegens minderjarigen'. Op grond van de meldingen die de commissie had (ruim tweeduizend) kon ze zich geen volledig beeld vormen en daarom gaf ze opdracht tot een breed onderzoek onder alle Nederlanders van veertig jaar en ouder. Die waren jong in de jaren vijftig, zestig en zeventig, de jaren waarin het meest gemelde misbruik zich had afgespeeld.

De vragenlijst werd door het bureau TNS NIPO uitgezet onder ruim 34 000 Nederlanders en de respons was 85 procent. De opvallendste uitkomst was dat bijna een op de tien (9,7 procent) van de Nederlanders boven de veertig aangaf voor het achttiende jaar tegen zijn of haar zin seksueel te zijn benaderd door een volwassene die geen familielid was. Bij de ondervraagden van katholieken huize was dat percentage 12,4 hoger. De commissie-Deetman concludeerde dat zulke 'ongewenste benaderingen een breed voorkomend maatschappelijk verschijnsel vormen, dat beslist niet beperkt is gebleven tot de R.K. Kerk'. Kinderen in instellingen als internaten, kostscholen en kindertehuizen liepen tweemaal zoveel risico als kinderen die niet (tijdelijk) buitenshuis woonden. Een op de vijf ondervraagden die in zo'n instelling had gezeten, was lastiggevallen met ongewenste seksuele handelingen, en daarbij maakte het niet uit of het een katholiek of ander verblijf was. Na alle omrekeningen en correcties schatten de onderzoekers dat in de periode van 1945 tot 1981 tussen de

10 000 en 20 000 kinderen in katholieke instellingen slacht-offer waren geweest van seksueel misbruik volgens de ruime definitie. Daar kwamen de thuiswonende jongens die als koorknaap of misdienaar hadden geleden onder hitsige pas-toors en dat soort volk nog bij. In totaal moesten 'enkele tien-duizenden' meisjes maar vooral jongens lastiggevallen zijn door broeders, fraters en zusters. Ze waren gedwongen tot seksuele handelingen of waren daar aan onderworpen door iemand van de kerk. De ernst van de handelingen varieerde uiteraard sterk. De commissie hield het erop dat van de enke-le tienduizenden die als kind lastiggevallen waren er enkele duizenden slachtoffer van verkrachting waren. In meer dan de helft van alle gevallen ging het misbruik langer dan een jaar door.

In haar rapport *Seksueel misbruik van minderjarigen in de rooms-katholieke kerk* wees de commissie-Deetman er nadruk-kelijk op dat het 'overgrote deel' van alle slachtoffers niet door iemand van de kerk was misbruikt. Ze vond het beeld dat vóór het onderzoek in de media was opgeroepen, ook vertekend doordat het accent lag op de verhalen van de slachtoffers. Zul-ke nuances gingen in de publieke verontwaardiging na de presentatie van het eindrapport helemaal verloren. De katho-lieke kerk was schuldig en werd overladen met verwijten. Commentatoren en columnisten buitelden over elkaar heen in hun strenge oordelen over de roomse geestelijkheid die 'tienduizenden slachtoffers' had gemaakt. Bij de kranten stroomden de ingezonden brieven van geschokte lezers bin-nen en de publieksfora op internet kookten over van de col-lectieve woede over de roomse schandalen. Het leek soms wel alsof geen jongen ooit veilig was geweest op de slaapzalen van de internaten en in de ruimten achter in de kerken. Premier Mark Rutte deelde gretig in de nationale opwinding en op-perde dat de daders hun straf niet mochten ontlopen en dat daarvoor de verjaringstermijn voor dit soort misdrijven maar met terugwerkende kracht moest vervallen. De meeste schuldigen konden zich daarover het hoofd niet meer breken want van de ruim achthonderd daders die de commissie-Deetman kon traceren, waren er zeker al zevenhonderd overleden voordat het onderzoek begon.

Wie wordt geschoren, moet stil blijven zitten, zo beseften de bisschoppen, en ze bogen deemoedig het hoofd. Ze erkenden dat er binnen het domein van hun kerk vreselijke dingen waren gebeurd en dat hun voorgangers ernstig hadden gefaald. De bevindingen van Deetman noemden ook zij schokkend. Het verweer dat je bij enkele duizenden zware gevallen in een periode van 35 jaar op een populatie van miljoenen misschien toch niet van 'massaal misbruik' hoefde te spreken, lieten ze wijselijk achterwege. Ze accepteerden het harde oordeel van de commissie dat de kerk in de vorige eeuw ernstig tekort was geschoten in haar reacties op seksueel misbruik van minderjarigen. Er bleef niets over van het verhaal dat de hoogste leiding er niet of te weinig van had geweten. De bisschoppen en de leiding van de verschillende ordes kregen genoeg meldingen en concrete aanwijzingen over seksueel misbruik. Ze beseften wel dat het een ernstig probleem was, maar kozen er in de woorden van Deetman voor 'de vuile was niet naar buiten te brengen'. De reputatie van de kerk ging voor het belang van de slachtoffers en daarom moest er vooral gezwegen en verzwegen worden. De kerk had veel vaker aangifte moeten doen bij justitie en had veel meer moeten doen voor de slachtoffers. Binnen de katholieke gemeenschap werd 'de noodzaak van saamhorigheid en eenheid gecultiveerd', staat in het eindrapport. 'Ook gewone gelovigen waren daardoor vatbaar voor de angst de naam van de kerk te bezoedelen en daarom werd misbruik toegedekt.' 'Het instituut en zijn goede imago dienden hogere belangen, tot aan de eer van God toe,' schamperde het gereformeerde *Nederlands Dagblad* over de roomse geestelijkheid die de reputatie van de kerk boven de zorg voor de slachtoffers stelde.

De deemoedige priesters kregen geen vat op de publieke opinie. Ze bleven volharden in hun opvatting dat de katholieke zedenleer boven alle discussie verheven was. De kerk van Rome was heilig en wat zij leerde over huwelijk en seksualiteit was goed en eeuwig waar. Daaraan had de beeldenstorm van de jaren zestig niets kunnen veranderen en daar zouden alle feiten over seksueel misbruik ook niets aan veranderen. Aan het goede van het verplichte celibaat en de strenge kuisheidsgeboden hoefde niet te worden getwijfeld. Daarbij toonde de hoogste prelaat in Nederland, aartsbisschop Wim Eijk, weinig talent voor public relations. Zijn ietwat kille, afstandelijke stijl versterkte het wantrouwen dat zijn grootste zorg toch het aanzien van de kerk betrof en niet het lot van de slachtoffers. 'De leiders zijn boos omdat de misbruikers het gezag van de kerk aantastten,' schreef Marcel van Dam in *de Volkskrant*. Het Vaticaan had geen boodschap aan de verontwaardiging in Nederland. Terwijl de storm over het rapport-Deetman nog lang niet was gaan liggen, benoemde de paus in februari 2012 Wim Eijk tot kardinaal, na het pausschap het hoogste wat een priester kan bereiken. Het bevestigde het beeld van een in zichzelf gekeerd instituut dat de episode van de onthullingen over seksueel misbruik snel achter zich wilde laten. *De Volkskrant*, ooit het huisorgaan van de katholieke werkende klasse, had een hard oordeel over de benoeming. 'Eijk zit niet met zijn imagoprobleem. Hij opereert in een isolement.'

Al onder kardinaal Simonis koos de kerk in feite voor dat isolement. De leidende geestelijkheid koos ervoor de heiligheid van de kerk te beschermen en keerde zich tegen elke poging de zedenleer te verwateren. Ze negeerde de vrijzinnigheid en de gezondere seksuele moraal in de eigen kerkprovincie en richtten zich helemaal op Rome, nog altijd het centrum van een wereldkerk met meer dan een miljard gelovigen. In het wereldwijde gezag van Rome vinden de conservatieve priesters van onze eeuw hun troost en hun gelijk. Ze hebben niets met de relativerende roomse kerk van bisschoppen als Bekkers en Bluyssen en de cabaretier Fons Jansen. In die tijd kon een pastoor op de vraag of gemengd zwemmen mocht met een knipoog reageren: 'Gemengd zwemmen mag, maar pas op, daarna niet gemengd afdrogen, hè.'

De moderne priesters durven eenvoudig voorbij te gaan aan een kritische beweging in de eigen kerk zoals de Mariënburgvereniging. 'De houding van de bisschoppen is: wie zich niet onderwerpt aan het gezag, die moet maar weg. Ze vinden het niet erg dat de katholieke kerk wordt teruggebracht tot een hele kleine groep strenggelovigen,' verzuchtte oud-politicus Erik Jurgens in 2011 bij zijn vertrek als voorzitter van deze organisatie. Kort daarvoor had de Mariënburgvereniging opgeroepen tot een 'nieuw pastoraal beraad'. Aartsbisschop Eijk liet weten dat de kerkvaders daar geen behoefte aan hadden. Aan uittreden dacht Jurgens niet. 'We zijn gepokt en gemazeld in het katholieke geloof, dan stap je niet snel over.' 'Het leven vieren in de katholieke traditie, dat wil ik niet opofferen aan dogma's en regels van bovenaf,' zo verklaarde een andere Mariënburger het feit dat zovelen binnen de katholieke kerk blijven, ook al hebben ze niets meer met hun bisschoppen en de paus.

De moederkerk heeft in Nederland op papier nog altijd een indrukwekkende aanhang van vier miljoen zielen. Niet meer dan 5 procent, zo'n 200 000, is nog kerkelijk actief, en hoeveel van die 200 000 wel gehoorzaam zijn aan die 'regels en dogma's van bovenaf' is moeilijk precies aan te geven. De rekkelijken die geboortebeperking en seks voor het huwelijk niet zondig vinden en homoseksuelen verwelkomen, zelfs als hun eigen pastoor, komen regelmatig hard in botsing met de conservatieve leiding, en zulke wrijvingen halen van tijd tot tijd de media. Dan is er weer eens opwinding over een priester die homoseksuelen niet bij de heilige viering wil hebben, dan weer over een pastoor die wordt geschorst omdat hij een protestant tot de communie toeliet.

Er is een nieuwe lichting priesters die zich strijdbaar keren tegen alles wat zich niet met de traditionele leer van de kerk van Rome verdraagt. Ze hebben een duidelijk ideaal: een zuivere, katholieke kerk, en daarbij schuwen ze de harde confrontatie met de andersdenkenden in de parochies niet. Pastoor Norbert van der Sluis van het Brabantse Liempde weigerde, zeer tegen de zin van een groot deel van zijn parochianen, de uitvaartdienst voor een overleden dorpsgenoot die zijn leven had laten beëindigen door euthanasie. Hij kreeg de volle steun van het bisdom Den Bosch, dat hulpbisschop Rob Mutsaerts naar Liempde stuurde om uit te leggen dat de pastoor groot gelijk had. De Liempdenaren moesten het verder maar zien te rooien met Van der Sluis, want 'we kunnen geen priester afvallen in een zaak waarin hij het juiste heeft gedaan'. Dat door die starre houding de kerk verder leegloopt vinden deze ridders van de zuivere leer minder erg. De christelijke kerk is klein begonnen en heeft altijd perioden van tegenslag gehad. 'Christus had aan het eind van zijn leven ook nog maar heel weinig aanhang over,' sprak Mutsaerts. Een andere typische vertegenwoordiger van deze nieuwe lichting is de jonge pastoor Harm Schilder van Tilburg. Hij kreeg landelijke bekendheid omdat hij het recht opeiste om 's ochtends voor de vroege mis de klokken van zijn kerk te laten beieren. 'Op het seminarie zijn wij erop voorbereid dat we soms tegen de stroom in moeten roeien,' zegt hij strijdvaardig. 'De vraag is niet hoeveel gelovigen je in de kerk wilt hebben. De vraag is: wil je een katholieke kerk.'

De keuze voor de kleine, zuivere kerk lijkt een vlucht naar voren. De kerk is ín de wereld, niet ván de wereld en al helemaal niet van de Nederlandse wereld. Wat er aan gezag over was, is door de onthullingen over seksueel misbruik verder aangetast. En het hield niet op na het rapport van de commissie-Deetman. Er kwamen nieuwe verhalen naar buiten over castraties van homofielen op aandringen van de kerk. Het rijke roomse leven waar vaak met nostalgie over wordt verteld, kende verborgen, schokkende praktijken. Deetman kreeg zelfs het verwijt maar een deel van de schandalen in kaart te hebben gebracht. Hij zou zelfs geestelijken die tijdens het onderzoek nog in functie waren, hebben ontzien. Het tweede rapport van de commissie, over misbruik en mishandeling van meisjes in de katholieke kerk, kreeg in maart 2013 een veel kritischer onthaal dan het eerste. De politiek bleef zich ermee bemoeien en in de Tweede Kamer werd zelfs de mogelijkheid van een parlementaire enquête geopperd. Het kan wel eens de laatste keer geweest zijn dat de ooit almachtige moederkerk zo genadeloos op haar ziel kreeg, omdat ze steeds minder relevant wordt. Als kleine in zichzelf gekeerde gemeenschap kan ze zich concentreren op wat ze als haar eerste opdracht ziet: het conserveren van het ware geloof. En daar hoort bij het verdedigen van een seksuele moraal die door de eeuwen heen zoveel onheil aanrichtte.

19

DE SCHAAMTE VOORBIJ?

De onthullingen over seksueel misbruik waren desastreus voor het imago van de rooms-katholieke kerk. De protestants-christelijken is zo'n ramp bespaard gebleven, maar zou er zoiets ook bij hen aan de hand kunnen zijn? Komt in die kringen nauwelijks seksueel misbruik voor of lukt het tot nu toe gewoon beter de vuile was binnen te houden? Het zou zomaar kunnen, want de zware orthodoxie kent ook gesloten, in zichzelf gekeerde gemeenschappen waar veel wordt gezwegen en verzwegen. Een vrouw uit onze kennissenkring houdt al jarenlang haar lesbische relatie verborgen voor haar zeer gelovige naaste familie. Heeft ze nooit de behoefte om het gewoon te vertellen? 'Nee, zo is het beter. Mijn moeder zou er heel verdrietig van worden en daar word ik niet gelukkiger van.' Zou de familie nooit iets vermoeden? 'Zo is het voor ons allemaal beter.'

Ik had graag voorgoed een einde willen maken aan de onzekerheid over protestants misbruik maar dat lukt niet. Er zijn geen harde cijfers beschikbaar over ongewenste seksuele handelingen onder de aanhang van de zwaardere protestantse gezindten en er is nooit aanleiding geweest voor een grondig onderzoek. Van een commissie-Deetman voor protestants Nederland is het nog nooit gekomen.

Aan grote verschillen in de seksuele moraal kan het niet liggen. Beide christelijke hoofdstromen ontlenen hun opvattingen over seksualiteit aan dezelfde Bijbelteksten en in hun strenge uitleg deden ze niet voor elkaar onder. Tot de jaren zestig drukte het taboe op seks in beide zuilen even zwaar en was de sfeer even benauwend. Gereformeerden en hervormden hadden net als de katholieken de neiging alles wat met seks te maken had zo ver mogelijk weg te stoppen en dat gold zeker voor de handtastelijkheden en erger van mensen van de kerk. Maar ze kenden niet het verplichte celibaat en ze stuurden hun kinderen nooit massaal naar kostscholen en internaten. En juist hier was de kans op ontsporingen het grootst.

Kinderen die dag en nacht in inrichtingen verblijven, lopen een groter risico slachtoffer te worden van seksueel misbruik. Veel van de misdragingen waarover de commissie-Deetman rapporteerde speelden zich af in jongensinternaten. Hoe meer internaten, hoe meer kans op ontsporingen en er zijn maar weinig gereformeerden en hervormden die een internaatsverleden meetorsen. Een stroom van onthullingen zoals onder de katholieken loskwam zal de protestanten altijd bespaard blijven.

Seksueel misbruik moet in die kringen daarom veel meer worden gezocht in het gezin, maar hier staat vanouds een moeilijk te doordringen muur omheen. Er wordt wel geopperd dat in afgesloten gemeenschappen met een zwaar taboe op seksualiteit en het traditionele rolpatroon waarbij de man de baas is, de vrouw dienstbaar is en de kinderen vooral gehoorzaam moeten zijn, meer incest zou voorkomen dan in milieus met een natuurlijker omgang met seks. Bewijzen daarvoor ontbreken. 'De beslotenheid van bepaalde orthodoxe milieus en het autoritaire gezag van de man en vader houden mogelijk een groter risico in,' zegt psychotherapeut en seksuoloog Kees den Hamer van de stichting Eleos. Het viel hem op dat hij bij deze gereformeerde organisatie vaker met incest en misbruik in het gezin te maken had dan bij de neutrale instelling waarbij hij daarvoor werkte. 'Daardoor kan het lijken alsof het meer voorkomt bij christenen, maar we hebben geen cijfers die dat staven. Het kan ook zijn dat met name slachtoffers nu eerder zeggen dat het verkeerd is en willen dat het stopt en dat de dader hulp moet gaan vragen. Er is in het algemeen grotere openheid over seks. De milieus zijn minder afgesloten.'

Begin 2012 ging er een lichte huiver door orthodox-protestants Nederland. Movisie, een onderzoeks- en adviesbureau voor sociale vraagstukken, kreeg bij een onderzoek naar huiselijk geweld opvallend veel meldingen over seksueel misbruik uit de zware protestantse hoek. Deze bijvangst was voor de onderzoekers opmerkelijk genoeg om er apart melding van te maken en er bij de kerken aandacht voor te vragen. Waren na de katholieken nu de kleine hervormde en gereformeerde kerken aan de beurt voor een nationale kastijding? De publiciteit luwde snel. Na de eerste onthullingen over het misbruik in de roomse kerk kwamen er honderden mannen naar buiten met hun pijnlijke ervaringen uit hun jongensjaren. Bij de orthodoxe protestanten bleef het stil.

De kerken zelf waren wel gealarmeerd. De grootste, de PKN, drong aan op grondig onderzoek en de kleinere kerken wilden snel een meldpunt voor misbruik in het gezin. Predikanten en vrijwilligers zouden ook beter getraind moeten worden om misbruik te herkennen. Voor slachtoffers is de drempel om hulp te zoeken erg hoog. Hanneke Fetter, een van de onderzoekers van Movisie: 'Slachtoffers zijn vaak bang voor uitsluiting uit de gemeenschap. Daarom kan huiselijk geweld lang blijven voortduren.' Schaamte en angst voor de gevolgen voor de familie spelen bij seksueel misbruik een nog grotere rol. 'Bij slachtoffers van misbruik in het gezin zie je vaak schaamte en zelfs schuldgevoelens: doordat ik ermee naar buiten kom, breng ik schande over de familie,' zegt Den Hamer. Moeders kijken vaak weg, het geheim kan maar beter binnen het gezin blijven, zo blijkt uit verhalen van slachtoffers die er wel mee naar buiten kwamen.

Openheid en aandacht in de media verlagen de drempel

voor slachtoffers wel, zo ervaren ze ook bij het Ikon-pastoraat in Hilversum. Sinds de onthullingen in de katholieke kerk nam het aantal meldingen over seksueel misbruik in pastorale relaties duidelijk toe. Het Ikon-pastoraat, niet te verwarren met de omroep, is sinds 1989 meldpunt voor misdragingen in kerkelijk verband, aanvankelijk voor bijna alle kerken maar na zes jaar stapten de katholieken er uit. De bisschoppen wilden een eigen meldpunt. Hetzelfde geldt voor enkele kleinere orthodoxe kerken.

De klachten die nu bij het Ikon-pastoraat binnenkomen gaan vooral over voorgangers in de Protestantse Kerk in Nederland. Dat zijn er tientallen per jaar. Het slachtoffer kan een tienermeisje zijn dat na afloop van de catechisatie is lastiggevallen maar meestal zijn het volwassenen die vinden dat dominee grenzen heeft overschreden. 'Dat soort gevallen brengt de betreffende gemeente altijd in grote verlegenheid,' vertelde Judith van der Werf, als predikant verbonden aan het Ikon-pastoraat. 'Het komt hard aan. Vaak zijn het populaire en charismatische persoonlijkheden die goed liggen in de gemeente. Hoe hard pak je de dominee aan die laatst nog de begrafenis van moeder zo prachtig leidde. Dan is de afdoening lastig en voelt het slachtoffer zich nogal eens tekortgedaan.' Zolang het om volwassenen gaat, kan justitie er eenvoudig buiten worden gehouden en kan de kwestie intern worden afgehandeld. De dader gaat bijvoorbeeld een jaar met studieverlof of wordt gedwongen in therapie te gaan. Den Hamer, die gevallen uit zijn praktijk kent, vindt dat de kerk slachtoffers die aangifte willen doen altijd moet steunen. 'Er is bij misbruik in pastorale verhoudingen altijd sprake van ongelijkwaardigheid en dat deugt niet.' De dominee heeft als dienaar van de kerk overwicht. Judith van der Werf: 'Het geloof speelt wel een rol voor slachtoffer en dader. De dader vertegenwoordigt als predikant wel een bijzondere vorm van gezag. Hij is wel van het instituut de kerk.'

Misbruik in het pastoraat werd eind jaren tachtig een onderwerp voor de kerken. Bij het opruimen van de seksuele taboes werd er vanzelf ook openlijker gesproken over dominees en ouderlingen die in de fout gingen. Massale verontwaardiging over seksschandalen in de protestantse kerken bleef uit, maar ook zonder die druk meenden ze dat ze er iets aan moesten doen. Van der Werf: 'Misbruik in pastorale relaties werd als probleem erkend en ze vonden dat het binnen de kerken moest worden aangepakt want daar speelde het zich af.' Zo ontstonden de meldpunten.

Het Ikon-pastoraat is dus niet opgericht voor meldingen van seksueel misbruik in het gezin. Volgens Van der Werf ligt daar nog wel een groot probleem. 'Het moet meer voorkomen dan we nu weten. Er ligt nog een zwaar taboe op. Seksualiteit is in de kerken nog altijd wel problematisch.' Cijfers zijn er niet. Uit de statistieken van justitie is ook niet af te leiden of incest in orthodoxe gemeenschappen vaker voorkomt dan gemiddeld. Psychotherapeut Den Hamer ziet in de zware protestantse hoek wel verschuivingen die het taboe kunnen verlichten. De gemeenschappen zijn minder afgesloten en rolpatronen veranderen. 'In orthodoxe kring moest de vrouw zich met name dienend opstellen. Dat is aan het veranderen. Het aantal werkende vrouwen neemt toe. Heel lang hebben ze geen televisie in huis gehad maar nu wel internet en daarmee komt ook de wereld binnen.' De gezinnen zijn minder gesloten, de vaders hebben minder status, de moeders zijn zelfstandiger en de kinderen mondiger. Misschien raken de slachtoffers van misbruik nu eerder de schaamte voorbij en durven ze wel naar buiten te komen met hun verhalen. Zo komen we misschien toch nog te weten wat er klopt van de veronderstellingen dat incest in de gesloten orthodoxe kringen vaker voorkomt dan gemiddeld.

20

EEN GODDELIJKE TEGENCULTUUR

'Onze Vader die in de hemelen is en deze aarde als voetbank Zijner voeten heeft.' Met deze woorden richtte onze aardse vader zich tot het Opperwezen in het gebed waarin hij hem vroeg de warme maaltijd voor ons op tafel te zegenen en verder zieken en nooddruftigen in de familie en kennissenkring bij te staan. Maar altijd met de toevoeging: 'Niet onze maar uw wil geschiede.' Als kind kreeg ik dan wel eens visioenen van heel grote voeten in sandalen, zoals Jezus die droeg op de plaatjes in de kinderbijbel, die op de aardbol drukten en waar kleine mensjes onder vandaan probeerden te kruipen. Zo lagen de verhoudingen tussen de mens en hun Schepper. Als synodaal gereformeerden waren we thuis niet eens van de zwaarste protestantse richting.

Dit besef van een alziend en almachtig opperwezen is goeddeels verdwenen uit Nederland. In de Protestantse Kerk in Nederland, waarin de synodalen zijn opgegaan, is het geloof in een persoonlijke God een van de opties. Voorgangers kunnen openlijk prediken dat God niet bestaat. De vroegere gereformeerden zouden zulke dwaalleraren bij kop en kont hebben gepakt om ze de kerk uit te gooien. Nu mogen ze hun ambt blijven vervullen. Met die God van onze vaderen verdween ook de traditionele christelijke cultuur met haar eigen taalgebruik, tradities, rituelen, muziek en literatuur. Het CDA bleef lang groot omdat in de partij nog iets te vinden was van de oude, vertrouwde nestgeur, voor zowel katholieken als protestanten. Vaak heb ik mensen horen zeggen dat ze vrijwel niets meer deden aan de kerk maar zich nog altijd wel 'thuis voelden' bij het CDA.

De kerken in Nederland zijn aan het eind van de twintigste eeuw in een reservaat terechtgekomen. Binnen de eigen omheinde ruimte mogen ze geloven wat ze willen maar daarbuiten moeten ze zich aanpassen en niet te veel praatjes hebben. Met opvattingen die afwijken van de algemene Nederlandse norm kunnen ze beter niet naar voren komen want dan krijgen ze verlicht Nederland over zich heen, en dat is niet mals.

'We worden gezien als een van de laatste obstakels op weg naar de seculiere wereld. Wij schijnen er niet meer te mogen zijn,' klaagde Henk van Rhee, directeur van de zeer orthodoxe stichting Tot Heil des Volks, waartoe Different behoort. Hij reageerde op de karrenvrachten kritiek die Different over zich heen kreeg over de hulp die zij biedt aan homoseksuelen die worstelen met hun geloof en hun seksuele identiteit. Van Rhee sprak zelfs van een hetze tegen orthodoxe christenen. Zo'n term zal directeur Arjan Lock van de Evangelische Omroep niet snel gebruiken maar hij ziet dezelfde tendens. 'Wij zijn een minderheid geworden. Het instituut kerk is minder belangrijk. De ruimte jezelf te zijn wordt klein in een soms vijandige omgeving.'

Op papier valt het nog geweldig mee voor de christelijke kerken in Nederland. Er zijn nog altijd een kleine zeven miljoen Nederlanders kerkelijk ingeschreven maar die gaan beslist niet allemaal naar de kerk. Het aantal actieve leden loopt gestaag terug. De krimp legt een fors beslag op de leiding. Bisdommen moeten het aantal parochies met tientallen omlaag brengen. Pastoors worden rondreizende preekheren die in een uitgestrekt gebied de sterk uitgedunde kudde moeten bedienen. De PKN, de fusiekerk van hervormden, gereformeerden en luthersen, verloor sinds haar ontstaan in 2004 al enkele honderdduizenden van de ingeschrevenen en telde halverwege 2012 nog rond 1,7 miljoen leden, van wie zo'n

20 procent nog met enige regelmaat naar de kerk gaat. Kerkenraden zijn voortdurend bezig met samenvoegingen van gemeenten, kerksluitingen en ontslagen van stafleden. Het afstoten van gebouwen waarin generaties gelovigen zich massaal onderwierpen aan Gods Woord, maakt vaak heftige emoties los. In Leeuwarden leidde het sluiten van twee monumentale gereformeerde kerken in 2013 tot een afsplitsing. Het versterkt bij de buitenwacht het beeld van de kerken als instellingen uit vervlogen tijden waar ze te veel met hun eigen verleden bezig zijn. In het maatschappelijk debat spelen ze niet de rol die ze op grond van hun aanhang zouden kunnen opeisen.

De socioloog Herman Vuijsje dacht in 2007 nog dat er weer meer ruimte voor godsdienstigheid kon ontstaan. 'Na dertig, veertig jaar in het verdomhoekje, mag God zich weer op straat vertonen,' schreef hij in zijn boek *Tot hier heeft de Heer ons geholpen*. Als die vrijheid er al was, heeft het Opperwezen er niet lang van kunnen genieten en zijn aanhang al helemaal niet. De orthodoxe christenen hebben zeker niet de indruk dat hun strenge God zich overal in het publieke domein kan vertonen. De politieke en culturele elite bepaalt de grenzen van de godsdienstvrijheid en die ervaren de gelovigen als steeds krapper. Typerend is wat de sgp met haar wortels in de zware orthodoxie overkomt: in 2013 werd gedwongen haar standpunt dat vrouwen niet in het openbaar bestuur horen uit haar reglementen te schrappen. 'We kunnen in principiële kwesties niet langer onszelf zijn,' stelde partijvoorzitter Maarten van Leeuwen vast.

Even hebben de christelijke kerken de illusie mogen koesteren dat ze misschien konden profiteren van de angst voor de islam die begin deze eeuw de kop opstak. Vuijsje schetste in zijn boek van 2007 twee mogelijkheden. Aan de ene kant was er het gevaar dat 'bevlogen atheïsten', die alle religie zoveel mogelijk uit het publieke domein willen weren, geen verschil zouden willen maken tussen christendom en islam. Dan zouden de orthodoxe kerken nog verder in het verdomhoekje worden gedrukt. Aan de andere kant zou de christelijke westerse cultuur juist kunnen worden ingezet tegen de dreigende islamisering. Eerherstel voor de christelijke traditie als wezenlijk bestanddeel van de Nederlandse identiteit. Vier jaar later bleek de strijd beslecht. Het werd het verdomhoekje.

Orthodoxe christenen zijn net zo anti-islam als Geert Wilders, maar het was uitgerekend op initiatief van zijn Partij voor de Vrijheid dat de Tweede Kamer besloot dat gemeenten geen ambtenaren van de burgerlijke stand mogen aanhouden die vanwege hun geloof weigeren homoseksuele stellen te trouwen. Het was een uitspraak met een hoog symbolisch gehalte want in de praktijk konden homo's en lesbiennes allang in alle gemeenten terecht voor een boterbriefje, ook in de zwaarste christelijke streken van Nederland. Voor de Tweede Kamer telde het principe zwaarder dan dit soort praktische overwegingen. Ambtenaren moeten de wet uitvoeren en als ze daarbij last hebben van hun geweten, moeten ze maar opstappen. Bij de gereformeerden en hervormden van de strenge richting komen zulke besluiten hard aan, juist omdat ze vooral symbolisch zijn. Ze voelen zich verder in het isolement gedrukt.

Hun principiële verwerping van het homohuwelijk laat zien hoe zwaar de gelovigen op de rechtervleugel nog tillen aan de traditionele, Bijbelse zedenleer. Juist op het terrein van de seksuele moraal is de teloorgang van kerkelijk Nederland compleet. Nederlanders doen aan seks en meestal niet alleen maar om kinderen te verwekken. Twee kinderen per gezin is de norm en hun komst wordt niet aan God, de natuur of het toeval overgelaten. De grote meerderheid van de katholieken maalt niet om wat hun kerk officieel zegt over voorbehoedmiddelen, seks voor het huwelijk en echtscheiding. Een op de drie huwelijken eindigt in een scheiding. Dit bewijst overigens dat de meerderheid geen stok achter de kerkdeur nodig heeft om een leven lang bij dezelfde partner te blijven. 'In de wilde jaren zeventig leek het instituut ten dode opgeschreven. Lat-relaties en allerlei vormen van ongehuwd samenwonen vormden een zichtbaar protest tegen de sleetsheid, hypocrisie en belemmeringen die aan het gezinsleven werden toegeschreven,' schreef de filosoof Ger Groot in een ode aan het huwelijk in NRC *Handelsblad*. 'Het huwelijk floreert bij onopvallendheid en een onbewust geworden routine.' Dat homoseksuelen zo graag willen dat hun belofte elkaar trouw te blijven ook voor de wet kan worden bekrachtigd is een andere aanwijzing dat een duurzame exclusieve relatie een diepe menselijke behoefte is en wel zal blijven, ook zonder Bijbelse voorschriften.

De priesters en predikanten die vreesden dat de seksuele revolutie het land in totale chaos en bandeloosheid zou storten kregen ongelijk. De taboes zijn opgeruimd, seksuele ervaring met meer dan één persoon voor het huwelijk is normaal en voorbehoedmiddelen zijn ruim voorhanden. Voorlichtingscampagnes voor jongeren over 'veilige seks' gaan niet over anticonceptie maar over het voorkomen van geslachtsziekten. BNN, de publieke omroep voor de jonge generatie, propageerde zondagavonden seks in *Spuiten en slikken* als een genotmiddel waar je naar hartenlust gebruik van moet maken. De streng orthodoxe ouders zullen het met lede ogen aanzien want zij leren hun kinderen nog dat één keer geslachtsgemeenschap al een verbond voor het leven moet betekenen. Een natuurlijker omgang met seksualiteit leidt in deze christelijke milieus overigens niet alleen tot kommer en zorg. 'Vergeleken met vroeger zijn we er wat openheid over seksualiteit betreft op vooruitgegaan,' vindt Kees den Hamer van de stichting Eleos. 'Seksualiteit is bespreekbaar, er kan hulp worden geboden bij problemen en misstanden komen eerder aan het licht. De omgang met de grotere vrijheid vind ik wel zorgelijk.'

De vrijgemaakte Den Hamer verwoordt met dit laatste een onbehagen dat veel breder leeft, ook ver buiten het christelijk volksdeel. Zorgen zijn er vooral over de effecten van de platte porno die overal doordringt. 'Dat iedereen zo gemakkelijk via een click op de computer naar porno kan kijken vind ik zorgelijk. Met name onze jongeren krijgen hierdoor wel een erg plat beeld voorgeschoteld,' verduidelijkt de seksuoloog. Zo hadden de protestantse pioniers die het kerkvolk in de vorige eeuw de krampachtige omgang met seks afleerden, het niet bedoeld. Seks was goed, maar dan wel binnen een hechte, intieme liefdesrelatie. In 2012 verraste de progressieve psychiater Bram Bakker in zijn boek *Over seks gesproken* met een krachtig pleidooi voor deze 'liefdevolle seks'. Een stabiele, monogame relatie was volgens hem toch het beste voor een mens. In zijn praktijk zag hij de problemen die ontstaan als mensen alleen nog maar aan seks doen om de vleselijke lusten te bevredigen. Bakker legde een direct verband tussen porno op internet en seksverslaving. 'Volgens mij hoef je niet veel meer dan een mavodiploma te hebben om te begrijpen dat met het laagdrempelige verkrijgen van porno de uitwassen toenemen. Ze hebben een steeds heftiger prikkel nodig en dat levert waanzinnige zoektochten op. Ze zitten uren te zoeken tot er iets komt wat het mechanisme weer even in werking stelt,' legde hij in een interview met *Volkskrant Magazine* uit. 'Als perversiteit niet meer prikkelt, prikkelt niets meer, en dat betekent het einde van de seksualiteit,' voorspelde de joodse schrijver David P. Goldmanin in een webartikel naar aanleiding van zijn boek *How Civilizations Die*.

Dan is de 'onbewust geworden routine' van een vaste relatie toch te verkiezen. Maar de afkeer van opdringerige porno betekent niet automatisch eerherstel voor de oude kerkelijke seksuele moraal. Een met taboes overladen, verstikkende moraal veroorzaakt misschien andere maar niet minder ernstige psychische schade. Als seksualiteit wordt losgekoppeld van de voortplanting, in afwijking van de kerkelijke leer, worden mannen en vrouwen niet vanzelf voor elkaar inwisselbare seksobjecten, zoals de ene na de andere paus ons wilde laten geloven. De grotere seksuele vrijheid heeft van Nederland geen Sodom en Gomorra gemaakt. De wereldgezondheidsorganisatie who rapporteerde voorjaar 2012 dat de Nederlandse tieners zo ongeveer de braafste van de wereld zijn. Ze drinken niet bovenmatig veel en gaan zich niet te buiten aan seks. Ook zonder de Bijbelse geboden geven ze zich niet ongeremd over aan de seksuele driften.

Met hun strikte normen voor seksualiteit dragen de strenge christelijke kerken bij aan hun eigen isolement. Het is juist hun seksuele moraal die de meeste aandacht trekt van ontkerkelijkt Nederland en in hoge mate het beeld bepaalt dat minder- en ongelovigen van 'die kerken' hebben. Ze zijn daardoor een gemakkelijk doelwit voor spotlust bij een belangrijk nieuwsfeit, zoals het voortijdig aftreden van paus Benedictus xvi op 28 februari 2013. Direct na de aankondiging van zijn historische stap ging het op de Nederlandse televisie al snel in lacherige sfeer over het celibaat en het verbod op pil en condoom. Even was er enige euforie over zijn opvolger, Franciscus i, die verraste met zijn losse omgangsmanieren. Maar al snel drong het door dat ook deze paus geen duimbreed wil afwijken van de katholieke zedenleer van meer dan zeventien eeuwen oud.

'De rooms-katholieke kerk heeft een imagoprobleem. Het beeld is sterk bepaald door de micro-ethiek over huwelijk, homoseksualiteit en abortus, terwijl de macro-ethiek over mensenrechten en armenzorg, wereldwijd net zo belangrijk, onderbelicht blijft,' analyseerde bisschop Gerard de Korte van Groningen-Leeuwarden. Een van de jongere pastoors in zijn bisdom, Arjen Bultsma van Bolsward en wijde omgeving, wijt het aan een communicatieprobleem. 'Wij voeden de beeldvorming met de harde lijn bij incidenten.' Beiden vinden dat hun kerk zich meer moet profileren met de caritas, de zorg voor armen en hulpbehoevenden, ook een eeuwenoude christelijke traditie. Ze zetten zich daarmee wat af tegen collega-priesters die vooral in het Brabantse de eeuwige waarden van de kerk van Rome uitdragen en de confrontatie zoeken met een ieder die daarvan afwijkt. (Zie hoofdstuk 18) Voor de aanhangers van een zuivere, pure kerk is de seksuele moraal als vanouds een speerpunt. Ze krijgen de katholieke massa niet meer af van pil en condoom maar laten in de eigen kerk wel zien waar het op staat: geen homoseksuelen bij de mis, geen seks zonder huwelijk en een uiterst beperkte rol voor de vrouw. 'De heksenjacht is weer geopend,' verzuchtte een pastoraal medewerkster die zich in haar werk in de parochie steeds verder belemmerd voelt. Antoine Bodar, de lievelingspriester van radio en televisie, sprak al eens smalend over 'vrouwen die voor priester willen spelen'.

Deze prelaten van de harde lijn vervreemden een groot deel van de trouw gebleven katholieken van hun kerk, de ouderen die de jaren van bisschoppen als Bekkers en Bluyssen nog hebben meegemaakt. Die wisten ook wel wat er allemaal niet mocht van de kerk, maar waren zoveel gemoedelijker en barmhartiger in de omgang met hun parochianen dan de tegenwoordige verdedigers van de zuivere kerk.

De tegenwoordige strijdbare Brabantse priesters vinden wel weerklank bij jongeren die zich willen afzetten tegen de moderne, hedonistische samenleving en daarom voluit kiezen voor een leven zoals de kerk voorschrijft. Ze vormen een soort tegencultuur tegen de mores onder hun leeftijdgenoten. Ze zijn te vinden in alle gezindten. Moslimmeisjes gaan een hoofddoek dragen terwijl dat van thuis niet meer hoeft. Protestantse dochters beloven plechtig dat ze hun kuisheid zullen bewaren tot de eerste huwelijksnacht en katholieke

jongeren omarmen de zedenleer van de moederkerk onvoorwaardelijk. 'Als je medestudenten vertelt dat je niet aan seks
doet is de eerste reactie: oh, dan heb je zeker geen vriend. Als
je dan zegt van wel reageren ze met: maar dan zeker nog
maar kort. Als je dan vertelt dat je toch al langer een vaste
vriend hebt, nou ja, dan ben je gek,' schetste een 21-jarige studente wat in haar omgeving als de norm wordt gezien. Zij en
haar vriend zijn met enkele leeftijdgenoten actief in de
rooms-katholieke kerk in Delft en dragen daar met veel passie
uit wat de aanhangers van de zuivere kerk graag horen. Bisschop De Korte spreekt vaak van 'een heldere en hartelijke
kerk' en deze Delftse jongeren ontvingen mij inderdaad aller-
vriendelijkst. Ze hadden ook een volstrekt helder verhaal,
maar hun ideale kerk leek mij niet echt hartelijk.

Ze zijn uitstekend thuis in de traditionele moraal, weten
van de erfzonde en kennen de Bijbelse oorsprong van het monogame huwelijk. Gebruik van pil en condoom wijzen ze af.
De enige vorm van geboortebeperking is periodieke onthouding, tegenwoordig vaak 'natural family planning' genoemd.
'Periodieke onthouding is respectvol naar God. Hij heeft die
mogelijkheid geboden aan man en vrouw. Bij pil- en condoomgebruik breek je iets af. Het is niet de volledige zelfgave.
Je geeft alles behalve je vruchtbaarheid.' Niet dat seks alleen
voor de voortplanting dient. Het is een wezenlijk onderdeel
van een liefdesrelatie en daarin gaan ze toch wat verder dan
kerkvader Augustinus, die elke seksuele handeling zondig
vond. In de visie van de Delftse jongeren is 'de gemeenschap
binnen het huwelijk een intimiteit waar God in aanwezig is.
Het is de uitwisseling van liefde tussen man en vrouw waar
God is ingesloten.' De eerste bedoeling blijft wel het krijgen
van kinderen. Daarom kan de kerk het homohuwelijk nooit
accepteren. 'Uit een homoseksuele relatie kunnen nooit kinderen ontstaan en daarom is kerkelijke inzegening uitgesloten. Praktiserende homofielen moeten ook niet tot de com-

munie worden toegelaten. Daar moet je consequent in zijn.'
Voor de kerk zijn ze niet getrouwd en daarom is wat ze doen
seks buiten het huwelijk, en dat is tegen Gods natuurlijke orde.

Ik ging met deze Delftse jongeren, allen hoogopgeleid of
nog studerend, de bekende twistpunten langs en ze kozen
consequent voor de officiële leer van hun kerk. Het celibaat
is heilig. 'Het is de volledige toewijding aan je roeping. Je
geeft jezelf aan de kerk en aan God.' Vrouwelijke priesters?
'De vrouw heeft een andere rol. Mensen willen gelijk zijn
maar God heeft de vrouw anders geschapen. Jezus koos twaalf
mannen als team bij zijn verblijf op aarde. Paulus geeft de
rolverdeling tussen man en vrouw in de kerk duidelijk aan.'
Condooms gebruiken om de ellende van aids te beperken?
'Condoomgebruik moedigt seks met verschillende partners
aan en staat de structurele oplossing in de weg. Je tast de wor-
tel van het kwaad, de promiscuïteit, niet aan. Het staat het
hogere doel, de monogame relatie, in de weg.' Seksueel misbruik door rooms-katholieke geestelijken zagen ze als een
soort bedrijfsongeval, gevolg van een verkeerde cultuur. 'De
kerk was niet open, veel te veel naar binnen gericht, dan krijg
je die doofpot. Het ging misschien ook vaker fout omdat er
toen meer priesters waren voor wie het celibaat niet zo'n bewuste keuze was.' Ze twijfelen niet aan de toekomst van hun
kerk, al staat die in Nederland voorlopig op verlies. De boodschap zuiver en helder uitdragen, niet toegeven aan de tijdgeest en het geloof behouden, dat is wat de christenen te doen
staat.

De katholieke kerk is vergeleken met de gloriedagen van
het rijke roomse leven een naar binnen gekeerde gemeenschap. Kleine minderheden die onder druk staan, willen nog
wel eens in hun schulp kruipen en daar radicaliseren. De kleinere protestants-christelijke kerken zochten hun kracht altijd
al in het isolement. Ze hebben nu te maken met een samen-

leving die hen daar niet met rust laat. Zullen ze verder verharden nu ze voortdurend vijandelijk vuur trekken met de consequenties van hun seksuele moraal? 'Er kan een schifting komen tussen gelovigen die een tegencultuur durven opwerpen en meelopers met de samenleving,' zegt de Kampense hoogleraar Ad de Bruijne. Zijn eigen vrijgemaakte kerk, met ruim 120 000 leden de grootste van de reformatorische richting, worstelt al jaren met allerlei kwesties die de moderne samenleving haar opdringt, zoals homoseksualiteit en de plaats van de vrouw. Harde, heldere keuzes zoals de hoogste katholieke geestelijkheid maakte, betekenen bijna onvermijdelijk verdere afkalving. Bij de protestanten is er altijd wel een alternatief, zowel links als rechts.

De Evangelische Omroep probeert de hele verdeelde christelijke gemeente, van zwaar gereformeerd tot opgewekt evangelisch, te bedienen, al zou het alleen maar uit lijfsbehoud zijn want minder leden betekent minder zendtijd. Directeur Arjan Lock noemt het beleid om heel verschillende groepen te bedienen 'binding en bridging'. Hij moet de oude reformatorische garde binnenboord houden en bruggen slaan naar de nieuwe, evangelische stromingen. 'We proberen in een ingewikkelde tijd als minderheid de kern van het evangelie centraal te stellen,' zo vat hij de tegenwoordige missie van zijn omroep samen. De leden van het eerste uur, de gelovigen die de EO groot maakten, willen een omroep die zuiver is in de leer, zijn wars van moderniteiten en voelen zich prima bij een 'muzikale fruitmand' vol psalmen en gezangen. Ze worden boos als Andries Knevel het scheppingsverhaal aan de kant schuift en Arie Boomsma flirt met homoseksualiteit. De principiële meningsverschillen over homoseksualiteit lopen dwars door het personeelsbestand. 'Maar deze tijd vraagt ook om een andere verkondiging van het evangelie,' zegt Lock. Daarom experimenteert de EO met nieuwigheden als *The Passion*, een soort straatmusical met bekende artiesten over het

lijden van Jezus of zelfs een quiz over Jezus. Het blijft op ei-
eren lopen want de standpunten verharden. 'De spanning
neemt toe,' merkt Lock. 'Internet draagt bij aan de verhar-
ding, dat geldt ook voor christenen. Je schrikt van het gemak
waarmee mensen worden veroordeeld en afgeserveerd.' Als
directeur van een publieke omroep moet hij ook nog eens rekening houden met de wensen van de netmanagers en de eis
van een brede programmering. Klein en zuiver is voor de EO
geen optie, een royaal ledenbestand is een levensvoorwaarde.

De schifting tussen de rekkelijken die meelopen met de
moderne wereld en de principiëlen die de vertrouwde tradities tegen alle stromingen in verdedigen, is bij de protestanten een soort permanent proces. De profeten van de harde
lijn, die in de leiding van de grote katholieke kerk domineren,
hebben hun evenknieën in de veel kleinere zware protestantse kerken. Bij het samengaan van gereformeerden en hervormden in de PKN in 2004 waren er al direct weer twee
afsplitsingen, waarvan de ultraorthodoxe Hersteld Hervormden met ongeveer 60 000 leden de grootste is. Daar zitten de
voorgangers die net als de paus van Rome alle seks buiten het
heilige huwelijk zondig en homoseksualiteit gruwelijk noemen. De zware orthodoxen vormen al sinds de seksuele revolutie een goddelijke tegencultuur in Nederland.

De tegencultuur waar De Bruijne op doelt, gaat over meer
dan seksualiteit. Hij maakt een vergelijking met de oude
kloosteridealen van soberheid en dienstbaarheid. De keuze is
niet alleen tegen een vrije seksuele moraal maar ook tegen
een kille, materialistische samenleving zonder bezieling,
waarin het vooral gaat om de snelle bevrediging van behoeften, ook de lichamelijke. Volgens de cultuurhistoricus René
Cuperus was religie een 'dempende tegenkracht' voor het
rauwe kapitalisme, overigens net als het socialisme. Nu deze
krachten zijn weggevallen lijkt 'het wereldkapitalisme een re-

gime van materialistisch nihilisme aan de mensen op te leggen'. Dat is praat waar de kerken wat mee zouden kunnen. In de tien geboden wordt niet alleen overspel maar ook hebzucht nadrukkelijk veroordeeld. Paus Benedictus xvi prees Gods Woord aan als tegenwicht 'tegen de banale ideologie die de wereld in haar greep heeft'.

De kerk als kristallisatiepunt voor de beweging tegen de losgeslagen samenleving met haar platvloerse materialisme waarin het persoonlijk gewin de hoogste norm is? Het baken voor de mensen die na de financiële crisis in totale verwarring zijn en wanhopig zoeken naar nieuwe bezielende verbanden? De kerken zijn er beter voor toegerust dan de occupybeweging: beter georganiseerd, betere woordvoerders en veel talrijker. Waarom lukte het dan toch niet zo'n soort rol op te eisen en ging op het hoogtepunt van de economische zorgen de aandacht niet uit naar de kerken maar naar die paar goedwillende zonderlingen in schamele tenten hier en daar in het land? Het moet met het imago te maken hebben. Aan kerken kleeft het beeld dat ze van een andere tijd zijn. Kerkleden zijn maatschappelijk actiever dan de modale Nederlander. Toen de nieuwe politieke correctheid voorschreef dat we hard voor buitenlanders moesten zijn, boden zij onderdak aan asielzoekers die anders op straat terecht zouden komen. Ze zijn actief in voedselbanken, noodfondsen en andere vormen van armenzorg en zetten zich in voor de verre hulpbehoevende naaste in de derde wereld. Ze trekken zich het lot aan van politieke gevangenen en schrijven zich de vingers blauw aan protestbrieven voor Amnesty International. Hun geloof is daarbij inspiratie maar maatschappelijke betrokkenheid is niet exclusief christelijk. Ongelovigen doen ook aan armoedebestrijding en mensenrechten.

'Het grootste probleem voor de kerk is de godsvraag. Geloven we nog in God?' zegt bisschop De Korte. In Nederland kan de meerderheid die vraag niet met een volmondig ja beantwoorden. Het ietsisme lijkt een minstens zo grote geestelijke stroming te worden. Er zal wel 'iets' zijn tussen hemel en aarde maar dat is vast niet die persoonlijke God die het leven van onze voorouders tot in de slaapkamers beheerste. God is zelfs voor veel kerkelijken een abstractie. Jezus, die tenminste echt heeft bestaan, is een inspiratiebron en de Bijbel is een richtsnoer voor een fatsoenlijk leven en nette politiek. 'Veel katholieken zijn in de praktijk religieuze humanisten geworden. Ze hebben een geloof op het niveau van normen en waarden,' signaleert de bisschop van Noord-Nederland. Het is geloof zonder mystiek. 'Dan blijft er alleen ethiek over en daar heb je geen kerk voor nodig, daar hebben we het Humanistisch Verbond wel voor.'

Dit is een totaal andere cultuur dan die van pakweg zestig jaar geleden, van voor de seksuele revolutie. In die tijd was de kerkelijke moraal nog de moraal van de meerderheid en daardoor dominant. Daaraan kwam in de jaren zestig abrupt een einde. Het grootste verlies voor de kerken was dat de christelijke cultuur niet langer breed werd doorgegeven aan de volgende generatie. Het zijn er steeds minder die nog iets weten van de oude Bijbelse begrippen, voor wie de taal van de kerk, van de pastoors en de dominees nog iets vertrouwds hebben. Nu kan een universitair docent godsdienst van een student de vraag krijgen: 'Zeg, die Jezus en Christus waar u het over heeft, zijn dat nou een of twee personen?'

Hier ligt de bron van de sores waarmee de christelijke kerken in Nederland nu kampen. In 1992 bezocht ik met een collega de universiteit van de mormoonse kerk in Provo in de Amerikaanse staat Utah, het bolwerk van die wonderlijke variant van het christendom die officieel De kerk van Jezus Christus van de Heiligen der Laatste Dagen heet. Hier leren de jongens die als zendeling de wereld ingaan de taal van het land dat hun als missiegebied is toegewezen. Het schijnt het beste talenpracticum ter wereld te zijn. Uiteraard mochten we

aanschuiven in het klasje waar het Nederlands erin werd gestampt. Of ze het leuk vonden om naar ons land te mogen?
Nederland leek hun wel een prettig land om een tijdje rond te
kijken maar het bekeringswerk zou er vast heel zwaar zijn.
Nederlanders waren 'too sophisticated', te ver ontwikkeld, te
mondig voor de mormoonse boodschap.

In dat wereldwijze Nederland geldt dat de kerken, of ster-
ker nog het hele christendom, over de houdbaarheidsdatum
heen is. De nadruk die orthodoxe katholieken en protestanten
zelf leggen op 'seksuele zonden', op de micro-ethiek zoals De
Korte dat noemt, bevestigt dat idee bij de libertijnse Nederlanders. Ze kunnen worden genegeerd. Ze zijn niet nodig in
de strijd tegen de porno, dat kunnen opvoeders en feministen
zonder Bijbelkennis ook wel. Die zoeken juist geen steun bij
de kerken omdat ze vooral niet met ouderwetse moraalrid-
ders willen worden verward.

Het CDA, de voortzetting van de christelijke partijen die een
zwaar stempel op de zedelijkheidswetten drukten, is opvallend lang een machtsfactor gebleven in de samenleving die
steeds minder in God geloofde. Daar kwam deze eeuw een
einde aan. Met haar macht verloor de grootste christelijke partij ook veel van haar aantrekkingskracht voor de ietsisten,
randkerkelijken en carrièrezoekers. De kleine christelijke
partijen hebben nooit kunnen profiteren van de afbrokkeling
van het CDA, zoals de orthodoxe kerken ook geen profijt hadden van de leegloop van de grote protestantse kerken. De be-
volkingsgroep voor wie de christelijke cultuur, katholiek of
protestants, nog iets vertrouwds had, wordt steeds kleiner.

Zo verliezen de kerken nog verder aan invloed en raken de
traditionele gelovigen verder in het isolement. Zij troosten
zich met de overtuiging dat hun kerken een eeuwige waarheid verkondigen. Bij die waarheid horen de straf voor de erfzonde en de goddelijke voorschriften voor de beheersing van
de seksuele driften. De christelijke moraal is in die overtui-

ging van een hogere orde. De seksuele revolutie luidde het eind in van de grote volkskerken in Europa. Er is nu veel te doen over herbezinning op de fundamenten van onze samenleving, over de behoefte aan spiritualiteit en zingeving, vanouds het domein van de kerken, maar de moderne burger heeft niet zoveel behoefte aan instituten met een rijk maar ook besmet verleden. De kerk moet overwinteren. Daar denken katholieke en protestantse fundi's gelijk over. Ze willen zich handhaven als de goddelijke tegencultuur in een hedonistische, materialistische omgeving. Sommige, vooral evangelische groepen, lukt dat wonderwel, maar ze maken voor het totaalbeeld weinig uit. Het zijn kleine, bloeiende nederzettingen in een steeds leger landschap.

VERANTWOORDING

Bij mijn terugtocht naar het geloof van mijn ouders ging ik uiteraard het eerst naar de Bijbel. Daarbij gebruikte ik de Paralleleditie, uitgegeven door Jongbloed in 2004. Hierin staat de Statenvertaling zoals die in 1637 voor het eerst verscheen naast de Nieuwe Bijbelvertaling van 2004. Deze NBV kwam tot stand in opdracht van de Nederlandse Bijbelstichting en de Katholieke Bijbelstichting, in samenwerking met hun Vlaamse zusterorganisaties. Er zijn verscheidene andere vertalingen in gebruik, waarvan de Willebrordbijbel in katholieke kringen de bekendste is, maar ik heb me beperkt tot de NBV omdat die als de standaard is te beschouwen. Bovendien waren de rooms-katholieken nooit grote Bijbellezers.

Bij de citaten van de oude kerkvaders heb ik veel gebruikgemaakt van secundaire bronnen, waarbij ik veel profijt had van internet. Daar zijn talloze bloemlezingen uit het werk van Augustinus, Luther en Calvijn te vinden.

Bij mijn onderzoek sprong ik steeds meer heen en weer tussen print en digitaal. Op internet kwam ik relevante documenten, schrijvers, boeken en uitlatingen tegen; kranten en tijdschriften zetten vaak weer aan tot het surfen op internet. Eenmaal bezig met een onderwerp groeit de stapel knipsels en prints gestaag door.

Belangrijke wegwijzers voor de historie van de seksuele moraal waren:

A *History of God*; Karen Armstrong, Vintage 1993.

Erotiek in de lage landen; Dr. M. Timmer, Kok 1994.

Verzuiling, kapitalisme en patriarchaat; Siep Stuurman, SUN, 1983.

Tot hier heeft de Heer ons geholpen; Herman Vuijsje, Contact 2007.

Voor de sfeer in naoorlogs Nederland gebruikte ik vooral:

De eindeloze jaren zestig; Hans Righart, Arbeiderspers 1995.

Beel, van vazal tot onderkoning; Lambert Giebels, Sdu Uitgevers 1995.

Geestelijke bevrijders; Hanneke Westhoff, Valkhof Pers, 1996.

Dit laatste boek was ook een belangrijke bron voor de roomse geur die ik van huis uit niet meekreeg. Andere titels waar ik voor de ontwikkelingen in de katholieke kerk veel aan had, waren:

Gebroken wit; Jan Bluyssen, Kempen Uitgevers, 2004.

Alfrink, een biografie; Ton H.M. van Schaik, Anthos, 1997.

Voor de worstelingen van het gereformeerde volksdeel kon ik meer uit eigen ervaringen putten en daarbij greep ik graag naar:

De gereformeerden; Agnes Amelink, Bert Bakker, 2001.

De stille revolutie; Dr. Gerard Dekker, Kok, 1992.

Kerk te kijk, 150 jaar gereformeerd kerkelijk leven te Drachten; B. de Groot en T. Talsma, Edu'actief, 1994.

Het relaas van Jan van Boven (hoofdstuk 9) staat op www.condomerie.com.

Bij het Katholiek Documentatie Centrum van de Radboud Universiteit in Nijmegen stuitte ik op de brochures van de stichting Pro Fide et Ecclesia en de correspondentie van het Katholieke Bureau voor Seksualiteit en Relaties. (Hoofdstuk 13) De jaargangen van *Gezond Gezin*, het blad van de Protestantse Vereniging voor Verantwoorde Gezinsvorming en het protestants-christelijke damesblad *Prinses* zijn te vinden in het Documentatiecentrum voor het Nederlands Protestantisme van de Vrije Universiteit in Amsterdam.

Op het internet is ook veel te vinden over de islamitische zedenleer. Al snel werd me duidelijk dat er onder moslims net zoveel verdeeldheid over de seksuele moraal bestaat als onder christenen. Om te voorkomen dat ik zou verdwalen in de Koranvertalingen, de soena's, de spreuken van Mohammed en de overgeleverde wijsheden van talloze schriftgeleerden, die in de islam het gezag van een Augustinus of Calvijn genieten, heb ik dankbaar gebruikgemaakt van een handzaam overzicht van de seksuele moraal zoals die voor orthodoxe moslims moet gelden:

> *Closer than a Garment*; Muhammad Mustafa al-Jibaly, Al-Kitaab & as-Sunnah Publishing, 2005.

PERSONENREGISTER